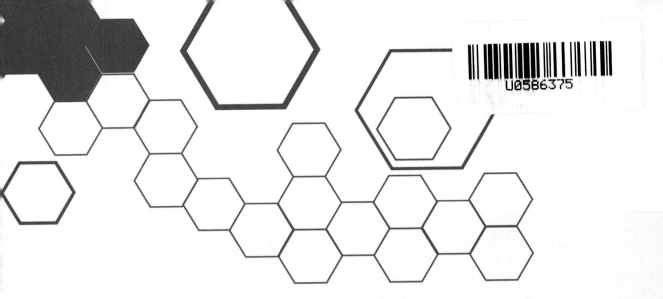

高职院校多元协同文化育人模式研究

—— 杨富　梁苏 ◎ 著 ——

 中国原子能出版社
China Atomic Energy Press

图书在版编目（CIP）数据

高职院校多元协同文化育人模式研究 / 杨富 , 梁苏
著 . -- 北京 : 中国原子能出版社 , 2022.10
ISBN 978-7-5221-2252-6

Ⅰ . ①高… Ⅱ . ①杨… ②梁… Ⅲ . ①高等职业教育
—文化素质教育—研究 Ⅳ . ① G718.5

中国版本图书馆 CIP 数据核字 (2022) 第 206009 号

高职院校多元协同文化育人模式研究

出版发行	中国原子能出版社（北京市海淀区阜成路 43 号 100048）	
责任编辑	刘东鹏	
责任印制	赵　明	
印　　刷	北京天恒嘉业印刷有限公司	
经　　销	全国新华书店	
开　　本	787mm×1092mm　1/16	
印　　张	11.5	
字　　数	230 千字	
版　　次	2022 年 10 月第 1 版　　2022 年 10 月第 1 次印刷	
书　　号	ISBN 978-7-5221-2252-6	定　价　76.00 元

前　言

文化与教育是人类世界的两个主要元素。文化包括人类创造的一切物质与精神结果的总和，教育便是文化"总和"的过程。文化中既有精华也有糟粕，文明一词是对文化精华的简要概括。何为文化之文明成果，这完全取决于教育的价值定位，教育原本是人类梳理文化，扬弃文化糟粕，提炼文明成果，根据成果传递规律而编辑、组织成果的过程。

人类文明的境界从过去的单一文化中心主义、文化沙文主义走到了今天的文化多元。所谓多元文化其实就是今天人类文明理解的新境界：尊重不同文化、尊重不同民族，每种文化的价值都是建立在该文化对其他文化及物种的意义基础之上的。宽容、理解、接纳、认同等都是多元文明视野中教育活动的具体过程。

近些年来，教育部提出了"以社会需求为导向，以实际工程为背景，以工程技术为主线，着力提高学生的工程意识、工程素质和工程实践能力"的卓越计划目标，由此改变多年来学校逐渐形成的重理论轻实践、重知识轻能力的人才培养方式。面对这种改变，学校及教师需要获得行业、企业人才培养的需求信息，需要依托行业、企业的实践平台锻炼师资队伍和提高学生的实践能力，还需要从行业、企业获得最新技术发展、变化和技术应用状况；而行业、企业需要学校给予技术支持、项目论证、人员培训等方面的人才和技术支持。校企协作联合人才培养开通了学校与行业、教师与企业之间的良性互动，通过校企协同的课程体系改革、课程内容改革、课程教学方法改革，实现了校企联合人才培养共赢模式。

在校企协同的创新发展模式下，通过人才培养方案的创新设计，确定了以人为本、因材施教、内外结合、分类培养的应用型人才培养教学理念；通过模块化课程、多课堂教学、讨论式教学、跨课程实践，优化了课程结构，凝练了教学内容，创新了教学方法；通过渐进式理论教学平台建设，阶梯式实践教学平台建设，构建了理论教学与实践教学相结合、校内外教学相结合的两个平台交叉支撑的学习环境。

本书是高职院校育人模式方向的著作，主要研究高职院校多元协同文化育人模式。本书从文化与文化育人基础介绍入手，针对高职院校文化育人的价值取向、高职院校文化育人的主要路径进行了详细的分析研究；另外对高职院校榜样文化育人模式、优秀传统文化育人模式、德育文化立德树人模式及网络文化育人模式做了一定程度的介绍；还对新时期高职院校文化育人创新性的提出了一些建议；对于高职院校多元协同文化育人的应用创新有一定的借鉴意义。

撰写本书过程当中，作者参考和借鉴了一些知名学者和专家的观点及论著，在此向他们表示深深的感谢。由于水平和时间所限制，书中难免会出现一些不足之处，希望各位读者和专家能够提出宝贵意见，以待进一步修改，使之更加完善。

目　录

第一章 文化与文化育人

第一节 文化与高职院校文化

在当今世界，文化对青年学生的思想观念、价值取向和行为方式的影响日益深刻。文化育人已成为一个战略性问题摆到了高等教育界面前。自中国高等教育大众化以来，高职教育以培养有一技之长的基层复合型人才的姿态出现，已悄然占领中国高等教育的半壁江山，发展态势不容小觑。但是，高职教育在某种程度上对技术能力过于本位化的思想，难免使教育出来的学生文化积累略显单调、人文精神不足并缺乏可持续发展性。因此，如何既彰显高职育人的实践理性，突出其职业特色，又包容大学精神的理想色彩，吸收更多的文化，构建起文化育人体系，已经成为当今高职教育界一个十分值得关注的问题。

文化是一个国家、一个民族的灵魂，文化兴国运兴，文化强民族强。没有高度的文化自信，没有文化的繁荣兴盛，就没有中华民族伟大复兴。要坚持中国特色社会主义文化发展道路，激发全民族文化创新创造活力，建设社会主义文化强国。实现中华民族伟大复兴，必须推动社会主义文化大发展大繁荣。高职院校作为文化教育的基地，必须高度重视文化建设和文化育人工作。

深入地认识文化是讨论文化育人工作的逻辑起点。总体上来看，文化的概念可以从广义和狭义两个角度来理解。从广义的角度看，文化包括人类社会一切物质文明和精神文明的生产活动和生产成果；从狭义的角度看，很多学者根据伦理学、人类学、政治学、历史学、民族学等不同的学科以不同的视角对文化进行了考察，提出了各种不同观点。

一、文化的内涵

"文化"是中国古已有之的词语、在近代吸收了西方学术思想后，又被赋予了新的含义。文化概念的演化，绝不仅仅只是一个定义变迁的问题，它实际上反映了随着历史的发展、文化内容在日益丰富，人们对文化的理解向着广延度和深刻度不断地进军。

今天通用的"文化"一词、便是近代学人在译介西方相关词语（如拉丁文 Cultura）时，借用中国固有的"文""化"等字，加以熔铸再创而成的。

在汉语口语系统和典籍中，"文"和"化"是常用字。"文"的本义指各色交错的纹理，引申为包括语言文字在内的各种象征符号，进而具体化为文物典籍、礼乐制度，与"德行"对称的"道艺"等；又由纹理意导出彩画装饰之意、引申为修饰、人为加工、经纬天地；与"质"对称，与"实"对称，进一步引申为美、善、文德教化，以及文辞、文章，与"野"对称，或与武事对称。"化"则有变、改、化生、造化、化育等意。归纳起来，"化"的含义是，二物相接，其一方或双方改变其形态、性质。由这层内涵引申为教行、迁善、告谕使人回心、化而成之等。

在我国，"文"和"化"最早见于《易经》。《易经》贲卦的象辞上讲："刚柔交错，天文也。文明以止，人文也。观乎天文，以察时变；观乎人文，以化成天下。"在这里，天文指的是自然，人文指的是社会人伦。人文与天文相对。其意思是说，统治者既要掌握自然规律，又要掌握社会中的人伦秩序。西汉以后，"文"与"化"开始一起使用，《说苑·指武》中说："圣人之治天下也，先文德而后武力。凡武之兴，为不服也，文化不改，然后加诛。"这句话的意思是统治者治理天下要重视文治礼教。因此，在汉语中，"文化"的本义就是"以文教化"，主要指文治和教化，即对人的教化和培养。这与现代意义上的文化并不完全相通。

在西方，文化最初的含义是对土地的耕作，即耕耘、培育和操作，后引申为对人的培养和教化。在近代欧洲三大思想解放运动中，文化始终扮演着教育人、引导人的重要角色。在文艺复兴时期，思想家们倡导人文主义精神，提出以人为中心而不是以神为中心，肯定人的价值和尊严。其主张人生的目的是追求现实生活中的幸福，倡导个性解放，反对神权和愚昧迷信的神学思想，认为人是现实生活的创造者和主人。到了18世纪启蒙运动时期，思想家们著书立说，积极地批判专制主义，宣传自由、平等和民主。由此可见，西方文化在解放人、发展人的过程中起到了重要作用，引导人们从愚昧、非理性的状态走向文明、理性的状态。因此，尽管中西方对文化的认识存在差异，但都是从促进社会进步和人的发展的角度来理解和认识文化的。

从总体上来讲，文化的概念可以从广义、中义和狭义三个层面来解读。广义的文化，也叫"大文化"、泛指人类的一切社会实践活动及其成果。按照马克思的解释，广义的文化是指自然的"人化"，既包括外部世界的人化，也包括了人自身的主体化。它以实践为基础，集中体现人与自然、主体与客体的关系。中义的文化，是指精神文化（亦即观念文化），是人类在长期的社会实践活动中形成的思想理念、价值取向、道德情操、审美趣味、宗教信仰、民族性格、风俗习惯等精神因素。它包含了人类的一切精神现象。精神文化本身不能直观地表现出来，只能通过人的意识的表征——"符号"来表现，或者存在于文化的载体——"产品"中。狭义的文化，即艺术，是主体对客体产生的审美反映和审美创造，是主体以典型形象来表现客体美的一种方式。艺术来源于人的社会生活实践，它不仅是人的实践活动的结果，也是人的实践活动本身。这三个层次的文化，不是各自独立地存在的，而是互融互动、有机地融合在一起。精神文化（亦即意识文化、观念文化）内在、深层次地融于广义的文化中，是广义文化的灵魂。没有精神文化内蕴其中，任何广义上的文化都不能称为文化。而艺术又是精神文化的精华，是精神文化的升华和高雅品质的充分展现。

文化可从不同的角度划分为不同种类型。就广义的文化而言，按文化形态可分为物质文化、制度文化和精神文化；按社会历史过程可分为传统文化、现代文化和未来文化；按文化的先进性可分为先进文化、普通文化、落后文化等。就精神文化而言，按文化存在的方式可分为自在的文化与自觉的文化；按意识的高低层次可分为社会意识和社会心理；按意识同政治的关系可分为意识形态和非意识形态。就艺术而言，按艺术表现形式，可分为语言艺术、音乐艺术、图像艺术、造型艺术、表演艺术；按艺术的高低层次，可分为高雅艺术和通俗艺术等。

"文化"是一个相当复杂的概念，中西方有着不同的定义。然而，最早对"文化"一词下定义的，也是最经典的论述，是英国著名的人类学家泰勒（Taylor）。他认为：文化或文明，就其广泛的民族意义来说，乃是包括知识、信仰、艺术、道德、法律、习俗和任何人作为一名社会成员而获得的能力和习惯在内的复杂整体。泰勒的定义强调了"文化"的三个要点：①文化是后天而得的，它既不具有遗传性，也不属于是人的先天本能。文化只有在后代不断对前人的文化学习、总结、创造的基础上才能继续前进。②文化具有社会性。文化不像其他财物那样可以归个人所有，它是属于社会的。③文化具有整体性。它不是一个个相对孤立而隔绝的要素的机械堆砌，而是一个各部分、各要素相互紧密联系的有机整体。

二、文化的特征

文化的特征是文化本质的充分体现。研究文化的基本特征对深刻把握文化的本质，自觉贯彻落实党的十九大精神，推动社会主义文化大发展、大繁荣，具有重要的现实意义。这也是高职院校开展文化育人的基本前提，基于此，有必要对文化特征进行深入探讨。文化具有主体性、实践性、创造性、系统性和历史性等基本特征。

（一）主体性

文化，即"人化"。文化是客体的主体化，是主体创造性的外化。文化的主体性是由人的主体性决定的，因此，我们必须先深入探讨人的主体性。人不仅是实践的主体，也是文化的主体。人的主体性是指人作为实践活动和文化活动的主体的质的规定性，是在与客体的相互作用中体现出来的人的自觉性、自主性、自为性和创造性。人的主体性决定了文化的主体性。首先，文化的主体性表现为文化主体的目的性与工具性的统一。文化作为主体创造性的外化，必然会体现和完善主体的目的性，实现人的自由全面发展。与此同时，文化也是实现人的自由全面发展、彰显主体目的性的重要工具和手段；离开了文化，人就不可能实现自由全面发展。因此，文化的主体性表现为主体目的性与工具性的辩证统一。其次，文化的主体性还表现为文化主体的生产性和消费性的统一。人生产文化就是为了消费文化，其中文化生产是手段，文化消费是目的。我们今天发展和繁荣社会主义文化就是为了满足人民群众日益增长的文化需求。生产的目的是消费；文化生产、文化占有和文化消费是人的生存方式。简言之，人的主体性与文化主体性之间的关系可以概括为：人创造文化，文化塑造人。这就要求我们在发展和繁荣社会主义文化的过程中，一方面要发挥人的主体性，积极创造社会主义新文化；另一方面要加大文化交流与文化传播的力度，用先进的文化来武装人民群众，提高全民族的文化素质。

（二）实践性

实践是人类能动地改造客体而创造文化的客观活动。文化与实践都是人的活动。实践是人类自由自觉的活动本身，文化是人类实践活动的内在图式，呈现出一种相对稳定的样态。文化的实践性表现为两个方面：一方面，文化源于实践。文化是实践的产物，实践是文化的唯一源泉。因此，文化具有实践性特征。另一方面，实践决定文化，文化反作用于实践。在实践与文化的彼此作用中，实践对文化的决定作用是根本的。实践与文化相互依赖，实践依赖文化，文化也依赖实践。实践是发展和繁荣文化的重要基础，文化是人类实践的重要条件。在当代中国，必须积极投身于建设中国特色社会主义的伟大实践，才能发展和促进社会主义文化繁荣；也只有大力发展和繁荣社会主义文化，才能推动建设中国特色社会主义的伟大实践不断向前发展。

（三）创造性

创造性是文化的灵魂。文化是主体实践创造的产物，是主体创造性的外化。因此，文化具有创造性特征。文化是人在认识和改造客观世界、认识和改造人自身的过程中产生的。一方面，人创造文化；另一方面，文化塑造人。创造性是文化的本质特征。正如马克思所说："环境的改变和人的活动的一致，只能被看作是并合理地理解为革命的实践"。在这里，马克思将主体的创造性和被塑造性二者统一为革命的实践，正是这种革命的实践决定了文化的创造性。

（四）系统性

文化是以系统方式存在的。文化系统是指若干相互联系、相互作用、相互影响的文化要素所构成的具有一定层次结构并发挥文化功能的有机整体。文化系统具有整体性、层次性、开放性、传播性和交流性等特性。文化系统的整体性是指构成文化系统的各要素之间有机结合并发挥出整体功能。层次性是指文化母系统是由若干个文化子系统组成的。文化系统不是封闭的，而是开放的，具有开放性。为了获得更多的文化，不同主体之间就必须要自觉接受彼此的文化，这使得文化具有了在社会传递的必要，体现出传播性。文化发展的不平衡性，决定了文化交流的必要性。通过文化交流，各种文化之间相互学习、取长补短、共同提高。

（五）历史性

文化的发展是一个不断由低级向高级演变的过程，文化的演变受客观规律的支配，文化发展的过程是历史继承性和创新性的辩证统一。文化的传承和积累，使得人类文化的精华不断延续下去，我们称为文化的继承性；与此同时，文化也不是一成不变的，它在不断地进步与创新，离开了文化创新，文化就不能前进。文化继承与文化创新是辩证统一的。一方面，文化继承是文化创新的前提，没有文化继承就没有文化创新；另一方面，文化创新是文化继承的目的，只有进行文化创新，才能达到文化继承的目的。总之，只有将文化继承与文化创新结合起来，才能进一步促进文化发展。

综上所述，文化具有主体性、实践性、创造性、系统性、历史性等基本特征。其中，主体性是文化的本质属性，实践性是文化的基础，创造性是文化的动力，系统性是文化的表现方式，历史性是文化的表现风格。我们必须根据文化的本质要求，突出文化的基本特征，才能推动社会主义文化大发展、大繁荣。

三、文化的功能

文化是凝聚人心、促进发展、推动创新的重要源泉，是综合国力竞争的重要因素，是经济社会发展的重要支撑。从育人的角度上来看，文化的功能主要表现在以下三个方面：

（一）导向功能

文化的核心是价值观。文化深刻影响着人的价值判断、思维方式和行为方式，决定着人精神世界的发展方向和发育程度，是每一个人的行为准则，引导着人处理自己与自然、生产实践、社会生活的关系，因而具有强大的导向功能。

（二）激励功能

文化生产和文化消费指向的主体是人。文化能够对人有意识，有目的的各种活动产生巨大的激励作用。文化作为一种思想观念、行为准则和价值追求，一旦被认同和接受，就能够产生巨大的内驱力，驱动和调节人的行为，从而产生一种巨大的向心力、推动力，激发出个体和群体无穷的能量。

（三）保健功能

在社会生活中，各种困难和矛盾是每个人始终要面对的，尤其是在经济转轨、社会转型的加速时期，人们的思想困惑、精神焦虑更加突出。文化承载着人类对生产实践和社会生活的感悟和反思，体现着人类对真善美的追求。对人而言，文化是一种内在的精神需求，能够帮助人更加深刻地理解人生的真谛，更好地丰富人的精神世界，能够抚慰心灵、缓解压力、涵养人生，从而舒缓思想困惑、精神焦虑和生活压力，维护人的身心平衡，促进身心健康。

四、高职院校文化的基本内涵

从文化学的视角上来看，文化是一种更明确地区分现实行为和构成行为原因的抽象的价值、信念以及世界观。换句话说，文化不是可观察的行为，而是一种共享的理想、价值和信念，人们用它们来解释经验，生成行为，而且文化也反映在人们的行为之中。通过一套共享的理想、价值和行为准则，文化不仅可以使个人的行为为社会其他成员所理解，而且赋予他们生活的意义。人们在分享共同的文化时，构建起彼此在特定的环境中的行为倾向，并做出相应的反应。文化这一特性和价值表现在现实之中中，即为人类与文化共存、人们的生活离不开文化，文化对人类的发展起着极其重要作用，外界文化对人类群体和单个个人都有着密切的联系，文化能够使人适应社会的发展，并引领人类的发展和进步。

文化是人类改造主观世界和客观世界所积累的能力和成果的总和。在文化的创造与发展中，主体是人，客体是自然，文化则是人与自然、主体与客体在实践中的对立统一物。文化的出发点是从事改造自然、改造社会的活动，这种活动也改造活动者自身即实践着的人。人创造了文化，同样文化也塑造了人——这就是最通俗意义上的文化育人。人的信仰、教养、习惯、处事方式等社会化的表征都在文化的雕琢中一一显露。文化实现了实质上的"人化"或"人类化"、是人类主体通过社会实践活动适应、利用、改造自然界客体而逐步实现自身价值观念的过程。这一过程的成果体现，既反映在自然面貌、形态、功能的不断改观上，更反映了在人类个体与群体素质（生理与心理的、工艺与道德的、自律与律人的）的不断提高和完善上。

文化是一个复杂整体，它所涵盖的内容遍及人类生活的每一个角落，但其实质就是价值观问题，这与"育人"的指向和要求是完全一致的。将文化的内涵折射到学校的环境和活动之中，就是学校文化育人的全过程。一般意义上，学校就是一个"文化场"，它是由学校的环境、校风、学风、教风和校园文化活动、师生和员工的精神面貌以及具有代表性的社会舆论氛围等交织、凝聚而形成的，是学校特定的文化环境和气氛，是教师和学生的主体精神和学校精神的集中体现。高等院校文化建设的一个重要特点就是学校文化主体有意识地构建一个人工的却又不乏积淀的文化环境，并赋予其核心的价值观念和相对稳定的文化色彩，形成"文化场"，并使其发挥独特功能——在创建"学校文化场"的过程中达到育人的目的。

大学文化是人类社会长期累积的优秀文化在大学场域的缩影，是一所大学赖以生存、发展的重要根基和血脉，也是大学间相互区别的重要标志和特征。尽管现代大学被赋予了很多功能，但是其最根本的任务是人才培养。大学的本质是研究学术、追求真理、创造知识、创新价值观和培育人才，其最本质的是求真育人，大学文化要建立在这个本质特征之上。通过大学物质文化、精神文化、制度文化、行为文化等多层面的教育实践、在"内化"和"主体化"两个不同维度上。完成把大学文化内化为大学人自身的思想、观念、认识、认同等，再反过来指导大学人改造自身、改造客观对象的实践和活动，并孕育出新的大学文化元素。从而把大学人所共同持有的观念、价值与信念外化为大学师生模范性的日常行为和活动。

高职院校文化，是一种以高职师生为主体的特殊文化形态。它是在高职院校长期的办学实践中积累和沉淀、传承和创造的院校精神文化和物质文化的总和，包括学校的教育理念、历史传统、价值取向、行为方式、道德规范、风俗习惯、教育制度和物质环境以及由此而展示出来的校风、教风、学风和院校精神。

毫无疑问，高职院校作为现代大学的重要组成部分之一，内涵丰富的大学文化也是高职院校文化的应有之义。但是，作为一种新类型的高等教育，高职院校又有着不同于一般学术性大学的鲜明文化特色。高职教育"以服务为宗旨、以就业为导向、走产学研相结合的发展道路"的指导思想和"工学结合、校企合作、顶岗实习"的人才培养模式，要求高职院校在培养高素质技术技能型人才的同时，还必须要培育出具有高职特色的学校文化。这就要求高职院校的文化建设根植于自身办学的类型，在职业性、行业性、区域性上下功夫，只有这样才能形成具有鲜明高职特色的大学文化。在职业性上、高职院校培养的是技术技能型人才、高职院校文化应该服务于这一人才培养目标，具有浓厚的职业性；在行业性上，高职教育面向的是行业和市场的需求，培养的是适应行业需要的高技术应用性人才，高职院校文化应该具有鲜明的行业特色；在区域性上，高职院校主要是依据本地区经济社会发展的需要来统筹自身发展。所以，具有鲜明的区域特色应该是高职院校文化的内涵。立足于职业性、行业性和区域性这三个基点，高职院校文化建设应展现出校企合作、产业文化进校园、企业文化进课堂、手脑并用、教学做合一、崇尚社会实践和企业实践、开门办学、注重应用等丰富多彩的文化特征。

第二节　文化育人基础理论

一、文化育人的内涵与特征

人创造了文化，同样文化也塑造了人，这就是通俗意义上的文化育人。高职院校文化育人，指的是把社会理想和人类伟大精神沁入高职学生内心的过程，是向人们的思想理念注入人性中的尚德、进取、责任、包容、感恩、良知、谦虚等美德的过程。

高职院校要通过培育和构建优秀校园文化、完善育人体系和育人模式，实现了优秀校园文化的传承、传播和创造，塑造出人格健全、素质优良的技术技能人才。高职院校要解决好文化和育人的关系，文化是载体、是内容、是手段、是环境、是基础；育人是目的、是原则、是核心、是结果、是一切教育工作的出发点与落脚点。文化与育人是互为支持、互为因果的关系。优秀的高职文化濡养、培育出优秀的人才，优秀的人才继承、创造出优秀的高职文化。

加强高职院校思想政治工作，要更加注重以文化人、以文育人。文化育人是学生发展的根本需求，是文明养成的必要途径之一，更是人才培养的重要着力点。作为社会文化传承和创新重要基地的高职院校，强化校园文化建设、开展文明校园创建，实现从"技能育人"向"文化育人"的过渡，是高职院校人才培养质量提升的重要路径之一。

（一）高职院校文化育人的内涵

高职院校文化是技能型人才培养的重要力量，也是影响学生品行、气质、职业素质、综合素养养成的无形力量，潜移默化地影响着学生的成长成才，影响着高职院校人才培养的质量。文化育人的要务之首是培养人的理性精神，通过大学文化的熏陶使受教育者形成并守持崇真、向善、求美和社会担当的理想主义。在当前社会多元思潮冲击、"技术育人"教育理念盛行的情况下，高职院校校园文化建设和文化育人面临全新的机遇和挑战。正确地理解和把握高职院校文化育人的内涵和要素，才能够更好地把握高职院校文化育人的方向。

文化无所不在，无所不包。文化对人的影响无孔不入、无时不在。它影响着学校里每一位成员的价值、信念和个体成长，也影响着学校的发展路径和终极追求。文化育人不是一种有形知识的灌输，而是向人们的思想理念注入人性中诸如尚德、责任、包容、感恩、进取、良知、诚信、谦虚、勇敢、创新等崇高美德，基于此内化为一种健康向上的意识，潜移默化地形成人的灵魂和精神。文化育人的终极目标是铸就人性的美德，让人们在核心价值观的选择中有所为、有所不为，养成知荣知耻的价值取向。人才培养的最高境界就是要营造一种无处不在、润物细无声的良好文化氛围。因此，高素质技能型人才培养的关键是从知识教育和技能训练走向文化育人。文化育人是个系统，不仅要理念先进，更要贵在行动，全方位实施，还要注重传播，促进社会主义文化的快速发展。

教育的核心问题是人的问题。所谓教书育人、管理育人、服务育人、环境育人，说到底都是文化育人。文化育人就是把学校的文化精神烙在学子心上，让他们获得终身受益的精神营养。当学生们走出校门后，这些烙印会深刻地烙印在他们的记忆中，形成良好的价值认同、工作能力和行为习惯，并影响着他们日后的进步与终身的发展。有学者称：一流大学的学生不是课堂上"教"出来的，而是学校文化"熏"出来、"泡"出来的。对高职高职学生的成长和成才来说，优秀而富有特色的高职院校文化，对他们的影响毫无疑问是最直接也是极为重要的。高素质技能型人才培养的关键，是从知识教育和技能训练走向文化教育。

文化育人中的"文化"是狭义的文化概念，属于意识形态范畴，是与人的德、智、体、美全面发展、紧密联系的。所谓文化育人，是指用健康、优质的精神食粮潜移默化地塑造人的灵魂，促进人的思想意识、道德观念、处世态度、价值取向，行为习惯不断优化。高职院校要更加注重以文化人、以文育人，不断提高学生思想水平、政治觉悟、道德品质、文化素养，让学生成为德才兼备、全面发展的人才。

高职院校要培养有思想、有道德、有文化、有纪律的高素质职业人才，文化育人的任务十分紧迫而艰难。众所周知，在高等教育大众化的当下，高职院校的大多数学生学业成绩不理想，文化素质更是不尽如人意。要让学生在短短两三年内，既掌握基本职业能力又具有较高文化素养，并非易事。此外，人才市场上招聘单位考察求职者，很难考察其文化素质，而对其专业技能的考察往往有硬指标。在这种情况下，职业院校大多把提高学生的职业能力作为硬任务，而将培养学生的文化素质视作软任务，在实际的教育教学中反映出来的就是一手硬一手软。为了满足中华民族复兴伟业对高素质职业人才的需求，高职院校必须彻底改变这种一手硬一手软的现状，多管齐下，花大力气，切切实实地把文化育人落到实处。

要认识文化育人、还要认清文化管理与文化育人的区别。文化管理是一种管理理念和思想，管理的重点是人的思想和观念，最早应用于企业管理，其对学校管理等领域也有着重要启示。学校的文化管理既不同于企业的文化管理，又区别于学校的文化建设，它以学校既定的价值观为核心，以学校文化的塑造为龙头，贯穿于学校的规章制度、道德规范、行为准则、审美教育等方方面面。高职院校的文化管理就是将各种文化要素综合运用于学校管理的全过程，重在文化育人，强调人的主体作用，发挥出人的主观能动作用，营造一种师生员工全体参与的氛围，学校的教学管理、行政管理、学生工作、后勤服务等全方位推进，实行动态和全过程管理，管理者、教师、职工和学生各尽其责，管理者文化、教师文化、职工文化和学生文化和谐发展，最终达到教书育人、管理育人、服务育人、环境育人和文化育人的目的。

文化育人，往往相对于知识育人来说，即将人类的物质文明、精神文明成果，通过显性与隐性的教育途径，再通过教职工的积淀、内化，作用于学生的身体、生理、心理和精神等各个层面，使其获得未来成长和发展以及推动社会进步所需的素养。高职院校的文化育人体系就是统筹文化育人的各方面要素，充分发挥出文化育人主体的作用，把学校的文化育人打造成一个全过程、全方位、和谐的体系，更好地实现文化育人的目标。

文化育人是高职院校价值体系的核心和灵魂。先进的高职教育观倡导以人为本的理念，其本质便是重视高职教育的文化育人功能。文化育人是一种创新性的办学理念，其核心是培育具有人文意识的创造、创新精神。高职院校文化育人同时强调职业精神。以学校办学理念和学校精神为核心的高职院校文化、以提升人文精神和职业素质为主要目的的文化素质教育及具有鲜明高职特色的校园文化等，都是高职院校文化育人系统的有机组成部分。充分发挥出高职院校文化育人的功能，就是要把高职院校的教育魅力渗透到教书育人、管理育人、服务育人、环境育人之中。

（二）高职院校文化育人的特征

高职教育作为一种重要的教育类型，也具有文化传承的功能与责任，是优秀文化传承的重要载体和思想文化创新的重要源泉。高职院校文化育人有其独特性。把握这些特性，对于发挥高职院校文化育人功能、提高高职院校学生的综合素质有着特别重要的作用。

1.高等性

高职教育具有高等教育的基本属性。首先，在人才培养规格和定位上体现了高等性。高职教育培养的是高素质人才、高素质要求具有较高的人文素质、专业素质及职业素养等。其不仅要求学生掌握扎实的专业理论知识，更承担着培养学生的职业核心能力和职业素养的责任，使学生树立正确的人生观、价值观、世界观，学会学习、学会交往、学会管理、学会解决问题，成为心智与人格全面和谐发展并具有强大职业迁移能力和发展后劲的社会人。与此同时，高职教育培养的是技术技能人才，要求在技术技能应用和创新上有较高水平，在技能层次上具有高级性的特点。其次，在校园文化建设和教学科研水平上体现了高等性。高职院校要求建设符合高等职业教育教学规律的内容丰富、特色鲜明的校园文化、具有高水平的教学和科研能力。

2.职业性

教育部《关于深化职业教育教学改革全面提高人才培养质量的若干意见》提出，

高职教育要以立德树人为根本，以服务发展为宗旨，以促进就业为导向，坚持走内涵式发展道路，致力于培养面向生产、管理、建设、服务第一线的高素质技术技能人才。这一清晰定位使"职业性"成为高职院校的显著特征，它体现在高职院校的教育教学、文化育人的方方面面。高职院校主要是为社会经济发展培养准员工、准职业人，符合企业的用工需求与企业文化准则是其重要的育人标尺。因此，职业精神、职业文化、职业道德、职业素养等一系列的培养就成为高职院校文化育人的一项重要内容，成为高职院校"职业性"特征的显性特征。

3. 地方性与行业性

无论是地方性高职院校还是行业性高职院校，都有明确的服务面向，就是要立足地方和行业实际，主动服务区域经济社会发展和行业发展。这一明确的服务面向定位要求围绕地方产业转型升级发展，促使高职院校的专业结构、课程体系和校园文化主动与之相适应，实现二者的良性互动，所以说高职院校的育人具有浓厚的地方色彩。与此同时，校园文化作为社会文化在高职院校的映射，也离不开特定的社会构造和环境。因此，无论是校园精神的提炼、价值理念的形成，还是文化氛围的营造、文化活动的开展，都要突出地方性和行业性。尤其是植根于地方文化以及行业企业土壤之中的地方高职院校、校园文化应主动吸收地方文化、行业文化的精髓，依托独特的地方文化、行业文化构建特色校园文化。

4. 渗透性

对于一般的教育过程当中，为了组织相应的教育活动，教育主体会根据客体的特点和教育内容，借助一定的灌输手段。这种教育活动往往诉诸人的理性，是主体主导下的活动。高职院校文化育人的对象是人，人都是讲感情的、育人过程要做到以情动人、以理服人，遵循人的思想"综合影响"形成和"渐次发展"规律。高职院校文化要融入高职院校的各种教育因素及方式中，通过以循序渐进和潜移默化的状态来进行。高职学生的思想形成过程，总是会受到来自外部社会生活的各种事物和内部个体心理的各种因素的综合影响，而这个过程是一个由量变到质变的渐次发展的过程。文化育人是一种集塑造人格、改变观念和渲染环境于一体的综合性教育，必须顺应人的思想形成发展规律，采取多种方式和结合多种教育载体，诱导受教育者逐渐接受教育内容并内化为自我认识和行为。高职院校文化在实现其教育功能时，无论是对受教育者，还是对教育者，都不是自觉地在接受或施予，它的陶冶功能如春风化雨般悄无声息，具有潜移默化的效果。

二、文化育人的基本要素

文化育人是学生发展的根本需求，是文明养成的必要途径，更是人才培养的重要着力点。文化育人的实质是高职院校把自身看作一个文化机构，以文化传播的方式促进学生的全面发展，真正实现"以文化人"。高职院校要以一种整体文化观推进文化育人工作，其基本要素主要包括以下几个方面。

（一）历史文化要素

培育和弘扬社会主义核心价值观必须立足于弘扬中华优秀传统文化。历史文化要素，通常指客观事物本身及其历史发展过程。

1. 中华优秀传统文化

中华民族有着五千多年的文明史，创造了源远流长、博大精深的中华文化。中华优秀传统文化是中国人民在长期实践中积累创造的精神财富，体现着中华民族的特性和自强自立的品格；中华优秀传统文化已经成为中华民族的基因，流动在中国人的血液中，植根于中国人的内心中，影响着中国人的思维方式和行为方式；中华优秀传统文化已经成为培育民族精神和国民气质的土壤，中国历史演进的过程，也正是中华文化不断汲取民族智慧、不断得到升华并逐渐深化文化自信的过程。中国人民的特质、禀赋不仅铸就了绵延几千年发展直到今日的中华文明，而且深刻影响着当代中国发展进步，深刻影响着当代中国人的精神世界。文化是历史的积淀，在社会与人的思想变迁过程当中，精神财富与物质财富的积累，形成反映人类本质的价值理念。这种价值理念，既能影响人们的精神世界，也在实践过程中得到传承和发展。

文化的生命源头是一个民族的主体性实践，中华优秀传统文化是中华民族的文化之根、思想之源，是社会主义核心价值观的土壤和基础。文化是一个国家、一个民族的灵魂。文化兴国运兴，文化强民族强。没有高度的文化自信，没有文化的繁荣兴盛，就没有中华民族的伟大复兴……深入挖掘中华优秀传统文化蕴含的思想观念、人文精神、道德规范，结合时代要求继承创新，让中华文化展现出永久魅力和时代风采。

中华优秀传统文化，融汇了我国各民族的智慧，形成了儒、道、法、墨等诸子百家思想体系，概括出了由基本理念、核心价值、行为规范、理想信念等构成的文化经典，形成了中华民族特有的信仰追求、人格品质、文明准则和思维方式；与此同时，这些核心思想又通过独特的语言、文字以及各种具体的文化活动渗透到百姓生活的方方面面。文化传承是高职院校办学的重要内容之一，中华优秀传统文化是中华民族的血脉、灵魂和根基，高职教育有责任、有义务把中华优秀传统文化传播好、继承好。

2. 学校历史和学校精神传承

高职院校的历史和学校精神亦是文化育人的重要养料。文化是一种时间的"积累"，是一种过程的"发酵"，学生在哪个时间段入校就读，就是这一时间段的承续者，他们与过往是连接的、互动的、无过去之水，则无今日之流。因此，学校的历史与传统必然是文化育人的主题之一。文化育人意味着通过延续重要的传统、习惯和经验，努力促进文化对人的永恒力量。高职院校虽然总体办学时间较短，且多数由中专转制、升格而来，但其中专主体大多是行业名校，文化源远流长、特色鲜明、底蕴深厚。这种影响力会在相当长的时间里以实物、史料、掌故、校训、价值观、行为习惯等多种形式存在。易名之后的高职院校应对此予以高度重视、因势利导，将其作为自身的文化源泉和精神养分进行充分挖掘、悉心归纳、精心总结。这是一个静静的萃取、扬弃的过程，需要有深入的思考和负责任的态度。

（二）生态环境要素

环境对事物的影响悄然而巨大，这里分析的生态环境要素主要指物质文化环境和地域乡土环境。

1. 物质文化环境

它是院校的显性文化、是一种"看得见、摸得着、感受得到"的校园物化空间，是受教育者所处的最基本、最直观的状态，比较容易得到关注。物质文化环境主要指各类校园文化标识，例如校徽、校标、亭台、运动场所、宿舍楼、教学楼、花草树木、道路桥梁等。随着 21 世纪高等职业教育的迅猛发展、高职院校的文化自觉意识得以唤醒，主动规划、积极营造富有自身特色的校园物质环境和文化景观已经成为众多学校文化育人的必然选择。地方政府和教育主管部门对这种文化的可及性要素也正逐步加大投入，倾心引导"看得见、摸得着、感受得到"的文化校园建设。通过各高职院校的精心设计和逐步实施，亭台楼宇、花木雕塑、道路宿舍都被赋予了更多的意蕴，实验室、运动场、办事大厅也多了文化印迹。学生置身于这样的物质文化环境之中，在耳濡目染中每时每刻都在接受优秀文化的熏陶，都在感受到自然之美、校园之美、人文之美，都在感受优秀文化的魅力，这使学生崇善、尚德、爱美之心得以浸润。

2. 地域乡土环境

它主要指学校所在地的文化氛围。对学校而言，这个选择是既成事实，是历史的、被动的；但是对于学生而言，他们当初选择某所学校的时候却是主动的，地域往往也是一个重要的考虑因子。地域乡土环境与一般的物质文化环境相比，不仅属于外部要素，而且其丰富性、可控性明显超过了内部环境要素。此外，它还在一定程度上制约着学校育人的方针和制度。高职院校天生与地域经济文化紧密相联，联系地方、服务区域是高职院校的办学特色。高职院校育人应当因势利导，化被动为主动，化贫瘠为富裕，化简单为深刻，有意识地挖掘办学所在地的地域文化、在文化氛围营造中充分利用地域乡土资源，将地域乡土环境有机地而不是牵强地融入学校的育人过程中来。

（三）育人主体要素

教育者是组织实施文化育人实践的主体，是文化育人的一个基本构成要素。文化育人主体，是以思想政治教育为目的，通过文化手段进行育人的主动行为者。教育者既可以是具有主动教育功能的组织，也可以是教育组织中的个人或者由多人组成的群体。一般来说，文化育人的施教主体指的是文化育人实践活动的真正设计者和组织者——人，即高职院校教师和从事教育教学管理的管理者。教育者在文化育人的过程中的根本职能就是价值引导，即以社会的要求为准绳，科学地影响教育对象，不断把教育对象的思想政治品德提升到社会需要的水平。具体来说，就是按育人计划，组织、设计和实施文化育人活动，采取多样化的方式方法调动和发挥教育对象的主观能动性，本着价值主导原则引导教育对象的思想品德向社会要求的方向发展。由于教育者在文化育人过程中的根本职能是思想政治教育，在他们身上具有共同的职业特点，最突出的体现在三个方面：

一是他们充满社会主义文化自信。中华民族要繁荣振兴，需要有高度的社会主义文化认同与文化自信。教育作为社会主义文化自信生成的源头活水、教育者在其中承担着重要角色，发挥着重要作用。他们是文化自信的引领者，要给学生一杯水，自己要有一桶水；在引导学生树立社会主义文化自信之前，自己首先要一往情深地吸收中华优秀传统文化，以满腔的热情投身于社会主义伟大建设实践之中，成为充满社会主义文化自信之人。这是职业角色使然，更是职业责任使然。

二是他们具有传播社会主义先进文化的自觉。教育者不仅要成为充满社会主义文化自信之人、还要成为自觉传播社会主义先进文化之人。教育者要向当代高职学生主动宣传社会主义核心价值观，弘扬中华优秀传统文化，以增强高职学生对中华民族文化的认同。在文化育人实践中，教育者要牢记使命，自觉传播社会主义先进文化。

三是他们处处体现出文化价值的主导性作用。一个学校能否为社会主义现代化建设培养出合格人才，关键在于教师。具体讲，在于教师的文化价值主导性，即教师文化育人过程中能否处处体现出文化价值的主导性作用。在文化育人的过程中，教育者是教育计划的执行者、教育活动的设计者和组织者，他们的文化价值主导性体现在：按照一定的教育计划，设计文化育人活动，并将思想政治教育融入育人活动中；根据高职学生的身心发展水平进行有针对性的教育和引导，通过文化渗透的方式影响教育对象的思想价值观念，引导其朝着国家主导的文化方向发展。

对高职院校来说，师资队伍建设是学校内涵建设的主要内容。由老师传递智识要义、文化精髓是育人的本分，也是办学的常规。作为文化育人的要素、我们首要的是关注教师，强调教学文化，强调教师在大学文化传播方面肩负着最为重要的任务与使命，充分把握学科文化的代际传承功能。

（四）育人客体要素

高职院校文化育人的客体要素指受教育者，即高职学生。他们的主要任务就是接受主体引导，学习、适应和内化，不断提高自身素质，同时积极调动自身的"主体性"

因素，在文化育人过程中，充分表现出自身的特性，参与并影响有人过程。高职学生与教育者之间的关系建立在平等和相互尊重的基础之上，即主体尊重客体的特点和接受教育的规律……客体尊重主体的引导。在这一过程当中，高职学生要不断地自我完善。作为文化育人客体要素的高职学生具有两个明显特点。

1. 鲜明的主体性

人的主体性，是指人作为主体在对象性活动中相对于活动客体所处的态势而表现出的功能特性。在不同的高职院校文化形式中，学生主体性地位的体现方式和程度是不同的。比如，在课堂的教育教学中，教师和学生同时作为这一活动的主体，两者是互动的关系，既要注重教师知识的传播，又要注重学生的接受和反馈情况，两者同处于重要的地位。而在课外的各种活动中，根据活动内容、宗旨的不同，学生的主体性地位要凸显出来。例如，在课外科学研究、智力开发、知识竞赛、文化体育等活动中，更加强调的是学生的参与，来培养和塑造学生的科学精神、创新精神、自由精神和人文精神等。在高职院校的文化育人过程中，学生的主体性主要体现在参与活动的主动性、活动内容的选择性、参与过程中的创造性等方面。所谓参与活动的主动性，指学生根据自身教育情况以及自身、社会的需要主动参与、接受教育活动。能否调动学生参与高职院校文化建设的积极性，是高职院校文化建设能否实现以学生为中心、能否真正凸显学生主体性地位的重要方面。我国传统应试教育中过多地强调知识的浸取，忽视调动学习者学习的积极性，因此很多学生养成了内敛的性格，对各种活动的参与热情不高。因此，如何调动学生的参与热情成为高职院校文化育人的重要一关。所谓活动内容的选择性，是指学生能够根据自身情况，有目的、有重点地选择所要参加的文化、教育活动。这是提高高职学生参与主动性的保证。作为具有独立意识的个体，高职学生已经具备自觉学习的能力和意识。因此，在高职院校文化育人过程中，要明确高职学生的文化生活需求，做到有的放矢。校园文化应形式多样、内容丰富，科技文化、人文文化、文体活动和社会实践等都是普遍受欢迎的形式。所谓参与过程中的创造性，是指高职学生能够将自己所掌握的知识技能创造性地运用到所参加的活动中，提高自身发现问题、解决问题的能力。创造性是一个国家发展源源不断的动力和源泉，目前世界各国都普遍重视培养学生的创造性思维，各种科技文化活动历来是发挥出学生创造性思维的平台。

2. 极强的可塑性

可塑性是一种教育互动的原则，建立在人具有肉体性、自由性、历史性及语言性等相应天资的基础上。在对受教育者进行教育时，既不肯定也不否定其具有的一定天资，并非单纯地只影响其身心健康和成长发展，更是要使受教育者自己参与成长的过程，从而获得成长之后的确定性。人的可塑性在其实践活动的肉体性、自由性、历史性和语言性的意义上不是无限的，而是有限的。但是它的界限没有一定的时间限制，因为人的可塑性一直持续到老年和临终。对于高职学生而言，其可塑性的内涵仅针对大学这个阶段，正如赫尔巴特对可塑性的定义，即从不定型性向定型的过渡。人的思想文化观念和道德品质不是自发形成的，而是在一定的文化环境影响和思想政治教育作用下，在社会文化生活实践中逐渐形成并不断发展的。可塑性强调的就是人性的生成性、交互性、可教化性和内在主动性。教育对象的可塑性是教育者实施文化育人的基本前提和内在依据。高职学生在文化育人过程中的可塑性，主要是涉及到思想文化认知、文化价值判断与选择能力、文化道德内化与外化转化能力、文化道德实践能力等方面。

文化育人是教育者有目的、有组织、有计划实施的育人活动，在教化人、塑造人方面具有非常突出的作用。实施文化育人，要坚持以学生发展为本，充分关注高职学生的主体性和可塑性，尊重学生的成长规律，对于高职学生的文化思想与品德塑造施加有益影响，促使了高职学生全面提升自身的综合素质。

第二章 高职院校文化育人的价值取向

第一节 高职院校文化育人价值取向的理论分析

一、高职院校文化育人价值取向的类型定位

定位有两层含义：作动词解释是确定事物的名位或用仪器对物体所在位置进行测量，作名词解释是指一定的规矩或范围。社会是一个庞大的系统，教育是社会大系统中的一个子系统，高职教育又是教育系统中的一个部分，明确高职教育在教育体系中的定位，决定了高职教育所担负的责任、担责的方式和文化育人价值取向的向度。

（一）我国给予高职院校文化育人价值取向"高等职业性"定位

从我国国体和行政管理体制特点出发，我国高等职业教育具有"高等性"和"职业性"双重特质，给予"复姓定位"，由此蕴含高职院校文化育人价值取向的定位是"高等职业性"，突出技术创新和服务一线。这可以从法律定位、行政管理实践定位两个方面来进行认识。

1.法律对高职层次、类型和实施的定位

我国《高等教育法》第十六条规定，"高等学历教育分为专科教育、本科教育和研究生教育。"我国《职业教育法》第十五条规定，"职业学校教育分为中等职业学校教育、高等职业学校教育。""高等职业学校由专科、本科及以上教育层次的高等职业学校和普通高等学校实施。"这就从教育层次、教育类型、教育实施三个方面对高职教育进行了法律定位，高职院校文化育人价值取向就必须以此定位来确定其服务向度和实施路径。

2.教育行政管理实践的定位

教育部曾经把高等职业教育归属高等教育司管理，自成立职业教育与成人教育司后，则把高等职业教育划归职业教育与成人教育司管理。但是从中华人民共和国教育部网站对高教司、职成司介绍过程中可以看出，高教司"承担高等教育教学的宏观管

理工作"，职成司"承担职业教育统筹规划、综合协调和宏观管理工作"，在职成司其他介绍中都是针对"中等职业教育"和"成人教育"的，从字面上来看没有任何高等职业教育方面的职责。这似乎显示出高等职业教育作为高等教育的一种类型在国家行政管理中的职责交叉或难以清晰划分的无奈，也似乎表明了高职教育主要业务管理在高等教育司而不在职业教育与成人教育司。不同归属的教育行政管理限定了高职院校的"活动圈子"，自然其文化育人价值取向也会存在现实的细微差别。

（二）高职院校与普通高校文化育人价值取向的性向比较

高职院校的"高职"复姓决定了其与普通高校渊源深厚，同时又有其个性价值追求。分析比较高职院校与普通高校文化育人价值取向，有利于厘清其共性和个性，更好地推进高职院校文化育人走出职业高校特色发展之路。

1. 具有"高等"文化共性

大学的存在和发展已经跨越了诸多历史阶段。大学在本质上就是一种功能独特的文化机构。因此，大学在长期历史发展中积淀而成的心理定势和精神状态，展现的就是一种大学精神。大学精神内涵十分丰富，从传统意义上讲有人文关怀、理性辩证、自由独立，衍生开来还有批判精神、创新精神、追求卓越、开放包容等，这是大学千百年来始终能站在时代高地的文化之源和精神魅力。高职教育积淀形成了高职教育育人文化，与普通高等教育的大学文化相比较，从教育功能、学术精神、学校治理等"大学"表征的核心因素来看，从本质上具有相同的"高等"文化共性：

一是同等"高等性"文化功能。在发展初期，高职教育满足于劳动密集型传统产业，其高等性并不明显。但是随着以工业互联网、智能制造等为主要标志的新一轮产业变革的兴起，我国顺应推进了"互联网+"发展政策，推出了"中国制造2025"计划。在这种的背景下，我国高职教育则进一步提升了经济社会服务能力，拓展了办学功能。一方面，要继续为低端制造业培养操作型技能型人才，同时要为现代产业培养高端技术技能人才，并赋予这样的人才为知识型、复合型、创新型特征。这就要求高职院校不仅要承担技术技能人才培养，而且要承担技术积累、技术研发、技术创新，自觉承担社会服务、文化传承创新使命。这和普通高等教育具有同等的"文化传承与创新"的功能。

二是同源"高等性"文化基因。高职院校在承担技术技能人才培养、技术研发创新、技术社会服务、文化传承创新功能过程中，不论是探寻技术技能人才培养规律，还是激发创新思维和创新潜力，和普通高校一样，都需要学术自由的环境；不论是研发新技术、新工艺，还是研发新产品、新材料，也和普通高校一样，都需要懂得自然辩证法，坚守学术理性；不论是技术服务、培训服务，还是技术文化的传承与创新，同样和普通高校一样，需要人文精神的浸润。高职院校文化内核的主线不能、也没有脱离大学文化，必须弘扬学术独立精神、学术自由氛围、以人为本环境，依赖教授治学、专业自主。因此，坚守大学文化是高职院校和普通高校共同的文化基因。

三是同型"高等性"治理文化。从实践来看，高职院校发展"高等性"的关键路径也与普通高校相近。高职院校名称都冠以"学院"或"高等专科学校"或"应用技术大学"或"职业大学"，形成了符号上的"高等性"。近些年来，随着国家推进治理体系和治理能力现代化，绝大多数高职院校也和普通高校一样，在管理方式上推行"现代院校治理"，在管理理念上推行"以教师为中心"，在管理制度上推行"教职工的自我实现"，在组织结构上推行"二级管理"或"二元学术组织"，其显著的标志就是全面推进大学章程建设，建立学术委员会或教授委员会、教学工作委员会、专业（群）建设指导委员会或专业外部咨询委员会等学术性、专业性自治组织，具有鲜明的学术自治的导向。

2. 具有"类型"文化个性

高职院校需要具备大学精神，并以大学精神为引领设计高职文化、实施文化育人，这是"高等"职业教育绕不开的文化建设基础。但作为高等"职业"教育，则需要融入职业因素，坚持走自己的路，彰显"类型大学"文化个性。

高职教育发展到现在才过去四十年，完全照搬照抄传统意义的大学精神，显然不符合高职教育自身发展的定位和规律。高职院校在管理方法、运作方式上要在借鉴一般大学文化的基础上，在办学主体、办学目标、办学路径上必须要坚持自己道路、自身特色。高职教育育人文化的形成经历了一个渐进的发展过程。大学精神的人文主义主张宽泛的厚德载物，高职院校的"德"在重视大情怀、大抱负的同时重视学生个体的职业理想和企业对人才的素质愿望，这就决定了高职院校必须与企业紧密结合，必须立足岗位、针对需求对学生开展职业文化教育，使学生在求学过程中就形成鲜明的职业认知、职业理想、职业情感和职业态度。这种对职业价值的理性认知，必然伴随高职院校系列化的教育理念、教育目标、价值取向、教育方式与之相适应，把"职业"牢牢刻在心中、付诸在实践中。因此，高职院校文化建设需要大学精神的引领，同时必须从高职教育自身的特点出发，充实、完善和形成高职特色的大学精神，既要使学生成为有理想、有道德、有文化、有纪律的"大写的人"，又要使其成为经济建设和社会发展的合格的"现实建设者"。

高职文化作为大学文化的一类，其鲜明的特色彰显于企业文化、行业文化的强力支撑和与之有效融合。高职教育"技术技能人才"的培养目标、"基层一线"的服务面向、"校企合作、工学结合"的教育模式等三个鲜明的个性定位告诉我们，新时代高职学生求学高职院校，大多是怀揣就业梦想而开始其高职学习生涯的。在整个学习生涯中，高职学生接受的是"技术技能人才培养""双师型"教师教育、企业兼职教师指导，是在具有企业文化因素的学校实验实训基地实践训练下、在真实的企业环境中识岗、跟岗、顶岗学习中成长进步的，从入校伊始就被深深打上职业文化的烙印，一出校门就深刻了解到了企业文化的因子。高职毕业生供不应求的社会现实就得到充分说明，高职学生的市场价值主要不是"专科学历"，而是对接企业零距离的"职业素养"和较强的专业实践能力。高职毕业生的面貌展现的是高职院校的特色文化，特色文化是高职教育生命力的源泉。这是高职院校文化育人鲜明的价值展现。

二、高职院校文化育人价值取向实现的应然路径

（一）正视育人文化与企业文化的不融性

高职院校育人文化与高职校园文化既有联系又有区别。学校属于组织范畴，因而学校文化属于"学校背景下的组织文化"。校园是一种具有特殊功能的社区，因此，校园文化就是一种社区文化。校园文化起步于校园文化活动，发展于校园教育教学实践，反映了师生共同的价值理念，是办学理念、个性风格和人文精神的综合体现。高职院校的校园文化是高职院校育人文化的组成部分之一，但不是高职院校育人文化的核心部分。高职院校育人文化是融入了较多职业属性的大学文化。企业文化是企业经营的价值理念的综合体现，比如企业的经营理念、企业精神、行业准则、企业形象以及全体员工的归属感、责任感等。因此，高职院校育人文化与企业文化都属于社会文化中的亚文化，具有相对独立的文化功能，在相互交流对接的过程中存在现实的不融性。

1. 高职院校育人文化和企业文化功用存在差别

高职院校有人才培养、科学研究、服务社会、文化传承创新四个功能，第一功能是培养人才，因此育人文化是高职文化的重要内容之一。高职院校四个功能具有高等职业教育的特点和风格：培养的是技术技能专门人才，科学研究具有技术应用性价值取向，服务社会主要体现在技术、工艺方面，文化传承创新的是技术文化、职业文化。因此，高职院校的文化承载和特色彰显相对应地也体现在四个方面：物质层面体现在学校硬件设施必须符合高职教育的教育教学规律；制度层面体现在为培育人才、规范教学秩序的各种规定、规程、计划和考核要符合高职教育类型特征和技术技能人才成长的规律；精神层面体现在办学理念、办学传统、学校风气等方面，凸显高职院校的校长风格、行业特色、区域特点、培养目标；表现形式主要体现在校企互动、师生互动、学生自主互动等人际交流和思想碰撞等方面必须符合高职特点的教育性。

企业是物质生产的场所，其生产的是既有有形的产品，也有无形的"产品"，只不过无形的文化"产品"是蕴含在有形产品之中的。不同类型的企业产品形式可能千差万别，附加值也不一样，但是所有企业生产的共同目的都是为了生产更多的高质量的产品，并通过市场交换从而获得利润，通过技术创新增加产品附加值追求更多更大的利润。同样，企业文化也有四种承载形式：在物质层面，体现在能满足生产产品的工

厂、车间、设备等硬件设施上，这些硬件必须满足产品生产的工艺要求；在制度层面，体现在遵循完成产品制造的规律、成本控制的规律、企业员工的生活规律等方面，制度设计的核心是保质求利；在精神层面，体现在"为人"上，就是充分调动企业员工的积极性，增强团队之间的团结合作意识，强化所有员工的主人翁责任感，精神生产的核心是忠诚、敬业、利益；在表现形式上，企业文化主要是理念灌输、制度激励和惩罚措施。由此可见，企业文化表现为经营文化，重点关注效益、利润，就可能存在忽视人自身的发展，或者为追求自己效益而忽视他人利益、集体利益、公共利益甚至不讲诚信、欺诈蒙骗、不择手段，存在不利于道德、理性、真善美形成的因子。

从上述高职院校育人文化与企业文化的不同功用可以看出，两者虽然在内在逻辑上具有相通性和一贯性，但是在价值取向、行为范式上存在明显的差异。

价值取向具有决定、支配主体价值选择的作用，价值取向迥异是高职院校育人文化与企业文化功用差异的最核心的方面。我国高职院校招收的基本上是高中或中职毕业生，年龄大都在 18 岁左右，他们的世界观、人生观和价值观仍处于关键形成期，所以高职院校对这一群体实施教育的重要任务是关注他们政治上进步、思想上成熟、人格上健全、知识上完善、技术上提升，使之成为高素质技术技能人才。这一教育过程价值取向是培养满足经济社会发展需要的青年学生的成长成才，追求的是社会效益最大化。而企业的价值取向则是通过实施对员工的有效管理，以产品或服务为载体把生产、管理、经营有机组织起来，敏感于市场变化，关注时效、效率和利润，目的就是追求经济效益最大化。学校和企业价值取向的巨大差异是校企合作过程中的文化障碍。

行为范式刚柔差异是高职院校育人文化与企业文化功用差异的外化形式。高职院校育人文化是由高职院校全体师生员工在教育教学、管理服务等过程中共同创造出来的物质和精神成果，突出育人使命，追求职业文化，崇尚技术之美，固守稳固宁静氛围，表现单纯稳定关系，注重学习方式多元，重视职业精神培养。而企业文化则是企业在生产经营实践过程中逐渐形成并长期积累的企业哲学、企业精神、企业价值观、企业行为准则，是一种责任文化，虽然也注重过程管理，但是最为强调的是行动结果。虽然好的企业也重视社会责任担当，但是从根本上来讲，企业追求的是利益，通过以利益制约为手段管理个体。这种文化传递到个体上，企业个体均表现出较强的功利性和目标单一性，在行为方式上基本都是在企业刚性制度约束下的目标一致性。校企和校企成员行为范式的刚柔差异，为高职院校育人文化与企业文化交流形成了一定障碍，但是同时也提供了融合的理由和融合的意义。

由此可见，高职院校育人文化和企业文化的差异，不仅体现在物质层面、制度层面，更核心的还是体现在精神层面、文化活动层面。校园文化针对的是人的培养，所以具有活泼灵活、关注个性的特点；企业文化针对的是产品质量和经济效益，所以具有严谨规范、目标一致的特点。尤其是企业文化效益最大化的目标追求、内部管理的刚性行为方式会在一定程度上造成从业者在道德、理性和真善美的价值追求上的异化可能，这与高职院校文化育人的目标是不一致的。因此，高职院校育人文化和企业文化的风格、目的均存在较大的不同，高职院校育人文化与企业文化不能进行相互代替。

2. 高职院校育人文化与企业文化对接的不融性

高职院校育人文化与企业文化功用的差异将造成育人文化在对接企业文化过程中的并不相融。这种不融集中体现在高职教育对接企业对人才功利性需求过程当中，体现在教育理念、教育价值、教育精神等文化层面。

首先体现在就业导向制约人的发展上。"以就业为导向"是高职教育社会价值的政治体现。"就业"有五个关键词：达到法定年龄、有劳动能力、有劳动愿望、获取合法报酬、实质参加劳动活动。其中，劳动能力实际上就是掌握了能胜任岗位的技术知识和专业技能，这是高职院校所肩负的使命。大多数高职学生求学愿望都是为了找到一份心仪的工作，并通过自己的诚实劳动获取应得的报酬，这是无可厚非的。问题在于，高职院校以就业为导向，体现在人才培养计划上就会针对岗位设置课程、针对岗位要求取舍课程内容、针对岗位特点实施课程教学，这就造成了这样一个现象：当岗位随着技术进步、企业发展而发生变化的时候，"针对性"培养出来的高职毕业生能不能、会不会及时顺变就是个问题。如果简单的"针对性"，对于"人本身"的价值实现则是令人忧虑的。从另一个角度上来看，在国家考核高职院校就业率指挥棒的指挥下，现实性存在学校"逼"学生签就业协议、学生因种种原因"造假"提交就业协议现象。当学生以就业为导向时，他们就可能以功利性思想学习专业、学习课程、度过学校生活，有用的就学，没用的就应付，综合素质提高、复合型人才培养的口号就可能会因简单的"就业导向"使之真的成为一句"口号"。再深入分析就会发现，当功利性思想充斥头脑后，学生在择业时就会以环境舒服不舒服、薪酬高不高来取舍企业、取舍岗位，即使实质性参加了就业后的劳动活动，这些学生可能仍然认为自己是"打工者"，是为老板工作，不是为自己谋生，更不是为社会做贡献、为人民服务。因此，"以就业为导向"如果在实践中执行走样，就会制约人的发展，背离教育的根本宗旨。

其次体现在知识育人遮蔽文化育人上。知识是一个非常复杂的概念，至今仍没有确切的定义。但知识一定是人类在实践中认识客观世界（包括人类自身）的结果，是一个依赖于自身认知水平而进行总结、凝练、提升的系统化的认识。知识既包括事实、信息，也包括技术、技能。所以学校教育都很重视知识的传授，而高职院校不仅重视一般知识的传授，更重视技术技能知识的传授。高职院校实施这些任务不能关起门来搞教育，需要走校企合作之路，或者说需要把高职院校育人文化对接企业文化。立德树人是高职院校首要任务，所以，在高职院校育人文化对接企业文化的过程中，需要把文化育人作为贯彻始终的重要内容并进行总体设计规划，这是高职院校的政治担当。但在现实中，就知识育人与文化育人一起做出整体规划的高职院校却较少；学生个人多数关注自己学业成绩、获得职业资格证书或技能等级证书数量。眼睛只关注自己是否"羽翼丰满"、找到好工作，至于自己参加了多少社会实践活动、课外文化活动、社会公益活动、政治学习活动等思想教育活动，自己是否"羽毛美丽"赢得企业青睐具有持续发展力却并不重视。知识育人"含蓄"地遮蔽了文化育人。

（二）把握育人文化与企业文化耦合的有效性

高职院校育人文化对接企业文化的不融性并不妨碍二者的耦合和相互促进。高职教育的服务面向决定了高职院校育人的各个环节必须自觉融入"产业、行业与企业等要素"，自然地，高职院校的文化建设也必然要自觉融入这三大要素。高职院校育人文化融入产业、行业与企业"三要素"实质上是实现校企文化的有效耦合，而要在不融性中实现有效耦合，就必须要弄清两种文化之间耦合的机理，促进了高职院校文化育人价值取向的实现和文化育人活动的实施。

1. 耦合的基础

学校的一切工作本质上都是育人的。显而易见，不论是物质层面还是精神层面，不论是制度设计还是行为导向，从目的性上看，高职院校育人文化都是为了培养人、塑造人、引导人、感染人，使高职学生在所设计的文化熏陶下，成长为符合党的教育方针所要求的技术技能专门人才。因此，高职院校育人文化是"为人"的文化，追求社会效益最大化是高职院校育人文化的重要价值取向。

而企业的一切工作本质上都是为了实现利润，追求利润最大化是企业的主要价值取向。企业追求利润需要通过生产产品、出售产品并依赖多种手段来实现：通过投资搭建实现利润的物质平台，通过生产符合市场需要的产品呈现利润实现的载体，通过市场流通收回高于产品价值的利润。从企业实现利润的全过程来看，不论投资、生产还是流通，都不可能自发实现，都必须是由"人"通过一定的技术和手段组织实施。这里的"人"是指通晓实现利润各环节所需要的管理人才、经营人才和技术技能人才。其中，技术技能人才能否展现所能，还需要合适的知识迁移能力和能力迁移动力，并且具有随着环境和条件的变化而不断提升和应变的能力。动力深藏于人的心里，外化于人的行动；能力蕴含在人的大脑、体力和协调力里，外显于能达成预设的目标。所以，企业文化从本质上讲也是"为人"的，其价值取向是追求经济效益最大化。

虽然高职院校育人文化和企业文化分属不同文化分支，"为人"的目的和实现形式有较大不同，但是"为人"的共同指向奠定了融入、合作、共赢的基础。

高职院校育人文化与企业文化"为人"的共同基础体现在以人为中心、以发展为目标的组织文化和内在逻辑的相通性、一贯性上。高职院校是人才培养机构，培养的是"人才"，人才价值实现需要通过走向市场、进入企业；企业发展需要"人才"，人才是否是真的人才，需要在市场上"溜溜"中分清"骡"和"马"，在企业"真刀真枪"

的实践中来检验其能力和价值。由此可见，人才价值是高职院校和企业双方共同关注的焦点，是校企文化得以耦合的链接点，人才就成为高职院校育人文化与企业文化耦合的重要载体和纽带。从另一视角看，在市场竞争环境下，作为在不同领域的市场主体，高职院校和企业都面临着发展自己、壮大自己、站稳市场的共同愿景。实现这一愿景，校企双方当然都可以发挥各自优势、充分利用自己的资源来实现各自的功能。但是在新的时代，实践反复证明，不论是什么样的市场主体，不借助外力的发展都是理想化的、短视的，是没有效率、没有生命力的。高职院校需要与企业合作了解技术发展动态、企业用人需求变化，从而锻炼师资队伍、改进教育教学、帮助学生就业、实现服务功能。高职院校发展的活力就是涌现于校企之间的频繁互动、有效互动、有益互动中，活力就是文化力。企业在发展过程中的技术难题同样需要借助高职院校的专业和技术优势进行联合攻关，充分利用高职院校丰富的实训资源和专业实践能力强的教师资源来培训、锻炼企业员工队伍，使其建设者始终充满电能、产生源源不断的动能。尤其是企业通过前置人力资源管理、参与人才培养过程，把企业文化主动融入育人过程，对于尽早培养留得住的"自己人"是很有现实意义的。

2. 耦合的使命

随着我国现代职教体系的逐步建立，职业院校学生发展的"立交桥"已经搭建。但从数量而言，高职院校大多数学生毕业后都要走向社会、走进企业开始职业生活。因此，高职院校的使命就是把高职学生（在学校学习期间，不妨称其为"学校人"）培养成为满足企业需要的、能零距离对接企业岗位的合格技术技能人才（不妨称其为"企业人"）。因此，高职院校推进育人文化与企业文化的耦合，其使命就是把"学校人"培育为"企业人"。

"学校人"和"企业人"存在着较大的不同。"学校人"的主要任务是在学校教学计划指导、在校园文化熏陶下，系统学习专业知识、提高专业技能，掌握今后从事职业所需的技术本领、生存发展能力，是充实自己、强实自己、提升自己的过程；"企业人"的主要任务则是在工作岗位上运用自己在学校学习和社会活动中所掌握的专业知识、专业技能和综合素质，履行职责、创造财富、实现自我，是释放能量、散发热量、奉献社会、回馈人民、安身立命的过程。"学校人"大都需要接受父母的经济支持或国家资助，"企业人"则要靠独立自主、自己奋斗来获取幸福。"学校人"生活简单安静无社会负担，学习和生活基本有规律，自由支配时间多；"企业人"面临的则是复杂的职场生活，工作节奏快而紧张，自由支配时间少，会受到比较严格的企业制度约束。"学校人"在学校交往的对象主要是老师、同学，关系较为简单，没有明显的复杂利益关系，得到的是师长的教育和包容；"企业人"位处激烈竞争的社会环境中，交往关系复杂，人际关系复杂，利益冲突较多，责任担当直接、现实和骨感。所以，"企业人"较之"学校人"，思维跨度大、环境变化大、位责要求高。这就要求高职院校必须要遵循高职教育规律，通过以高职院校文化育人价值取向系统设计学校教育教学人才培养方案，帮助学生针对自己特点规划好个人职业生涯，把"企业人"的素质要求体现在育人全过程和校园文化全空域。

了解"企业需求"是高职院校育人文化耦合企业文化的前提。了解企业需求是为了耦合，实现有效耦合就需要了解对耦合有用的需求，包括了企业宏观需求、某一专业岗位对人才素质、能力结构的要求，以及高职院校自身现状和可能发展的前景。

真正"以人为本"是高职院校育人文化耦合企业文化的核心。高职院校要发展，就得走自己的路，这是一般意义上高职院校办学的价值取向。但是在生源减少、经费来源单一、办学成本较高的学校，存在只关注生源数量、企业的用工需求，表现在教育教学中就是就易避难、就岗不就技，其目的主要是把学生"安全"地送出校门。教育目的是育人，以人为本是学校的天职，在高职文化耦合企业文化的过程中，只有真正做到以人为本，把学生的全面发展作为主旨，把学校、企业和学生等互利多赢融合起来，才能实现校企文化耦合的效能。这是校企文化耦合的核心。

贯穿始终的"职业"教育是高职院校育人文化耦合企业文化的关键。高职院校培养的学生具有较高的职业素养或者职业能力，这是高职教育的魅力和价值所在。而高职学生基本上是从高中或中职的校门直接踏进高职的校门，因而他们刚入校时基本没有建立起"职业"的概念。所以，高职院校就需要从教学计划、课程安排、教学组织、教学场所、教学手段、教学方法，从第一课堂、第二课堂到第三课堂都要有计划、有步骤地渗入职业教育内容，全面有效地提升学生的职业素质或职业能力。职业素质或职业能力一般包括专业能力、方法能力和社会能力。专业能力主要指掌握专业知识和专业技能，这是一个社会人基本生存的能力。方法能力主要指学会学习、学会工作的能力，这是决定一个社会人自身发展、业务持续发展的基本能力。社会能力主要指学会与人共处、学会做"人"的能力，这是一个社会人得以和谐发展的基本能力。有了这三种具有关键意义的职业能力，即使遇到社会变迁、职业变化、走出国门，也都能做到自我适应、自我调节、自我发展。

3. 耦合的社会土壤

技术的进步和获取信息手段的快速发展，使得从业者已有知识很快就会"过时"，如果不及时更新知识，进行"回炉"教育，就难以适应岗位的需要，跟上时代发展的步伐，甚至可能被现实无情地淘汰。所以，教育"回炉"已经成为学习型社会的一种新的社会现象。

对于高职院校来说，能否具有"回炉教育"的实力和计划安排则是关键性问题。实际上，我国高职教育从高等教育司转入职业教育与成人教育司管理，从这一国家管理体制设计导向可以从中看出，高职教育是我国继续教育、终生教育的一支主导性力量。这就要求，高职院校在学校教育教学活动整体设计时，要自觉加强培训功能，把

"回炉教育"作为基本建设做出安排。要成立专门的组织来管理"回炉教育",要根据学校优质专业、优质教育资源和社会需求设计培养方案,采取长期与短期培训、综合与专项培训相结合的教育方式,以菜单式、学分储蓄等灵活多样的教育形式为社会搞好教育服务。高职院校为社会提供这样的服务要体现出高职教育特色,要特别重视对接、耦合企业文化,教育服务要务实、真实、实用,要具有前瞻性、导向性、引领性,能切实满足企业转型升级需求、职工提升素质愿望、学习型社会人们的求知期待。高职院校如果不懂得或不重视校企之间的紧密联系,不能够做到校企文化耦合,主动占领职业培训市场,市场竞争力将会大打折扣,换言之就是没有完整实现文化育人价值取向。

4. 耦合的目标

随着工业化提档升级、信息化迅猛发展,国家高度重视科学技术和创新型人才在企业转型升级中的支撑作用。因此,国家制定了很多行业企业资质的认定标准,把不同层次的专业技术人才或持有职业资格证书人才的数量、科技研发机构的设立、科技创新成果数量和等级等,规定为企业资质认定的基本要求。现实过程中,企业在发展中面临着大量技术难题,但有的企业并没有研发能力,也不符合其价值追求。而国内外知名的大公司不仅组建了自己的研发机构,而且还拥有高水平的科技团队,每年都投入到相当比例的研发资金,创造自己的知识产权,并以此作为企业核心的竞争力。在经济全球化、一体化的大环境下,借智发展、合作发展也是多数企业的聪明选项,并不需要孤军奋战,可以通过购买服务、合作服务弥补自身不足、提高自身竞争力。同样的,作为以技术应用为导向的高职院校也需要来自企业实际工程技术项目来丰富教师工程实践经历和充实教学内涵,用企业发展中的难题作为技术攻关项目提高师资队伍水平,为培养高素质技术技能人才提供技术支持和人才保障。校企双方互有需要、优势互补为实现文化耦合提供了可能,有效实现文化耦合必能实现互惠双赢、共同发展。而要顺利实现校企文化的有效耦合,必须落实到现实,找到契合点,找准切入点。

搭建文化合作交流平台是基础。校企合作热度不和谐是没有生命力的,任何一个市场主体要赢得市场必须赢得现实利益或者长远利益,没有利益就失去动力,持久合作的动力必然建立在互惠双赢的基础之上。所谓互惠双赢就是校企双方都能在合作平台上找到自身角色、实现必要利益。校企合作不是企业和学校自己的事,而是经济社会发展的大事,对此,政府负有重要责任,需要通过建立法律法规来正确引导校企合作方向、校企合作行为和校企合作结果,这是我国高职院校校企合作取得成功的关键因素。改革开放以来,尤其是自推进社会主义市场经济体制以来,我国教育法制化进程明显加快,目前已基本形成了比较完善的教育法律体系。但在这个体系中,有关职业教育方面的法律法规条款总体还是比较有原则的,不少依旧停留在一般性号召层面,在企业支持和参与职业教育上只有倡导性而缺乏制约性,法律法规之间配套性也不够,仍需要通过人大立法给予进一步完善,以更加清晰企业在培养职业人才方面的法律义务和法律责任。这在后节将做专门阐述。同时高职院校也要增强"企业意识",建立科学的调查制度,来准确了解企业对人才的需求,切实能帮助企业解决技术难题,使得教师水平的提高有企业平台的支撑、企业的发展进步有学校智力的支撑。

创建仿真职业文化是载体。重视培养学生专业实践能力是高职教育区别于一般高等教育最重要的特征。专业实践能力培养离不开企业文化因素的渗入和职业文化氛围的熏陶,这就要求高职院校校园环境建设、校内外实训基地建设等都要体现职业性和教育性的统一。校园文化的职业性不能完全照搬企业文化,需要通过现代技术手段把优秀企业文化嵌入到校园文化,形成仿真的职业文化。仿真的来源真实但不是真实,校内实训基地建设要做到"源于现场、高于现场",使职业技能训练和职业素养培育具有"企业气息"。弥补仿真的"不真实性"需要用"真实"优秀企业文化"点睛"校内实训基地建设,可以有意识地引进若干知名企业进校园或与学校一起共建具有真实生产、真实检验、真实检测功能的校内实验实训室,形成校内有真的企业、校企文化硬融合的高职教育实训教育格局,使得师生在工作、学习和生活中,都无时不刻得到真实企业文化的熏陶。

第二节　高职院校文化育人价值取向的彰显策略

一、凝练职业精神标签彰显文化育人价值取向核心精神

职业精神是与人们从事的职业活动紧密联系的精神和操守,反映出了一个人的职业素质。在内容上,职业精神表达了为职业奋斗的利益愿望,反映出了对从业者的职业责任、职业行为的精神要求,表现为职业所特有的精神传统,同时也反映了从业者特定的心理素质;在表达形式上,既有原则性要求,更具有具体、灵活、多样的特点;在调整范围上,主要调整同一职业内部关系,同时也调整其内部成员与关系对象之间的关系。所以职业精神可以使社会的精神原则"职业化"、个人的精神"社会化",是高职院校文化育人价值取向的集中体现。

（一）树立正确的理想信念

教育方针是国家或政党在一定历史阶段提出的有关教育工作总的方向和总的指针,是教育基本政策的总概括。"党是领导一切的",因此,我们党所确立的教育方针是全国所有学校必须遵循的工作指针,其核心价值目标是合格"建设者"和可靠"接班人"。要成为"可靠"接班人,必须要做到德智体美劳全面发展,必须坚定共产主义远大理想和中国特色社会主义共同理想。

中华民族具有五千多年的悠久历史，积淀了优秀的灿烂文化，形成了生命力极为强大的具有中国特色的文化传统和文化体系，这就决定了我国必须要走中国特色的发展道路，办中国特色的社会主义高职院校。文化育人必须坚持以服务人民、服务中国共产党治国理政、服务巩固和发展中国特色社会主义制度、服务改革开放和社会主义现代化建设为价值导向。高职院校是我国教育体系中的一个环节和类型，必须不折不扣地全面贯彻落实党的教育方针，坚持正确的政治方向，自觉肩负起"培养德智体美全面发展的社会主义建设者和接班人"的重大任务。各高职院校基本上都在校训释义伊始就强调：坚持以马克思主义为指导，全面贯彻党的教育方针，培养有理想、有道德、有文化、有纪律的社会主义新人。可能是由于各校对校训的释义比较早，关于国家对高职教育的最新要求、高职教育最新发展动态并没有语列其中。从主旨上来看，上述三句话集中指向了"可靠接班人"的政治目标。校训的理想信念这一政治要求需要通过科学的组织体系、制度体系、文化教育活动推进实施。高职院校坚持常年对高职学生开展党的基本知识、基本理论、基本路线、方针政策和理想信念教育，有的还把学生中的预备党员组织起来进行专门培训。这些高职院校都重视发挥团组织独特作用，利用寒暑假定期开展形式多样、生动活泼的社会实践活动。大多数高职院校还把一批进步青年组织起来，成立青年马克思主义小组、新时代中国特色社会主义思想研学小组、党章学习小组、学雷锋活动小组、爱心社等进步社团，并配备专兼职指导教师，常年组织集体学习研讨活动，坚持不懈传播马克思主义科学理论，尤其是中国化的马克思主义，学习时代楷模和各种优秀人物事迹。经过持续不断、系统科学的教育，绝大多数高职学生都能够正确认识到世界和中国发展大势，懂得人类社会发展的历史必然性，坚信中国特色社会主义的历史必然性。一些学生树立起共产主义远大理想，还锻造成了共产主义战士，光荣地加入了中国共产党。

（二）确立正确的职业价值观

社会主义核心价值观是社会主义意识形态的本质体现，是我们国家最持久、最深层的力量，承载着中华民族的精神追求，体现着社会评判是非曲直的价值标准。我国社会主义市场经济经过近三十年的建立和发展，已经形成了比较成熟的制度体系和观念环境。在这种环境下，任何市场主体都要直面市场大潮的强劲搏击。高职学生就业要进入人才市场，承揽工程要经过公开招投标市场，能否赢得市场竞争优势需要经过市场检验。市场遵循自然法则，只有诚信才能赢得市场的人心，只有敬业才能赢得驾驭市场主体的信任。在社会主义核心价值观引领下，高职学生必须要讲爱国、讲诚信、讲敬业、讲奉献，这也是其在市场经济环境下安身立命、赢得口碑、事业发展所必备的政治素质、道德素养、精神品质和职业价值观。政治素质的提高、良好道德的形成、正确职业价值观的确立，需要靠科学知识的武装，更要靠优秀文化的不断熏陶和持之以恒的行为养成。校训是标志性的学校文化，是师生应该遵循的道德要求和行为规范。通过校训实施文化熏陶是隐性思想政治教育方式，较为直白说教、强制活动等往往更容易实现教育目标。

（三）形成奋斗的职业姿态

高职学生既要"仰望天空"成为有远大理想、有宏伟抱负的人，也要"脚踏实地"成为有责任担当、有切实作为的人。在现代社会，一个从业者要得到用人单位认可、个人得到良好发展，一个很重要的因素就是其对用人单位的忠诚度和对所从事工作的态度。态度是一个人思想素质外化于行动的介质，在企业主与从业者是"雇佣关系"或"合伙关系"的时代，态度的指向、态度的强度也体现出一个人的思想品质、就业价值取向、团结合作精神，决定了一个人对工作投入的热情、精力、毅力，决定了一个人办事的效率、高度和深度。正是由于从业者的态度对用人单位工作、对个人事业发展都至关重要，所以就有人把态度提高到"决定成败""决定一切"的高度。幸福都是奋斗出来的，奋斗本身就是一种幸福，就是告诉青年人，要把"奋斗"作为人生的价值坐标，忠诚于就业单位，认真地对待工作，靠勤劳奉献打拼人生天地。对于高职学生来说强调态度更具有现实针对性。他们今后大都奋战在经济建设主战场的第一线，他们的态度直接关系到物质产品的质量，也关系到其人生的幸福感受。因此，以校训文化引导高职学生形成积极向上的学习工作态度，对于培养具有良好社会责任感、对事认真负责、对人诚实守信、作风踏实肯干的高职院校学生，自然成为高职院校育人职业价值观的必然选择。各高职院校要求学生对学习和工作不仅要知道怎么做，还要亲自实践真正去做，克服眼高手低；在社会生活和与人相处中，要讲法律、讲规矩，该做的事要做好，不该做的事坚决不做；对待学习和职业，必须自加压力、拓宽视野、与时俱进、不甘落后、敢于创新。由此可见，这些学校校训所倡导的态度取向，都是从不同视角和方面对工作、对学习、对学术、对社会、对他人提出的正向的态度要求，引导和激发高职学生选择积极向上的工作生活态度、健康有益的工作生活方式、高雅和美的工作生活情趣，以正向能量促进高职学生政治素质得到全面提升，身心素质得到全面发展。

（四）与时俱进赋予职业精神新内涵

高职院校的校训是职业精神的高度凝练，应该涵盖党的教育方针的全部要求，反映社会主义核心价值观的全面内容。纵观各个高职院校校训的格式、内容和价值取向，更多的是基于高职院校的培养目标、本校情况、文化要求，规定师生应该遵循的为学、为事、为人的标准，充分反映了高等职业教育理念、中国特色道德要求，也体现出了区域特点、本校特色和时代特征。校训文字简约、高度凝练，仅只是从精炼的语言就把职业精神全部涵盖是困难的、不现实的。没有个性的校训就没有较高的文化价值和强大的生命力，经常变化的校训更是不能形成持久性的文化影响力。对此，需要通过科学的、动态的释义予以补充。

1. 提升职业精神境界

高职学生是"社会主义建设者和接班人"，必须坚定理想信念，拥有济世天下情怀，做到爱国爱党爱岗，树立起"以天下为己任"的宏大抱负，牢固确立社会主义、集体主义思想，符合报效祖国、服务人民、大公无私的共产主义道德要求和以马克思主义为指导的政治性要求。这就有赖于科学地凝练校训，并把党的要求、社会对高职学生的期待体现在释义内容中。与此同时，要把校训的词源、词性阐述清晰，给全校师生以厚重的文化底蕴、精深的思想内涵、高尚的道德要求之感，使得校训的政治性、文化性和价值导向得以充分体现。

2. 动态释义校训内涵

政治具有阶级性、时代性，文化具有历史性、价值性。校训作为职业精神的集中体现，要发挥好其文化育人的导向作用，就必须要随着形势的发展变化，按照党中央的最新精神和职业教育目标的发展变化，赋予了文字不变的校训以与时俱进的新的文化内涵。在释义高职院校的校训时，就要有意识地把廉政文化通过具体表述体现出来。再比如，在改革开放的大环境下，西方意识形态无时不在通过渗透影响我们的青年学生，在释义高职校训时，就要有意识地引导学生增强中国特色社会主义道路自信、理论自信、制度自信、文化自信。还比如，高职院校本身也在不断发展的过程中，在校训释义中也要根据不断发展的高职教育培养目标、培养途径、培养方法、发展预期，及时准确地对其进行新的释义。从过往实践经验来看，多数高职院校对校训动态释义重视还不够、做得也不够。

3. 有效传播校训文化

高职院校都把校训镌刻在校园正门或其他醒目的位置，但是较少积极传播校训的内涵，仅只是从字面难以达到价值导向的效果。因此，有效传播校训是实现校训文化育人价值取向不可或缺的重要环节。传播校训需要贯穿整个高职教育过程，不仅要在每年新生入校或者其他重要庆典活动时宣讲校训发展性内涵，而且要充分利用新媒体新手段，把校训所要传达的思想和理念及时有效地传播出去，使学生在潜移默化、持续不断的影响中接受教育。这种发展性释义、鲜活性内容、创新性方式，可以弥补形式固化的校训的缺失或过时的内涵，体现思想政治教育与时俱进的政治品质，发挥思想政治教育的强大功能。同时要克服我国高职院校校训形式上的单调呆板、思维上的崇古守旧、格式上的高度雷同等现实不足，积极吸收古今中外优秀文化，借鉴一些知名院校校训的表达方法或解释方法，可以用写意的形式赋予校训的语言以韵律、形式以美感，让学生在欣赏、思考和体味中接受校训所蕴含的思想政治教育内容和价值导向，发挥出校训文化潜移默化的教育影响作用。

二、促进校企文化有效交流，打通文化育人价值取向彰显路径

高职院校要利用企业文化培养"职业性"人才，必须要有效实现校企文化的交流与对接。校企文化有效交流对接，既有理念问题，也有方法、路径问题。

（一）正确营造校园内的企业文化

从育人的宏观层面来分析，高职院校育人文化对接企业文化主要体现在两个方面：一方面是企业文化进校园，表现出校园中企业文化的呈现方式；二是企业参与学校育人活动，表现出企业对接教育教学的活动方式。企业文化在高职院校校园中的呈现，既要反映企业文化的本来面目，又要反映学校文化的教育性。这既体现高职院校文化育人的价值取向，又表现出了高职院校文化育人价值取向的彰显方式方法，既要把企业文化呈现在教育教学的重点领域，又要把企业文化落实在文化育人的重点环节。企业文化不是高职院校育人文化，高职院校育人文化又必须融入企业文化。因此，企业文化在校园中呈现方式就应该做到"四个准"：实训场所准工厂化、实训教学要求准企业化、实训资源与生产过程准对接、教材教学与生产过程准对接。"准"不是真实的，但是要做到真实化，这是校园的企业文化建设的核心。

校内实习实训基地是高职院校培养技术技能人才的重要场所，是高职院校对接企业文化的技术技能训练基地。所以，实训场所建设理念和建设水平对于培养合格的技术技能人才十分重要。校内实训场所是育人场所，因此，其建设必须遵循教育教学规律。实训场所要培养高职学生专业实践能力，满足企业对技术技能人才的需求，因此，其建设必须具有企业文化属性，做到"准工厂化"。"准工厂化"有两个关键词：工厂化、准工厂。工厂化就是要按照真实工厂的要求进行建设，准工厂就是既可以真实生产产品，又必须同时满足育人要求，也就是实训场所既要是上课的"教室"，又要是生产的"车间"，同时是优秀企业文化育人的"空间"。实现这样三项功能，校内实训基地建设就必须突出真实性、解剖性、虚拟性、共享性等"四性"。

1. 育人环境真实工厂化

学校实训场所所拥有的设备有不少都是"过去"购买的，往往比较老旧，做不到学校教育与企业需要对接的"零距离"，因此，要保持校内实训基地设备的先进性、工艺流程的生产性，既要按照真实工厂生产工艺进行设计安装，也要学生通过实践真的能生产出产品。首先，在文化环境设计和布置上要具有企业性，把企业精神文化、企业经营理念、企业生产要求、企业管理制度等公开展示出来，使高职学生置身到其中就如同进入了真正的企业，接受企业化的入职准备教育。其次是生产工艺的解剖性。实训场所的本质属性是满足教学需要，生产性校内实训场所和准企业文化环境在做到真实工厂化的同时必须体现教育性，把实训场所的生产环境、设备机理、工艺流程等

尽量直观地展示出来，使学生看得见、看得懂、体会得到，不仅知其然而且知其所以然。既要有工艺整体观，又要抓住关键环节或关键点进行重点解剖，使得学生能够把握技术重点，做到解剖与还原相结合，做到巩固理论知识、增加实践经历、进行激励或挫折教育。同时，让学生查找问题、分析问题，并能创新提出解决问题的办法，提升创新素质。再次是"互联网+"技术的运用。就要利用互联网技术、成像虚拟手段，通过电子成像或压缩技术弥补不足，把真实的生产工艺流程以立体动画形式或者具体模型模拟生产过程、设备结构和运行原理，把交叉交错的技术问题直观化，把复杂繁杂的结构问题简单化，把众多学校、众多人的研究成果得以集成共享，使学生在有限的空间和时间内掌握更多的技术原理、实践知识和职业感受，使知识传授的速度和强度大大提高。真实是技术教育的本质，但是局限于客观因素不能囊括所有；虚拟是为了补缺补差、拓展功能，但永远代替不了真实。最后是资源的共享。高职院校要充分利用校内资源、合理利用社会资源，建设"共享型"实训基地。共享是双向的，学校可以共享社会、企业的资源用于教学，社会、企业也可以共享学校的资源用于科普或研发，实现优势互补、资源共享，提高资金和资源的利用效益。共享可以共建共享，以股份形式或者协议形式进行合作，以企业化管理、市场化运作，把教育体现在生产过程、成本核算、风险共担中。

2. 教学要求准企业化

环境具有熏陶作用，是文化教育的内容，实训教学则是在校内进行企业文化教育的本质要求。校园的企业文化要求实训教学要做到"准企业化"管理。"准企业化"就要做到"两个针对"：针对工作任务让学生自主训练技术技能、针对岗位标准由教师实施评价考核。实训的目的主要是加深理解专业知识、训练专业技术技能、培养综合职业能力、增强创新发展意识、实施职业劳动教育。这就需要学校根据学生专业需要的工作岗位设置工作任务，以"任务驱动、项目导向"引导学生自主或团队协作完成实训任务、达到实训要求。评价考核机制是实施教学工作和激发学生学习动力的指挥棒，要确保培养技术技能人才有效适岗，就需要用真实企业的岗位工作标准来要求学生，并真正在实践中使用这个标准考核评价学生，使学生增强制度执行意识，养成良好的规范习惯，以更好地适应社会化的生产活动，掌握将来工作中真正"能用"和"顶用"的东西。建立严格执行制度的文化环境和奖罚措施，适当加大"挫折教育"减少"赏识教育"，以训练学生树立强烈的制度意识、规则意识、底线思维，同时要把"绿色"理念贯穿考核始终，把实训态度诸如勤奋敬业、遵守规程、劳动意识等实际表现纳入生产过程考核范畴。要建立起以企业或学校为主、校企共同参与的学生成绩考核评价机制，使学生能够尽早感悟并接受真实性企业文化。

（二）有效利用企业的教育文化

教育文化是人类教育活动物质成果和精神成果的总和，与教育活动共始终。企业参与教育活动，自然也产生和积淀企业的教育文化，企业参与教育活动具有不同的目的和形式。从目的上来看，有体现企业的社会责任而参与支持教育事业活动的，比如投资办学、捐资办学、设立教育基金或奖励基金、资助贫困学生等；有培养符合自己企业发展所需要的有用之才而参与或直接从事教育活动的，比如办企业大学、设立人力资源培训中心、与学校共建企业学院等。从形式上来看，有独立办学的教育企业，比如著名的新东方教育科技有限公司；有企业成立教育机构专门负责岗位技术技能或管理能力培训的，比如海尔集团的海尔大学、海澜集团的海澜商学院等；有与学校联合成立教育组织共同开展教育活动的，比如青岛职业技术学院的海尔学院、多数高职院校举办的企业订单班、企业学院等；还有把招聘的人才组织到高职院校集中进行短期或专项培训的。不同目的和不同形式的企业教育文化具有不同的文化形态，但是从本质上看，企业教育文化都是为企业生产经营服务的，即使是企业无任何附加条件的捐资办学，本质上也是为了展示实力、扩大影响、提高知名度、提升美誉度，最终还是为企业营造良好的发展环境。

近些年来，很多知名企业都逐渐认识到人才市场变化的规律，主动提前投入资金，前移和直接参与育人的过程，把本企业的文化及早融入未来企业人才培养，变被动为主动促进企业良性发展。企业的需求、市场的推动，催生了一大批企业走进校园，主动与高职院校开展人才培养的合作，共同开办企业学院、订单班等，使学校、企业、学生三方都收益。

1. 企业教育文化形成的条件

企业从自身利益出发参与教育活动，本身跨界就较大，要形成企业的教育文化，界域跨度则更大，需要有一定的形成条件。从企业参与教育活动的目的、利益回报、经营理念的实践来看，企业教育文化的形成需要三个条件：

一是良好的前期合作是深化合作的基础。从公共关系角度分析，两个主体之间能否相互吸引和深度信任，首先必须在需要、机缘上实现过直接接触，彼此有一定程度的了解；其次必须通过接触双方都留下深刻印象并有相当的好感和信任；第三必须要具有进一步深入交流的需求愿望，并形成深入合作的驱动力。校企之间能否实现深度融入，关键在于学校能否满足企业的实际需求，能否可以给企业带来预期可见的实际利益。这是企业信赖学校的基础，也是学校成为企业伙伴的前提。

二是对高素质技术技能人才的渴求是企业寻求合作的动力。随着产业的转型升级，企业对技术技能人才素质的要求越来越高，企业从高职院校招收的毕业生进入企业后，大多数企业都要花费专门的人力、物力和财力再组织专门的技术技能和企业文化的培训。有战略眼光的企业家在实践中都认识到，前移和直接参与人才培养过程，就能把企业用于培训员工的经费用在刀刃上，从长远看放大了投资回报，更能及早把企业文化融入未来人才培养中，先入为主、得到认可的企业文化就可能熏陶出"贴心"的优秀人才。

三是企业先进的经营理念是实现校企深度合作的文化条件。合作的过程是一个必须实现双赢的过程。否则，单向的利益流动往往带有个人情感、存在廉政风险，因而难以持续。企业参与教育活动需要大量投入，企业参与教育活动必须得到相应的"回报"。同时一所万人以上的高职院校要花费大量时间和精力为某一个企业举办具体的"企业学院"，虽然学校不以经济效益为目的，但是也必须在乎学校管理的成本、得到应分的"收益"。要实现企业学院的顺利、持久运转，必须要有先进的理念来支撑"回报"和"收益"。先进的经营理念包括大的社会担当、自觉履行社会义务，这是优秀企业家的情怀。学校选择优秀企业合作就是把优秀企业文化引进校园，传承发展优秀企业文化。校企双方都有了先进的、高尚的文化理念，必然极易拉近彼此之间的距离，企业走进学校共同培养优秀人才也变得自然顺理成章。

2. 企业文化因素渗入人才培养计划

企业的本质是生产市场需要的产品并通过交换赚取利润，其参与教育活动是参与、协助、融入学校教育活动，不是代替学校开展教育活动。企业参与教育活动需要与学校共同研讨契合学校教育需求，必须要符合党的教育方针、遵循教育规律，在学校的统筹下有计划、有重点、恰当地参与人才培养活动过程。企业参与制定高职人才培养计划则是在高职人才培养过程中融入企业文化的基本制度设计环节。经过校企合作，把通用性、企业个性两个方面的要求有机体现在计划之中，形成通用要求与特殊要求有效叠加的教学计划。从江苏省 15 所国家示范（骨干）高职院校校企合作实践来看，这个叠加的教学计划主要体现在 4 个方面：第一，主干专业课中要根据企业的要求增加企业的典型工程实践案例，并根据案例设计教学组织形式；第二，离开学校的实践教学在企业进行，学生直接会接受到企业工程技术人员或管理人员的教育、管理和考核；第三，在课余时间，主要安排企业技术讲座、企业文化沙龙或企业提出的特殊职业素质要求的课程；第四，教师由校企双方共同选派，各有分工和侧重。

3. 学校配合企业展示选人文化

企业参与教育活动主要是为企业培养"未来员工"，企业学院或订单班是为企业培养未来员工的教育集体，进入教育集体的成员实质上就是企业的"准员工"。所谓"准员工"就是接受了企业文化并得到企业初步认可、准备进入企业的员工，或者企业重点关注、准备吸纳的员工。"准员工"可能成为企业的正式员工，正式员工是企业团队的一员，其思想素质、政治素质、业务素质、能力素质、开拓创新精神等都对企业的发展产生影响。所以，对准员工的选拔是企业十分关注的问题，通常一般应该由企业来组织实施。但是，企业对在校学生调动不具有行政组织权限，不熟悉学校组织环境，学生对企业也不了解不熟悉，选拔过程需要学校给予资讯支持和有力配合。

学校配合企业选拔"准员工"不能包办代替，主要做好四个方面的工作：一是成立必要的协调组织。为加强工作协调和对确定的教育集体的组织管理，一般都要经过双方商量建立起由校级领导牵头的学校工作组织，以便于协调组织学校各方面力量为教育集体服务。二是根据企业需要确定教育集体组织形式。就一般而言，一个企业从建立人力资源科学结构出发，同一个专业不一定都从一所学校选用，需求的专业也不一定只有几个，对此，学校就要根据企业需求，组建具有共同物理空间的教育集体（企业学院）或者非物理形态的"班级"。企业学院集中进行教育活动，非物理形态的"班级"日常教学仍然在原学校组建的班级学习，企业教学时或者进行其他特殊内容教育时才集中在学校或企业进行。三是协助选拔学员。选拔就是择优确定的过程，择优就需要进行比较，比较的方式大都采取笔试、面试。一般面试或笔试由企业独立组织，学校不对企业或学生进行直接干涉，学校的任务主要是帮助企业开展活动宣传、组织学生自愿报名，经过企业、学生本人和学校三方进行确认后签署具有一定法律约束力（主要为道德约束力）的协议。四是根据经过双方商定的教育计划组织教学活动。

第三章 高职院校文化育人的主要路径

第一节 高职院校精神文化建设路径

精神文化是人类在从事物质文化生产基础上产生的人类所特有的意识形态，是人类各种意识观念形态的集合。精神文化是人的精神食粮，孕育着人的精神家园，决定着人的精神状态、精神生活、精神本质，是人的本质属性的充分体现；精神文化又是社会旗帜、"社会水泥"、社会规范，具有价值导向、精神源泉、凝心聚力的功能属性；精神文化还具有赋予民族国家国魂、集体单位群魂、个体思想灵魂的社会属性。

精神文化主要由知识、思维、方法、原则、精神五个要素构成，它们之间不可分割，互相渗透，彼此支撑，形成整体，功能各异。

一、各要素关系

①知识是文化的载体。文化的沉淀直接表现为知识，知识是其他内涵的基础；没有知识，就一定没有文化，就一定没有力量；有知识，不一定有文化，不一定有力量。

②思维是文化的关键。没有思维的知识是死知识；有了思维，知识才是活的。只有拥有知识才能够激活自己、发展自己、超越自己；"人为万物之灵"，灵者，思维也。

③方法是文化的根本。知识、思维要付诸实践，才有作用；付诸实践，必须有方法；方法是道路，是桥梁，一切创新必须源自于实践。

④原则是文化的精髓。它融入到前三者之中，指导着前三者，与前三者共同属于形而下。

⑤精神是文化的灵魂。它是前四者的融合与升华，引领着四者，又渗透于四者之中，属于形而上。文化最重要的是其精神，有什么样的精神，就有什么样的文化。

二、精神文化体系概述

观察目前的学校文化建设现状，精神文化概念繁多，诸如"价值观""价值体系""价值取向""办学理念""办学原则"等，让人眼花缭乱，莫衷一是，对于师生员工来讲，别说秉承贯彻了，就连弄清概念也是一件难上加难的事情，把实实在在的文化建设概念游戏。为了还原文化的本真，这里将学校精神文化体系划分为"训示类"和"风气类"进行陈述。

（一）训示类精神文化

1. 校训类

校训是学校的核心价值观，位居精神文化统领地位，回答的是学校"追求什么"的核心问题，发挥着文化认同、行为指引的作用。

校训体现着一所学校的个性，具有"座右铭"的作用，对于造就和培养学生有不可估量的重要作用。作为全校师生共同遵循的准则，校训是对学校的人文传统、治学精神、办学风格的高度概括，其表述比校风更凝练、抽象，内涵更丰富、深邃，能较好地体现学校的整体价值追求，充分反映了学校的独特气质，展示出学校的文化底蕴和治校风范。正如一个人要有精神去支撑事业，一所学校也要靠精神支撑方能成为名校，而校训正是学校精神的具体表达，是学校精神的核心和灵魂。

2. 班训类

班训是一个班集体价值追求和精神向往的凝练表达，是班集体的文化灵魂，是全班同学团结一致、奋发向上的精神源动力。作为奠基班级文化建设的一项工程，班训既有约束作用，也是一种善良的警示；既有激励作用，也是一种温和的规劝；既有教育作用，也是一种亲切的教诲。

班训与校训的关系是总与分的关系，班训应该是校训的衍生和具体化，而不应该是另起炉灶。

（二）风气类精神文化

1. 校风类

校风即学校的风气和风尚。时常听到人们说某某学校风气好，某某学校风气不好，这里的"风气"指的就是一所学校的校风，具体包含教风、学风、班风、考风和作风。它体现在学校各类人员的精神面貌上，具体表现为学生的学风、教师的教风0、班级的班风、考场的考风、干部的作风。与此同时，它还存在于学校的各种事物和环境之中。良好的校风既是教育和管理的成果之一，又在教育和管理上具有特殊的作用，它有一股巨大的同化力、促进力和约束力，是一种精神力量和优良传统。

校风是无形的管理者，是一种来自集体内部的精神力量。校风一旦形成，便有一种稳定性和持久性，以它所特有的方式对人产生广泛而又深刻的影响，使人能从校风中受到陶冶和启迪，甚至终身受益。

良好的校风就是一种无声的命令，它一旦形成，作为一种稳定的组织气氛，就会对不符合校风要求的人产生一种无形的压力，并强制他们与之相适应。

校风一旦形成，就会成为一种强大的、内在的精神力量和激励因素，它能够激发学校的青春活力，促使师生员工产生一种情绪高昂、奋发向上的力量。良好的校风还是一种特殊的"精神航标"，它能激发并引导师生员工为完成学校的目标而朝一个方向团结奋斗，勇往直前，并转化为他们的自觉行动，让他们主动去保护集体荣誉、维护集体利益、自觉加强道德修养，是师生员工们为集体做贡献的强大动力来源。

良好的校风能够以大量微妙的方式沟通学校师生员工的思想，促使师生员工产生一种为实现学校目标而努力的使命感、自豪感和归属感。它把学校每一个成员的力量凝聚成一种合力，发挥出全部的效能。良好的校风能使得学校每一个成员有共同的价值观念，也增加了共同语言，因而能更好地沟通信息，交流感情，使得师生员工协调地融合于集体之中，从而使学校行政管理的各种措施得以及时、准确地实现。

良好的校风能使学校师生员工对其所属的集体产生一种休戚相关、安危与共的情感。在集体中，自觉调整行为定向，增加个人的社会适应能力，提高学生的思想道德素质和身心素质。

良好的校风能促进学生"学会做人"。学校应该让学生"学会学习、学会生活、学会创造、学会做人"，在这其中"学会做人"是最关键的，起着决定性作用。

良好的校风不仅在本校起作用，净化、优化校园环境，而且在某种程度上为扩大学校的知名度起了一定的作用。

2. 教风类

教风是教师群体在教学精神、教学态度和教学方法等方面形成的稳定的工作状态和群体风气。它依不同学校的不同特点表现出独有的特色和丰富的内涵，并通过学校全体成员的意志与行动，逐步地形成和固化，成为一种传统和风格。这些传统和风格对学生的成长起着重大的作用，对学校未来的发展和建设产生深远的影响。

3. 学风类

学风是学习者在求知目的、治学态度、认识方法上长期形成的、具有一定的稳定性和持续性的精神倾向、心理特征及其外在表现。学风有三种含义，一指学校的治学精神、治学态度、治学原则；二指学生在学习过程中所表现出来的精神风貌；第三种就是学生在生活中所表现出来的态度和行为。

学风，是读书之风，是治学之风，更是做人之风，是一所学校的灵魂和气质。学风影响着学校的教学质量，关系着学校的发展和学生的成长。

学风是学习者世界观与人生观的具体体现。学风主要指学生学习目的、学习态度、学习行为的综合表现。就其存在而言，学风弥漫于无形，却可观察于有形；就其作用而言，学风不仅会影响到当前的教学效果，影响到人才培养目标的实现，而且对学生长远能否成才都具有重要的不可忽视的作用。

4.班风类

班风指班级稳定的，具有自身特色的集体风范，是一个班级中大多数学生在学习、思想等方面的共同倾向。它是经过长期、细致的教育和严格的训练，在全班逐步形成的一种行为风气。良好的班风将为班级学生的成长、发展提供一种有效的动力和压力；为学生的学习提供了一个不可或缺的优良环境；班级的凝聚力，使得班级里具有亲切、和睦和互助的关系，勤奋进取，遵守班集体行为规范和维护班集体荣誉的精神状态。

5.考风类和作风类

①考风即学校的考试风气。它是学校办学态度、管理水平、学生素质的客观反映，也是学校对社会、对家长、对学生的责任担当。

②作风指一个人或者一个单位在思想、工作和生活等方面表现出来的比较稳定的态度或行为风格。

三、学校精神的要求

①学校精神要真实反映学校的现实发展水平，准确体现学校的基本个性。既不能好高骛远，更不能照抄照搬。

②学校精神必须是学校内部的主导意识，并且能够为全部或大部分师生员工所认同。学校不能为了装潢门面而建设学校精神，形成说一套做一套的虚假文化；也不能由校长一个人或者班子及个人确定学校精神。正确的做法是：校长结合学校实际，围绕发展目标，提出思想框架，班子拿出方案，广泛、认真征求师生员工意见；对不同意见尤其要认真对待，尽可能会考虑到其合理因素，对精神体系进行完善；在此基础上再次征求意见，达到成型、定稿程度，可以进入"试运行"阶段；待到职代会召开时，作为议程提交职代会表决：若能通过，即可正式颁布施行；若是需要进行修改，待修改完善后施行。这样做，既有群众基础，也是依法治校的行动体现。

③学校精神要保持稳中求变，能够适应形势与任务的变化适时做出适当调整，以体现与时俱进的时代意识。但是，这种"变"一定要慎重，切记不能全盘否定，而是一种修改、修正，以体现学校核心文化的相对稳定性和恒久发展性。

④注重务实与求是。学校精神建设的核心目的是为了高举旗帜，凝聚人心，激发斗志，创造业绩，所以必须要务实、求是。要结合学校的发展水平、队伍状况、生源结构、上升空间准确定位。

⑤能够对师生员工发挥有力的教育引导和激励鼓舞作用。学校精神建设要着眼于发展，这里的发展一定是教师发展、学生发展和学校发展的统一，让学校里的每个人听到目标，看到希望，找到方向，得到方法，由此充分发挥有力的教育引导和激励鼓舞作用。

四、学校精神的表达

①学校精神的统领、激励对象是师生员工——重点是学生群体，这是由学校"立德树人"的根本任务决定的。因此，选择表达方式，不能只着眼于"教职员工"，而应该是"师生员工"，尤其是重点考虑学生群体能否理解、能否接受、能否口诵心记、能否付诸行动、能否改变行为。

②学校核心精神一般是以校训的形式出现。在学校精神体系中，校训是核心、是灵魂、是旗帜。对校训的提炼是重中之重、难中之难，务必深思熟虑，经得起时间、实践共同的考验。

③价值观的表达要简明、精要、个性、顺口，简单易懂、激励人心。关注身边的校训，多数是四个双音词，八个汉字，表达雷同，长相相同，缺少个性，极易混淆。别说让师生员工积极贯彻执行了，就连校长自己也不一定记得准确，主要原因就在于缺乏个性。

④价值观的提炼应坚持"守正创新"原则。守正是坚持合理部分，保持文化的稳定与传承；创新是修正、扬弃不合时宜部分，保持文化的活力与进取，直至成熟与定型。积淀、积累、传承、创新是文化发展的基本规律；学校是总体稳定的，而校长可以有轮换，这也是基本事实；一个校长对一所学校真正的贡献是文化的贡献，既不轻率否定前任，也不完全因循前任，而是坚持"守正创新，与时俱进"。留下自己经得起考验的文化脚印。

五、学校精神的传播

传播学校精神的主要途径包括了：首先精心设计学校形象；然后借助校歌、校旗、校刊、校服、校园网、校园广播、校园电视台、校园环境等形式加以形象渗透；最后在教育教学活动中渗透、强化、固化。

（一）学校形象定义

形象指人或集体的内在气质与外表形貌给他人的总体印象；学校形象是指相关公众对学校的总体印象，它是学校整体素质与文明程度的综合表现，也是学校文化最直接的外在表现方式。

（二）学校形象要素分类

学校形象要素分类有以下两种方法：

①从学校自身分析有校风和校容两个方面。校风包括了教风、学风、考风、班风和工作作风；校容包括学校选址、校园内的分区安排、建筑物主体颜色、学校基本色系、绿化环保、装饰布置风格、卫生整洁程度等。

②从学校外部评价角度分析有知名度和美誉度两个方面。知名度指一所学校为公众所知晓、了解的程度，是评价学校名气大小的客观尺度；美誉度指一所学校获得公众信任、赞誉的程度，是评价学校的社会影响程度的客观尺度。

（三）学校形象塑造方法

1. 提升综合办学质量

办学质量包括管理质量、教育教学质量、服务保障质量，其落脚点是学生综合素质。

2. 设计学校形象

设计学校理念形象，培育特有的精神文化；设计学校制度形象，培育特有的制度文化；设计学校行为形象，培育特有的行为文化；设计学校动产物质形象，培育学校物质文化；设计学校不动产物质形象，映现学校物质文化。

3. 注重学校宣传

塑造学校形象可以通过文化呈现、制度贯彻以及媒体宣传等方法展示出了学校形象。可以通过师生员工行为、物质载体与社会、家庭沟通。

（四）校徽与校训

校徽外形通行的形状是圆形，通过里面的色彩、文字、图案、数字展示院校的特点及历史。

校训应当拥有历史底蕴，同时具有学校的特点，又能激励师生共同奋斗，帮助校园建设。

第二节　高职院校制度文化建设路径

一、制度文化理论

（一）制度文化相关概念界定

1. 制度界定

制度是国家机关、社会团体、企事业单位等，为了维护正常的工作、学习、生活秩序，保证了国家各项政策的顺利执行和各项工作的正常开展，按照法律、法令、政策而制定的具有法规性或指导性与约束力的规定，是各种行政法规、规章的总称。

2. 制度文化界定

制度文化即由制度所承载、表达、衍生和推动的文化，它是渗透在体系架构、规章制度、工作流程、岗位职责中的价值观念和风格特色，也是在生成和执行各类制度的过程中折射出来的价值取向和行为准则。

3. 学校制度文化界定

学校制度文化，即由学校制度所承载、表达、衍生和推动的文化，它是一所学校渗透在体系架构、规章制度、工作流程、岗位职责中的价值观念和风格特色，也是在生成和执行各类制度的过程中折射出来的价值取向和行为准则。

学校制度文化是学校文化的重要组成部分之一。管理实践告诉人们：管理者总是在一定的价值观的指导下去完善和改进学校的各项规章制度的。制度文化是精神文化的产物，它必须适应精神文化的需要；与此同时，精神文化必须得到制度文化的支撑才有可能实现。两者的价值取向必须一致，即"鼓励人自主思考"。

（二）制度文化特点

学校制度文化从不同角度进行分析有不同的类别：从层级角度分析，有国家颁布的相关制度，地方政府及主管部门制定的相关制度，学校自定的相关制度；从内容角度分析，有人事分配制度，教育教学管理制度，会议制度，思想政治工作制度，安全管理制度，财务资产制度，服务保障制度，其他适应学校发展的制度。

学校制度作为师生员工行为规范的模式，应当具有以下特点：首先，必须要保证育人方向的正确，教育教学秩序的正常运转；其次，能够保证个人活动的合理开展，维护师生员工的共同利益；最后，在人文和谐的组织中，制度更应该发挥的作用是激发人的热情，开发人的潜能。

学校制度建设中需要赋予精神文化的色彩，尤其应该注意到在条文当中突出学校发展目标、价值观念、作风态度、素质要求等精神文化方面的条款，赋予制度以灵性，让制度的影响深入到师生员工的心理层面并发挥作用。

（三）制度文化发展过程

1. 准制度文化

萌发期：始于学校成立之初，需要靠一定的规章制度引导各项工作步入正轨。这个时期制度内容比较简单，以模仿成分居多，管理者的主观意志起着决定性的作用。

成长期：学校各项工作有章可循，制度内容在逐步总结实践经验、倾听师生员工意见的基础上改进完善，探索建立适应自身发展的制度模式，但是真正具有本校特色和风格的制度文化尚未形成，管理者依旧处于前台位置。

2. 制度文化

此时的制度文化进入了成熟期：在建立了基本的制度保障机制的基础上，学校挖掘自身的习惯礼俗，在已有的制度中渗透本校的文化因子，充分展示学校观念、心理、行为特色，最终形成真正的制度文化。此时，管理者的主观影响退居次位，长期积淀下的文化定势将牵引学校的发展。

3. 后制度文化

这个阶段的制度文化进入了发扬期：学校制度文化之树虽已长成，但是它仍然需要全体成员的共同浇灌，培植，使其能够不断从中吸收新鲜养分，形成开放型的制度文化体系。

二、组织文化理论

组织是一种以人为中心的管理方式，强调把组织建设成为一种人人具有使命感和责任心的集体。组织文化是组织成员共有的价值观和行为方式，其核心是一种共同的价值观，共有的信仰，是指导组织和组织成员的行为的哲学。组织文化是制度文化的重要组成部分之一。

（一）组织文化特点

1. 创新与进取

创新与进取的主要标志是组织在多大程度上鼓励成员积极创新、敢于适度冒险，管理者能否勇于承担责任，是否具有荣誉归属于教职员工、责任自己承担的勇气和度量。

2. 细节导向

细节导向的主要标志是组织在多大程度上期望成员做事能够缜密、善于分析、注意小节，是否具有相应的制度保证成员能够放手这样去做。

3. 过程保证结果

过程保证结果主要标志是组织中的管理人员是否具有以过程控制和条件服务保证结果水到渠成的意识和能力。

4. 关注情感

关注情感管理者必须保持清醒：一个决策的结果会对组织成员中的哪些人产生影响，影响程度会有多大，有哪些补救的方法等，从而有针对性地做好思想引导与人文关怀工作，尽可能降低决策出台的负面效应。

5. 团队定向

团队定向主要在于组织在多大程度上是以团队而不是以个人工作来组织活动的。在今天的治理环境中，就是民主决策、集体领导、全员责任、团队荣誉。

6. 进取心

进取心主要在于组织成员的进取心和责任感如何。在好的组织文化环境中，组织成员责任明确，分工合作，充分沟通，友善提醒，个人成长，组织成功。

7. 稳定性

稳定性主要在于组织能够有效完成任务的时间和效果。设计建立一个组织，其原因是任务需要，其目的是承担工作，完成任务，组织稳定发展，成员健康成长，这些就是组织文化良好的具体表现。

（二）基本趋势

学校组织设计的基本趋势包括以下五点。

1. 组织结构扁平化

这是一种以"基层为主"的扁平化组织结构，组织成员的人际关系是开放的、合作式的和平等的。组织层级尽可能减少，特别是在信息化快速发展的今天尤其要借助信息手段，保持组织在扁平状态下运转。

2. 小机关，大基层

这种结构旨在加强基层，管理重心下移，机构设置减少管理层级，缩短信息传递通道。充分调动起广大教职员工参与学校管理的积极性和创造性，通过管理创新，落实"以人为本"。

3. 体现灵活性，不搞一刀切

各个学校的规模不同，重点有别，组织设计要突出体现提高效率、降低成本、减少摩擦的务实思想。

4. 分工合作

在一个健康的教育组织内部，无论是机关部门、教辅机构、基层单位，分工是为了相对明确任务，合作是为了绝对实现目标，如果不清楚这个关系，组织设计就失去了存在的基础。

5. 权力制衡

分工、合作、制衡是一个组织稳定、健康的基本条件，尤其是在新常态下，有权就有责，有责必担当，失责必追究。权力制衡的组织设计，是对组织、个人和事业负责的具体化。

改革开放以来，在适应、服务经济社会发展的历史进程当中，我国的教育体制也在逐步走向成熟。各级各类学校在进行自己的组织设计或者改进时，都应该考虑以下基本趋势：

①建设学习型组织：全员学习；全过程学习；团体学习。

②创新：引领创新发展——学习与创新"立人"，学习与创新"立业"，学习与创新"立校"。

③建设人文性组织：尽可能让组织之中的每个成员积极、主动、愉快、创造性地工作、学习与生活，而不是相反。

三、制度文化建设思想路径

（一）广集意见，博取样板

制度文化承载的是学校精神，保证学校方向不偏，文脉不断。在学校里，任何一项制度的建设都有其现实需要，要针对问题建立制度、利用制度规范行为训练培育文化，一定要广泛征求意见，只要条件许可，就多取几个样本，多个可供选择的方案。

（二）研究旧制，选准方向

制度文化建设是在原有基础上的发展，而不是割断文脉，建立健全是制度文化建设的突出特点；一所健康发展的学校，一个成熟的校长，面对新情况，应当积极对原有制度进行研究、分析、修正、补充、完善，提高投入产出比。

（三）分工负责，集中审阅

制度文化建设和常规工作一样，谁主管谁负责，谁上岗谁负责，把制度文化建设的过程当作提升个体素质、加深责任意识、增加文化认同的过程；在此基础之上班子成员和相关部门集中审阅、集体把关，让制度尽可能减少错漏。

（四）外格程序、合规合法

这里要强调的是，为了适应法制化社会生存，学校作为一级法人组织，拥有制定发布规章制度的权力，但是制度的诞生必须合乎程序，待到所有行政程序走完之后，务必提交职代会表决通过，并形成完整的材料，留下清晰的痕迹，以防万一诉诸公堂时，不至于被动。

（五）实践检验，动态更新

制度建设落后于管理现实是人们面临的基本现状，任何一项制度出台都不可能完美无缺。当经过实践检验发现制度不足乃至缺陷时，应当及时修订完善，这是永恒的管理现象，也是制度文化建设的活力所在。

第三节　高职院校环境文化建设路径

学校环境文化即学校硬件设施环境所包含的文化形态，是学校文化的外在体现，是学校显性的形象工程。它承载着对内文化师生员工，对外树立学校形象的重要责任。

文化建设是一项事关全局、覆盖全面的系统工程，对学校发展关系重大，影响深远，必须严肃认真，科学规范，求实创新，与时俱进。制定方案时必须进行系统性思考，整体规划，分步实施，持续改进。立足教育教学，服务教育教学，引领教育教学既是文化建设的起点，也是文化建设的终点。

一、环境文化建设原则

校园应当是以人为本、功能完善、生态和谐，既体现传统文明又充满时代感的现代化、信息化、园林化的校园，应当实现"四个主题与四个融合"的融会贯通。其中，四个主题指的是：师法自然、再现山水、人性尺度、人性空间、时代特色、文脉延续、整体规划、滚动发展。四个融合指的是：民族性与现代性的融合，功能性和文化性的融合，现代性和文化性的融合，人工性和生态性的融合。

校园应当由中心、轴线、主题区、功能区和出入口五大结构要素构成。布于校园内的交通路线既是联系各功能区域的脉络又是分区各不同功能区的界限；交通空间应当结合景观设计，步移景异，形成变化丰富、节奏鲜明的空间序列；主要功能区实现人车分流，结合景观设计规划完整的步行系统。

车行道应当分布在外围，形成环路，尽量避免对步行交通的干扰，同时根据消防要求在步行区内设置紧急消防通道。

校园的步行道设置应当自成系统，与自然环境融为一体，串联起不同的景观节点，成为师生读书、休憩、交流的重要场所。生活区内的步行街道和商业服务设施相结合，提高了步行道的公共空间使用频率。

绿化景观的基本思路应当是创造人工与自然和谐的绿色生态校园，可以在中央建造水池和林中园景。对不同功能区内部的建筑环境做个性化设计，让步行空间联系公共、半公共等不同性质的绿化空间，将交通的可达性和绿化的均好性同时体现出来。

生态技术体系的基本构思思路有以下两点：

①大学是能源消耗大户，也是建设生态文明的重点，为了建设出节约型生态校园，应当坚持将能源节约贯穿于办学全过程，通过采用新技术，提高资源利用率，实现效益最大化。

②通过对师生员工持续不断的低碳环保教育和管理，把学院建成为一个集人才培养、资源节约、环境友好、生态良性循环为一体的模范校区。

二、实训室文化建设

实训室文化是高职学院文化在实训、实习环节的顺序延伸和自然外显，是激发受训者激情、感召施教者和受训者心灵的有效载体。实训室文化建设是高职院校文化建设的重要组成部分，良好的实训文化氛围，可以激发出学生学好专业、钻研技术的信心和决心，使学生的思想品德、工作作风在实训过程中得到熏陶感染，对于学生职业道德、职业素养的形成产生潜移默化的作用。

①实训室文化建设原则。实训室环境文化建设应该体现育人理念、服务理念、严谨理念和体验快乐理念等。校企合作共建，校企文化共融，把企业文化进校园，专业文化进教材，职业文化进头脑的"三进"原则落到实处。让学生在实习实训环境中感悟"劳动崇高、技能宝贵"的价值。

②实训室物性塑造。主要体现在设备如何布局、技术能力标注和设备来源渠道标识等方面，它的作用是保障施教者和受训者协调配合完成工作任务，是展现设备作用的方式，即让设备说话。

③实训室视觉文化。包括实训室色调、名称、功能展示、知识引导、实训室氛围营造等，目的是激发参训人员的热情，促进学生求知、求实。

④实训室运行模式。包括了实训室和实训基地的运行模式、经营策略、管理制度、管理方法和实训教学策略等。

三、系部文化建设

系部是高职院校实际履行人才培养、管理服务、科研研究和实习实践等职能的基层组织，是师生学习、工作、生活的直接场所，是体现学院内涵、实现学院目标、反映学院本质的基本单位。因此，校园文化建设必须要以系部文化建设为基本载体。

只有系部文化建设切实有效，校园文化建设才能落地生根，文化育人的目标才有可能实现；反之，如果没有系部的积极参与，文化育人的设想只能是一厢情愿。

（一）概念

系部文化是学院文化的亚文化。是系部在长期教学管理实践过程中培育、发展而来的一种独特的文化形态，它以本系部师生为主体，以专业为重要基础，具有被系部师生普遍接受、认同并遵循的基本行为准则、思维方式、学术精神和价值观念，以及系部在建设发展中形成的物质、人文环境及其教育教学、管理制度，系部文化凝聚在教学活动、学生工作及各种事务管理当中，通过全体师生的精神面貌、思维方式和行为模式表现出来。

（二）建设要求

①从文化生态学的角度看，一所学校的文化生态在统一协调之下，其生态群落内部应在共性之中体现相应差异，在差异之中体现互补和共生。只有这样的文化才可能是饱满的、丰富的和有活力的。这既是文化生态群落生长与发展的要求，也是个体成长的要求，更是系部文化建设的意义所在。

②系部文化建设的基本要求是保证对学院办学思想的执行力，因此，系部文化建设必须在学院文化的大系统中进行，既体现共性又要凸显个性。一要执行学院的总体文化规划，二要凸显学科和专业特色，三要培育自己的风格，四要建立有效运行机制。

（三）建设目标

①培养作风。

②优化教风。

③浓郁学风。

④文化育人。

⑤质量见证。

（四）机制

①文化为魂，以人为本。

②科学谋划，务求实效。

③党政齐心，分工协作。

④强化管理，守正创新。

四、办公室文化建设

办公室文化是学校文化的重要部分之一，它的建设对于实现学校文化建设目标的意义十分重大。办公室是教职员工履行岗位职责的基本场所，办公室文化品质的优劣，直接关系到学校人际关系和谐、幸福指数提升、凝聚力增强、工作效率提高、管理目标的实现。

（一）教师办公室文化建设方法

教师办公室是教师日常工作的场所，也是工作沟通的环境，还是同志们进修学习的基本园地。推进教师办公室文化建设，丰富办公室文化内涵，创建温馨和谐的办公室环境，既有利于充分展现学院风采，提升办学品位，同时也促进了教师发展，形成积极向上的团队精神，对构建和谐校园有着独特的意义。教师办公室文化建设应以"高雅、美观、整洁、实用"为标准，体现"温馨、和谐、学习"的原则，重在营造富有特色的文化氛围，突出以下要点：

①室内清洁卫生，物品摆放有序，地面、墙面干净无杂物，桌面无灰尘，垃圾及时清倒，空气清新无异味；窗台洁净，门窗光亮，窗帘干净，坏损物品及时修理；洁具及时清洗，保持外观清洁，拖把、扫帚整齐放置于固定位置；室内吊扇、灯管、电脑等电器定期清洁，保持干净，饮水机水槽清洁；办公室人员卫生习惯良好，室内清洁卫生有效保持。需要换用的鞋子等私人物品放置在他人看不到的位置。

②布置合理规范，彰显文化品位，体现专业特点。环境布置新颖，个性鲜明，有创意；课程表、作息时间表和室内公示栏等要统一规范张贴；在适当的位置张贴教育名言或警语，统一布局，大方美观：必要装饰物品要体现出教育的特色。岗位职责、安全职责、廉洁职责等是必备文化元素。

③适当绿化美化，气氛清新活泼。利用室内墙壁、办公桌面等空间适当做一些艺术布置，以显高雅格调；选择合适位置，适当放置一些精致花卉；利用室内空间合理种养盆栽花卉；美化和绿化布置要体现所在办公室的业务特征和教师的专业个性。

④成员团结和谐，精神风貌良好。办公室环境文化建设的价值追求就是形成团结、和谐、文明、向上的文化氛围；办公室成员自觉遵守办公纪律，不高声谈笑，不制造谣言；接打手机主动到室外；着装端庄，佩带得体，使用普通话；工作时间不玩电脑游戏，杜绝吸烟。

⑤突出个性文化。在办公室文化建设过程中要充分体现"硬件标准化，软件个性化"的思路，避免"百室一面"。

（二）员工办公室文化建设方法

员工办公室指职员和工友的办公场所，职员和工友办公室承担着完成管理任务和服务师生的主要职能，建设员工办公室环境文化，有助于提升人员素质、完成工作任务、提供服务质量、和谐公事环境。只要学生、家长和来宾接触到了谁，谁就代表了学院的水平和形象，因此，无论谁，只要在校园上班，就要承担育人责任。这里所说的工友，包括经合同聘用为学院提供物业、安保、公寓服务的非在职人员。办公室环境文化建设范围很宽，但以下四点必须抓住。

①培育学习文化。在学校工作，学习必须成为每位成员的基本状态，职员和工友也不例外。通过学习准确理解学院精神，提升自身素质；重视知识的共享和创新，重视成员的精神激励，重视发挥知识团队的整合效应，优质高效地完成本职工作。

②培育责任文化。责任出智慧、出勇气、出力量，责任是成就事业的内在动力。职员和工友办公室处于学校承上启下的位置，强化责任意识，敢于积极主动承担负责，这对实现管理目标尤为重要。

③培育和谐文化。和谐校园是一种以和衷共济、内和外顺、协调发展为核心的素质教育模式，是以校园为纽带。各种教育要素全面、自由、协调、整体优化的育人氛围，是学院教育与社会教育、家庭教育和谐发展的教育合力，是以学生发展、教师发展、学院发展为宗旨的整体效应。团结和谐是一个办公室做好工作、多出成绩的基础。办公室和谐主要看两个层面，一个是班子的和谐，一个是整体队伍的团结。

④创建文明办公室。文化的最高表现就是文明，实践表明创建文明单位、文明办公室是推进文化建设的有效载体，应坚持不懈。

五、班级文化建设

班级是学校实施教育的基本组织单元，班级文化是学校文化的亚文化，是在社会主流文化、学校文化、教师文化的影响下，由班级集体全体成员自己创造出来的独特的班级生活方式和价值取向。如果把班级比作容器的话，那么学生就像水，在不同的容器里，会被塑造成不同的模样。把班级还给学生，让班级充满成长的气息，构建富有个性的班级文化是实现教育目标的重要举措之一。班级文化的建设可从以下三方面入手。

（一）物质文化

物质文化是班级文化建设的"硬件"与基础，它主要包括教室的设计、布置以及班级的教育设施配套等，具体到两方面的工作：一是班级环境卫生，要窗明几净，空气清新；地上没有纸屑，墙面没有污渍，屋顶没有灰尘。二是让教室的墙壁"说话"——利用室内四周的墙壁营造出充满美感的浓厚文化氛围。需要格外强调的是，班级物质文化建设不是随性的张贴和涂抹，保护好红墙白壁同样是文化建设成果的体现。因此，班级物质文化建设，应该坚持"硬件规范化，软件个性化"的原则，文化设施框架要稳固，内容可更换，节约资源，降低成本，培养节约与安保意识是更有价值的行为文化。班级是学生的第二个"家"，良好的班级环境建设会对学生产生潜移默化的浸润和熏陶的教育功能，应认真对待。

（二）制度文化

以学校的规章制度、班级的公约等为内容的制度文化是班级文化建设的关键，直接关系到班级能否做到规章合理、纪律严明、管理科学，因此应该做到班级制度公开化和班级管理民主化。利用制度文化建设过程培养学生的法治思维和规则意识是必须重视的任务。

（三）精神文化

精神文化是班级全体成员的群体意识、舆论风气、价值取向、审美观念等精神风貌的反映，是班级文化建设的核心。良好的班级文化使人身居其中，处处感到集体的温暖，同学之间团结友爱、互相鼓励、互相关怀，积极进取，比学赶超；师生之间民主平等、爱生尊师，互相欣赏，互相包容。这种氛围使人心情舒畅，精神振奋，奋发向上。这种凝聚力一旦形成，会产生强烈的吸引力，把师生团结起来，共同为班级的发展而努力。

这里需要特别强调：班训是班级精神文化的核心，班训的拟定，一定是对校训在本班践行的具体化，而不是离开校训随意编口号。

六、公寓文化建设

学生公寓文化是随着学校文化建设而逐步发展起来的一种新的文化，特指以公寓内学生和员工为主体的成员共同的价值追求和生活方式，包括了公寓区或房间内的整体布局、卫生状态、人际关系、道德水准、审美情趣、行为方式、语言风格、生活习俗等方面，是一个具有多元素、多层次的有机复合体。从其结构来看，分为物质文化、制度文化、公寓文化的健康发展，多彩的生活、柔和的色彩、学生奋发向上、积极进取，且能净化人的心灵。

①健全制度。应当根据实效性与针对性原则，制定《学生宿舍评价标准》，完善《公寓管理员评价标准》，设计《公寓设施破损情况登记表》，制定出《公寓管理员值班时间表》，坚持每周召开一次学生舍长会议，学校主管领导参加会议，协调解决具体问题。

②建设服务。积极倡导温馨服务，公寓管理人员对待学生语气要平和，服务要到位，意见反馈要及时，问题整改要得力。设置温馨提示板，让住校生和家长理解和体谅公寓管理的难处；设置留言板，促进公寓管理员与住校生的沟通，将服务落实到每一个环节。

③落实安全。突出落实安全物态文化，从照明灯具到供电线路，从水暖设施到供水管线，从撤离标示到应急路线，必须要完整、有效、可操作；建立健全安全制度文化，从规章制度到撤离预案，人人应知、人人应会，提高安全意识、训练安全技能，营造安全、和谐的公寓文化。

④倡导读书。住校生和非住校生的明显优势在时间上，但是就非住校生每天花在路上的时间计算，住校生每天至少多出一小时，三年下来的累积量等于多了一个学期，可以利用此优势让住校生积极读书，改善公寓文化。

第四节　高职院校行为文化建设路径

一、概念

学校行为文化是指学校在创造物质文化和精神文化的实践过程中体现出来的文化行为，包括了管理机制的建设、办学规范、师生行为规范、课程实施与建设、资源开发与整合、教育教学、教育科研、校园生活的运行等。行为文化涵盖了学校工作的方方面面，学校的各种文化最终都是通过行为体现出来的。

二、决策层

决策层面行为文化主要指以主要领导为首的党政班子在办学思想、治校风格、管理风格、人格魅力、公众形象等方面所展示出来的行为特征。一把手的眼界决定着学校的境界，一把手的品位决定着学校的品牌，一把手的品格决定着学校的风格，可见一把手的认识水准对于"学校文化"建设作用巨大。然而，个人的能力毕竟是十分有限的，领导班子作为一个决策集体，同样要对行为文化建设承担责任。

就管理行为而言，领导干部成熟的重要表现就是思虑周密、稳健持重、言行谨慎，不轻浮、不轻率、不轻信，不躁动、不妄动、不盲动，让人觉得靠谱、认真、踏实，而且严谨细致、见识过人、驾轻就熟。具体应该从以下几个方面树立良好的文化形象。

①渐进而不心急。领导干部不能为了树立权威、显示才能，不顾长远利益、不从事业出发，竭泽而渔，必将会给世人留下后患。作为理智的领导，干事创业切勿心急，尤其是不要抱着升官发财的私欲来谋事、行事，否则只会成为历史的罪人。

②担当而不软弱。领导干部最大的行事风格应当在于敢作敢当，做到真情真话敢讲、歪风邪气敢管、硬事难事敢抓，让人觉得有主见、有胆识、有魄力。

③自信而不霸道。如果领导老是听不进不同意见，凡事都是由一个人说了算，包揽一切、个人专断，就会让人敬而畏之、敬而远之。时间一长，不仅其威信会大打折扣，而且还会使学校的事业蒙受巨大损失。

④谋远而不短视。做领导工作，必须有预见性和长远性。领导干部既要立足当前抓工作，又要着眼未来谋长远。

⑤开拓而不保守。四平八稳、墨守成规是领导者的大忌。领导干部稳健持重，并不妨碍其开拓创新，敢为人先。

⑥豁达而不狭隘。领导干部不一定是最聪明、最能干的人，但是应当是最公道、最敢当、最包容、最坦荡、最能够把大家团结起来的人。豁达宽宏、厚德包容，应当是领导干部必备的品格。身为领导，切忌心胸狭隘、记恨记仇，也不能嫉贤妒能、揽功诿过，否则于人于己于党的事业都极为不利。

⑦立行而不拖拉。做领导工作，贵在求真务实，要雷厉风行。领导干部千万不能只说不干，也不能拖拖拉拉。对于已经议定的事情，一定要抢时间、争速度，以全部的精力狠抓落实。

三、教师

教师行为文化是教师群体在师德、教学、治学、师生关系、与家长关系、社会责任等方面所表现出来的态度和情感倾向。

（一）行为文化建设

1.职业规范内涵

教师职业规范主要包括以下六个方面。

①爱国守法：热爱祖国，热爱人民；拥护中国共产党的领导，拥护社会主义；全面贯彻国家教育方针，自觉遵守教育法律法规；依法履行教师职责权利。

②爱岗敬业：志存高远，忠诚于人民的教育事业；勤恳敬业，乐于奉献；工作高度负责，认真教育教学。

③关爱学生：尊重学生人格，公平对待学生；严慈相济，做学生的良师益友；维护学生基本权益。

④教书育人：遵循教育规律，实施素质教育；循循善诱，因材施教；培养学生良好的道德品行，促进学生身心全面发展；不以分数作为评价学生的唯一手段。

⑤为人师表：知荣明耻，坚守高尚情操；严于律己，以身作则；衣着得体，语言规范，举止文明；关心集体，团结协作；尊重同事，尊重家长；作风正派，廉洁奉公。

⑥终身学习：崇尚科学精神，树立终身学习理念；拓宽知识视野，更新知识结构；潜心钻研业务，勇于探索创新；提高专业素养和教育教学水平，形成属于自己的教学风格。

2.人文素养内涵

人文素养主要包括以下五方面。

①人文知识：文化经典，理解人文传统；历史意识，积淀文化底蕴；科学意识，人文素养的基础；环境关怀，履行公民的基本义务；艺术理解，幸福生活重要的基础。

②人文态度：以人为本的理念，喷薄荡漾的热情，坚忍不拔的意志，感受幸福的情怀，为人师表的品性，追求完美的个性。

③人文精神：自由精神，减负和减压；自觉精神，反思和发展；超越精神，开拓和创新；生存价值，理想和奉献。

④人文修炼：读书与自我反思，教学实践，校本研究。

3.专业素养内涵

专业素养主要包括以下几方面。

①教学设计基本功：设计恰当的教学目标，准确锁定教学起点，科学设计教学过程，创造性地使用教材资源，设计有价值的问题，教学过程的预设，教学设计的留白。

②教学实施基本功：教学情景的创设，对"主导""主体"关系的理解与处理，民主课堂的营造，师生间的合作与交往，课堂教学的组织管理，教学信息的反馈与调整，教学实验能力的培养，学生学法的有效指导。

③教学策略选择基本功：不做"讲师"做"导师"，引导学生从"质疑"走向"探究。

对话教学中的"问题"设置，合作学习的有效指导，开放课堂的创设，教学内容的构建，任务驱动学习方式的运用，"随即导入"策略的掌控。

④教学技能基本功：教学语言的运用，课堂教学的有效导入，板书板画的精雕细刻，学生自主学习的有效指导，教学突发事件的智慧应对，作业的有效安排，现代教育技术的有效运用。

⑤教学评价与教学研究基本功：教学的纪实性评价，教学的激励性评价，教学的终结性评价，教学的反思研究，教学的平科研究。

（二）群体践行内涵

在新的时代背景之下抓教师行为文化建设，既是机遇，也是挑战。新的经济社会发展形势把所有的学校放在了同一个平台上，也把所有的教师摆在了基本相同的起跑线上，教师发展的速度，主要取决于对"行为文化"的理解和践行。因此，学校重点要做好两项工作：提供发展资源，抓好团队建设。实现一个目标：学校创造环境，教师创造业绩。营造一种宽松的敬业环境，让老师以教学为贵，以教学为乐，以教学为荣。

群体践行具体抓好以下工作。

1. 思想共同体建设

学校是以背景身份存在的，它不仅是孩子们学习的场所，更是教师们共同交流展示的舞台；对教师而言，学校不仅仅是工作的场所，更是成长的田园。建设一支互助开放、富有激情的教学团队，培育一方土肥水美的田园，把主流教师队伍的思想导向的正确轨道，是共同体建设的目标之一。

2. 学术成就平台搭建

学校好比一棵大树，要想大树根深叶茂，必须要至始至终坚守稳根固本原则，在学校，人才培养就是根本。以人才培养为根，以人才培养为本，以人才培养为职，以人才培养为责，以人才培养为荣，以人才培养为乐。通过学术平台的搭建，让那些专业悟性好、刻苦钻研、善于总结、勇于创新的教师稳步发展。通过开发学科专业优势教好书，通过开发教师个人魅力优势育好人。引导教师以学生为主体，以学科为基地，以创新为动力，以成效为标准专业发展。

3. 幸福指数培育

教师行为文化建设，就是让学生因为教师的魅力而增加对学校的认可，让家长因为教师的水平而增加对学校的好感；教师行为文化建设，就是要通过教师魅力提升来建设文化学校、品位学校、魅力学校、幸福学校；教师行为文化建设就是要让教师群体心生自豪因为我是有文化的，所以我是有品位的，因为有品位的，所以我是有魅力的，因为我是有魅力的，所以我是幸福的。

（三）个体践行内涵

1. 课程智慧

没有观念，就没有生命，观念是思想是生命。有课程智慧的教师，把学生成长、成人、成功放在第一位，坚信给一个学生机会，他（她）会给你一个奇迹；有课程智慧的教师不会为难任何一个学生，也不会放纵任何一个学生，他们走近每一个学生，发现每一个学生的优势，扬长避短，因材施教；有课程智慧的教师，把转变视为自我成长，自觉地由知识本位向人本本位转变，由重知识传授向重发展转变，由课程内容以应试为主向体现内容现代化转变，由重教师的"教"向重学生的"学"转变，由评价体系重结果轻过程向重过程与过程结果相统一转变；有课程智慧的教师能在课堂上真切地感受到每一个学生心灵的萌动，宛如姹紫嫣红的鲜花在春天绽放一般，际遇教学的本质，体验教学的神圣。

2. 教学智慧

教师上好课，是立身之本。施教之功，先在激趣，巧在授法，重在练化，贵在养习；把课堂还给学生，让课堂焕发青春活力，关键就是多去关注学生，多发现学生自身存在的优点，少挑剔学生的缺点。有教学智慧的教师备课要求脑中有课标，腹中有教材，心中有教法，目中有学生，胸中有教案，案中有习题；有教学智慧的教师，精心钻研课标和教材，精心设计课堂结构，精心设计板书教具，精心设计练习题，做到梯度、密度合理；有教学智慧的教师教授方式精选、精编、精讲、精练。

3. 管理智慧

成功来自知识的不断积累和超越自我的态度；对教师而言，对于时间的管理就是对生命的管理；在从教的道路上，只有投入才会深入，只有付出才会杰出，只有用心才会开心。

4. 人格魅力

演员，靠演技征服观众；球员，靠球技留住球迷；教师，靠人格魅力引领学生奔向美好的未来；有人格魅力的教师"目中有人，心中有意，言中有情，行中有样，教中有新"。

5. 学术魅力

人生的价值在于付出，有学术魅力的教师应当是只管付出，不求回报的教师；有学术魅力的教师在教学中不是带着知识走向学生，让学生适应自己，而是让自己去适应学生，带着学生走向知识；教师的学术魅力对学生而言就是阳光、空气和水，是学生成长无法缺少的养料。

6. 思考习惯

教师成长的公式：成长＝经验＋反思。经过教师成长的实践反复证明：在反思中追求主动发展、专业发展和不断自我更新的教师，才是真正的好教师；在反思中练就"三熟五勤"（"三熟"即熟悉新《课程标准》，熟悉各科教材"新"之所在，熟悉学生的学情，使用教材遵循教与学的规律。"五勤"：第一勤听；第二勤思；第三勤写；第四勤说；第五勤评）的教师才是真正的好教师；在反思中明确了课堂教学要求"五清晰"（教学目标清晰、知识框架清晰、教学思路清晰、训练要点清晰、课堂语言清晰）的教师才是真正的好教师。

教师行为文化建设，因校而异，因人而异，但是对建设效果的评价必须要有基本的标准，这就是党和政府对教师队伍的基本要求。

四、学生

学生行为文化主要指学生在养成、学习、集体合作、健康人格构建等教育过程中所表现出来的态度、情感等个性倾向。学生行为文化建设要围绕着素质教育的核心内容来展开，专家将素质教育概括表述为：一个核心（坚持以立德树人为核心），两个重点（培养创新精神和实践能力），三个维度（知识与技能，方法与过程，以及态度、情感与价值观）。

学生行为文化的培养具有以下三个特点：

①体验性。让体验在沉思中升华；让最聪明的头脑挑战最有价值的问题；让最灵巧的双手挑战最有含量的技艺。

②问题性。从实际性问题到理论性原则。

③规范性。从制度硬性约束到习惯养成。

五、质量

提高教育质量，必须深入研究质量文化。教育质量文化是社会文化在教育领域的特殊形态，随着社会的发展、社会文化的丰富而不断形成和完善。学校质量文化形态、思维方式、道德规范、规章制度、法律观念及传统习惯等"软件"的总和。建设质量文化具有保证学校文化建设、促进社会文明进步的重要作用，可以全面提高人的素质、发挥出人的潜能，对于学校生存、教育发展、民族进步与振兴具有重大战略意义。

（一）定义

学校质量文化的集中表述应该是：全面、全方位、全过程的质量观和价值观。建设学校质量行为文化要结合本校实际，制定一个纵向延伸到底、横向覆盖到边的质量体系标准。将学校内的所有岗位、所有人员所做的所有工作都纳入质量管理体系，规定检测程序，明确质量责任。

树立一个理念："全面质量管理"的理念，其核心是全面性、全员性、全程性。学生的学习分数并不等于教育质量的全部。

明确两种意识：品牌意识和特色意识。

遵循三个原则：科学发展、以人为本、全员参与。

抓住四个环节：按照"计划—实施—评价—改进"四个环节全程培育文化，并做到：向课堂要质量；向教研要质量；向管理要质量。

落实五方面工作：建立组织机构、健全规章制度、开展宣传教育、强化全面管理、完善质量体系。

（二）学生质量标准体系

一直以来，"教育要培养什么样的人"都是教育的最根本问题的回答和解决。课题组负责人、北京师范大学资深教授林崇德通过研究，认为教育必须基于对学生身心发展规律的科学认识，必须依靠科学的思考和方法。核心素养是对素质教育内涵的解读与具体化，是全面深化教育改革的一个关键方面。

中国学生发展核心素养研究以科学性、时代性和民族性为基本原则，以培养"全面发展的人"为核心，充分反映新时期经济社会发展对人才培养的新要求，高度重视中华优秀传统文化的传承与发展，系统落实社会主义核心价值观。尽管素质教育已深入人心并取得了卓著成效，但是在我国长期存在的以考试成绩为主要评价标准的问题，影响了素质教育的实效。全面系统地凝练和描述学生发展核心素养指标，建立基于核心素养发展情况的评价标准，是对素质教育内涵的具体阐述，也是对素质教育过程中存在问题的反思与改进，从而深入回答"教育要培养什么人"的问题。

《中国学生发展核心素养》作为一套经过系统设计的育人目标框架，将从多个途径引导课程设计、教学实践、教育评价等各教育环节的变革。林崇德表示，目前的课标体现"能力为重"的指导方针，重视工具性素养，在知识、技能、态度和价值观等方面对学生提出全面要求，但是仍旧存在对素养缺乏明确界定、系统阐释，对跨学科素养相对忽视，论述的核心素养与课程内容相脱离等问题。目前，课程、教学、评价、教研、管理等方面专家对核心素养与课程标准衔接转化的研究已经展开，重点基于核心素养总体框架，研究核心素养在课程标准中落实的方式方法。然而，不可能专门开一门核心素养课程，将核心素养转化为各学科的教材与评价。核心素养的进一步完善落实是系统工程，还要广泛听取意见，进一步修订完善，随着经济社会的快速发展，这一过程永远都是进行时。

六、安全

学校安全文化是师生员工在学校安全活动中所形成的对安全的价值准则和行为方式。主要包括安全观念文化、安全制度文化、安全行为文化和安全物态文化四个部分。

（一）价值

学校安全文化是以学校精神为依托，紧紧围绕学校安全工作展开的，但又是将安全管理提升到文化高度来建设的管理提升工作。学校安全文化建设与日常安全管理的区别在于：将常规的安全工作提升到了办学理念的层面，工作人员的一言一行都要体现学校宗旨、践行学校精神、传播学校文化、释放学校品位，将自己的智慧、态度和劳动塑造成学校名片。安全文化建设在学校发展过程中充分发挥着"培基固本"和"保驾护航"的作用，对师生员工舒心工作、愉快学习、幸福生活有着特殊意义。

（二）内涵

学校安全工作的内容分为"人的安全"和"物的安全"两大部分，人的安全以学生为重点，以保护师生员工的生命安全为宗旨；物的安全以保护学校财产安全为目标。

（三）建设目标

1.体系建设

借助规范化管理理论，以师生员工生命安全、身心健康为基点，针对问题建立制度。利用制度规范行为，通过行为训练培养习惯，通过习惯养成培育文化，由此来做实安全基础，规范安全程序，提升安全能力，实现以安全保证文明，以文明促进和谐。

2.设施设备管理

配件零缺失，功能零缺陷，隐患零存在，本色零污渍，过程资料零缺漏。

3.人员素质

强化安全意识，规范安全行为，训练安全能力，培养安全习惯，培育价值认同。

（四）建设方针

安全第一，预防为主，综合治理，强化基础，突出重点，常抓不懈；积极预防、依法管理、社会参与、各负其责。

七、校友

（一）定义

校友文化是指一所学校在长期育人活动中形成的母校和校友、校友和校友之间的情感维系、价值取向和沟通方式。健康积极的校友文化包含了以下四个要素。

1.学校精神

每所学校都有自身的教学特色，即学校文化。学校文化的形成受到诸多因素影响，如学校历史、设置专业、研究学术领域、培养人才方向等。因此，每个学校培育的学生，将来会在社会上贡献出不同力量，这种表现形式，即为每所学校特有的大学精神。大学精神不仅在教师与学生行为中体现，也能够在校友文化中彰显其自身魅力。

2.价值观念

价值观念作为一个群体，也是国家的文化命脉。良好积极的校友文化，离不开树立正确的价值观，要求学校要确立明确的教学规划和发展目标，学生要树立正确的价值观念，最为重要的是学校与校友建立一种荣辱与共的观念认识，产生良好的互动，让学校的教育开花结果。

3.沟通网络

校友文化不可一蹴而就，需要在日积月累中形成。因此，要保持交流，需要进行多种形式沟通，如校友会、校友办公室、校友网、微信和 QQ 等。因此，必须从多个方面进行校友文化的传递与交流。

4.校友活动

校友文化应该以多种形式在校园中开展，可以由学校组织，也可以由校友自己组织；不仅可以是学术的探讨，也是增进感情的良好机会。举办校友文化的目的在于让校友与母校增进情感，建立紧密联系，发扬学校精神，让二者共同进步。

（二）价值

首先，学校培育的学生，毕业后代表学校的荣耀，学生能否对社会做出贡献，也是用于衡量学校教育的一把尺子。其次，学校的知名度，对学生的就业起到帮助作用。学校的先进技术和雄厚的人才资源，创新的科技能力，为人们的生活提供了十分便捷服务。最后，校友如同学校在社会上播下的种子，是学校未来发展的不竭动力。校友会在社会各个领域内贡献自己的力量，扩大学校影响力；校友是相比母校接触社会中，最为直接的群体，校友能够捕捉到时下最为准确的信息，并给母校做出最有建设性的意见，让母校能够把握时代脉搏，做出有效改革措施，并且学校的强大与否，也关乎校友的社会成就。二者相互依存，而且实力强大的校友，会通过捐资助学等方式，回馈母校。

校友活动，不能够全部依靠母校组织，也需要校友社团发挥自身作用，将校友与校友之间联系起来。有实力的校友，可以捐资办学或者建立公司，成为其他校友的榜样，起到激励作用。这种校友活动，会促进学校与校友的感情，促进社会进步。组织校友活动，由此培育的校友文化，也将成为富有活力的时代文化。

（三）建设路径

1.培育在校学生的爱校意识和校友意识

对于在读学生，不仅要传授他们知识技能，还要将学校文化、优良的传统传递给学生，让学生对学校精神、理念有深刻认识；无论是教授还是辅导员，都要关爱学生，加深学生与学校感情；培养一批人才，作为以后校友骨干，让他们在未来的校友活动中发挥关键性作用；学校要通过各种方式，如迎新活动、毕业晚会等，增进学生的校友意识；鼓励毕业生组成地方校友会，并帮助他们获取其他校友的联系方式等。

2. 建设科学的校友工作机制和健全的校友工作网络

大力建设校友总会、地方分会。首先，建立班子，选用德才兼备、甘于奉献的校友，并且配套相关保障经费投入。其次，利用校友之间媒介，如校友网站等，及时向校友反馈学校最新动态、取得的新成就，报道关于校友工作的具体进展情况。最后，要细化校友工作制度，在具体措施上下功夫，如使校友返校、校友捐赠等。

3. 开展丰富多彩的校友活动，繁荣校友文化

校友活动共分为四类：一是加深感情交流。通过返校日等形式，举办校友会，向校友反馈学校的最新动向，听取校友的意见和建议。二是为校友提供就业相关讯息，并有针对性地开设课程等。三是服务母校，鼓励学生为母校提供资源，如捐资助学等。四是共同合作，如学校与校友企业进行多领域合作，实现共同进步。

4. 大力宣传校友中的杰出典型，提升校友文化价值

校友在社会上取得成就，也是学校教学工作取得成功的一个缩影。校友的模范事迹、为母校的快速发展给出宝贵建设性意见，以及出资建设母校的行为，都能够激发出其他学生的热情，让校友文化得以升华。因此，学校将这些校友事迹广泛宣传，并给予荣誉，让校友文化更好更快地发展。

校友文化要久久为功，更要推陈出新，要在鼓励校友参与基础上，提高活动品质，从而让校友活动变得更有意义，符合新时代下校友文化精神。

第四章　高职院校榜样文化育人模式

第一节　高职院校榜样文化的基本理论

高职院校承担着立德树人的重要使命，十分重视运用榜样的力量来提升自己的育人效力。高职院校建设起自身独特的榜样文化，最大程度地充分发挥出榜样文化的育人功能，对于强化高职院校思想政治教育工作的效力，提升学生的思想道德素质意义重大。正确认识和把握高职院校榜样文化的内涵、特征等基本概念，是进一步深化高职院校榜样文化育人功能相关研究的前提和基础。

一、高职院校榜样文化的相关概念厘定

（一）榜样

榜样作为一个时代的标杆，深深影响着人们的品德养成以及行为实践。榜样指引我们前行，以什么为榜样决定了我们自身是什么模样。究竟什么是榜样？新时代榜样的标准应该是什么？人们在日常生活中已经形成了对榜样的感性、直观的认识，而要想获得对榜样的本质认识，还必须要上升到理性层面，对榜样进行理性的探讨和研究。

首先，从词源的角度看，"榜样"一词最早出自宋代张磁的《俯镜亭》："唤作大圆镜，波纹从此生。何妨云影杂，榜样自天成。"此处是作样子、模样之意。明代的李贽在其《续焚书·李善长》一文中言："其不私亲，以为天下榜样，亦大昭揭明白矣。"这里的"榜样"就有了楷模的意思，是指值得学习的人或事物。这与《现代汉语词典》对"榜样"的释义几近相同，即榜样是指"作为仿效的人或事例（多指好的）"。

可以从四个方面来对榜样的内涵做进一步的理解：

第一，榜样是特定时代的产物。每个时代都有符合当时社会特定要求、展现出了当时时代特征的先锋典范。第二，榜样一定是符合社会主流意识形态要求的价值载体。在当下社会主义新时期，就突出体现出榜样对社会主义核心价值观的自觉践行和弘扬。第三，榜样是德行兼备的统一体。于内而言，榜样一定具备崇高的德性，于外则表现

为先进的言行。第四，榜样源自于生活，同时又高于生活。榜样扎根于平凡生活的沃土之中，不是无中生有的，是真实存在而且可信、可学的；但榜样又是脱颖而出的代表，其品质、行为较之于常人一定是崇高、先进的。榜样所呈现出来的崇高道德品质以及先进的行为事迹，在一定程度上对他人和社会起着示范作用，能够激励人们去学习、效仿和弘扬，因而可以促使人们在耳濡目染中不断得到教化，达到提升自我素质，规范社会言行的良好效果。

（二）榜样文化

榜样文化基于一定的榜样而形成，是构成社会主义先进文化的重要部分之一。在日常生活中，人们常常会受到先进典范的影响和教化。新时期党和政府也愈发重视发挥榜样的育人效应，一直致力于在社会中选树、宣传先进的典范，例如，不忘初心，廉洁奉公，为社会主义事业鞠躬尽瘁的新时代好干部廖俊波；甘于奉献、撑起深山教育希望的支教老师支月英；又或者是为了让人民脱贫致富，年过七旬仍奋战在基层一线的"太行公仆"吴金印，等等……一大批的先进榜样人物和事迹。其内在蕴含的崇高精神和优秀道德品质，在社会生活中不断地被人们加以宣传、弘扬以及学习、效仿，逐渐汇集壮大，形成了一种浓厚的文化氛围和体系，就称之为榜样文化。

所谓榜样文化，即指以一定的榜样作为传承社会先进价值理念的载体，围绕榜样而形成的有关榜样物质、精神、制度和行为文化的总和。具体来说，是指人们在长期的社会实践过程中，对榜样的先进行为事迹、优秀品德和崇高精神加以总结、宣传、弘扬和学习，而形成的一种能够对他人和社会产生积极影响的先进文化。

（三）高职院校榜样文化

积极推进高职院校榜样文化建设，在教书育人过程中充分发掘并运用榜样文化的育人作用，对于强化高职院校思想政治工作、实现立德树人根本任务大有裨益。所谓高职院校榜样文化，就是指系统总结高职院校教育教学和管理实践中树立出来的先进集体或人物的优秀行为、事迹、先进品德和崇高精神，而形成的一种对全体师生具有积极影响和作用的文化。可以从以下两个方面来理解高职院校榜样文化的涵义：

第一，高职院校榜样文化是高职院校加强校园文化建设的一个重要内容，它同其他优秀的校园文化一样，共同作为育人的载体，承担着教化全体师生的重任。任何一所大学，由于她的语言的民族性，她的育人的目的性，她的与知识发生联系的生活方式，她的组成者对至善的追求等因素，决定了其自诞生之日起，就在承担着文化使命。高职院校作为文化传承与创新的前沿阵地，以自身优秀的文化赋予了广大师生以特殊的气质和精神风貌。高职院校文化所具有的包容性、创造性，在一定程度上推动了榜样文化在大学校园内的形成、创新与发展。榜样文化与校园内各种文化相互融通，互相作用，不仅充实了高职院校文化的内涵，而且拓宽了高职院校文化育人的载体。高职院校在开展育人工作当中，一向重视运用榜样去引领学生的价值取向、凝聚奋进的力量，从而促进高职院校育人效果的实现，并由此形成了关于榜样的培育、弘扬、学习和保护等各种思想、宣传、制度体系，打造了具有大学自身特色和魅力的高职院校榜样文化。

第二，高职院校榜样文化一定是基于高职院校自身教育教学管理实践中的榜样而形成的文化。高职院校需要加强榜样文化建设，需要发掘存在于高职院校范围内、贴近师生学习、生活日常的榜样人物或先进事迹，继而充分发挥出这些榜样的引领、带动作用。潘光林等学者就探讨了以"青春榜样"命名的朋辈榜样在高职学生群体中的影响及作用，强调要建设具备高职院校自身特色的榜样育人校园文化。在校园内凸显、树立出来的榜样，是全体师生精神风貌和良好德行的彰显，这些榜样更加贴近师生的学习和生活实际，其示范、感染、教化作用就越发容易得到实现。高职院校重视榜样的育人效应，在全校范围内营造出了一种选树、宣传、学习榜样的浓郁的文化氛围。全体师生在这种文化氛围影响之下，不断地加以宣传、弘扬，学习榜样展现出来的崇高道德品质、良好精神风貌以及先进的行为事迹，就构成了高职院校特有的榜样文化。

二、高职院校榜样文化的表现形态

分析高职院校榜样文化的表现形态，实质上是从基本内容、结构层次等方面来对高职院校榜样文化做进一步的了解。学术界关于文化的形态，按照不同的角度、标准，往往有多种不同的划分，在这之中普遍的一种划分是将广义的文化分为物质、精神、制度和行为四个层面。高职院校榜样文化究其结构层次来看，可以进一步划分为榜样物质文化、榜样精神文化、榜样制度文化以及榜样行为文化这四种表现形态。

（一）高职院校榜样物质文化

高职院校榜样物质文化即指在高职院校范围内以物质的形式反映榜样内在特质、彰显榜样示范、感染、教育、引领价值的一种文化形态。物质是客观存在的，不为人的意志所转移。因此，高职院校围绕榜样而形成的物质文化就必然会通过一种有形的方式去反映榜样的内在特质，表现为各种可以为人们所看见、感知、接触和认识的物态实体。主要包括那些在榜样的选培、宣传和教育等实践活动过程中衍生出来的各种客观存在物，榜样在物质层面就包括榜样人物、榜样人物的活动场所及相关设施、榜样人物使用的器物和工具等。由此，不难看出，高职院校榜样物质文化就主要包含了有在高职院校范围内建设的各类相关榜样、英雄的雕塑、纪念碑等；校史馆、纪念馆、文化园等纪念和宣传榜样的教学建筑、实验设备和基础设施等；各类记录榜样人物及其事迹的实物展品，以及以校史、校报等为代表的各种书籍、文献等一切可以作为学校实现育人目标基础保障的物质资源。

（二）高职院校榜样精神文化

高职院校榜样精神文化即指以高职院校所选树和培育的榜样人物所信守的思想意识、价值观念、道德品质、精神特质以及群体心理特征等为主要内容的一种文化形态。高职院校榜样精神文化作为高职院校榜样文化的核心，是形成高职院校其他层面文化的精神动力。精神文化作为精神在文化领域中的表现样态，即指个人和社会群体的所有精神活动及其成果，是以意识、观念、心理、理论等形态而存在的文化。由此可以看出，高职院校榜样文化在精神层面就突出表现为围绕榜样的思想意识、价值观念、道德品质、精神风貌以及心理特征等形成的精神财富。具体包括了：一些记载和传颂榜样人物精神的文学作品，如：民间传说、人物传记、寓言故事、悼念文章、学术报告等；以弘扬榜样人物精神为主题而创作的戏曲、电视、歌曲、新闻报道、学习纪念活动等影视节目；以及针对榜样人物彰显的崇高精神而进行的各种叙述、阐释、评价、赞颂、宣传和学习等精神文化形态。

需要格外注意的是，我们党和政府一向重视挖掘和宣传榜样人物蕴含的崇高精神和品质，更是将榜样精神文化纳入社会主义精神文明的建设行列之中，在全社会形成了一种崇德向善的精神文化氛围。高职院校在日常教育教学工作的开展和管理实践之中，也十分重视选取恰当且贴近师生学习、生活实际的榜样，去重点挖掘他们背后的精神内涵，不论是历久弥新的雷锋精神、"铁人"精神、焦裕禄精神等，还是新时期所积极倡导的劳模精神、"工匠精神"等精神范式，都在高职院校日常教学工作的开展过程中，发挥了巨大的教育作用。这些崇高精神和优秀品质，逐渐转化成为高职院校榜样精神文化育人的宝贵财富，又因其贴近师生学习和生活实际的优势，在广大师生间形成了巨大的激励、教育和带动效应，在不断提升师生思想道德素质的同时，更是极大地丰富了高职院校榜样精神文化的内涵。

（三）高职院校榜样制度文化

高职院校榜样制度文化是指高职院校关于榜样的评选、培育、表彰等相关制度规范而形成的一种文化形态。所谓制度是指有效规范个人行为，协调人与人、人与社会之间关系的规范、准则和章程，以强制性、规范性为其主要特征。高职院校榜样文化以制度的形式存在，榜样精神文化中所蕴含的思想观念和价值体系转化为了具有普遍约束力和强制执行力的制度规范，逐渐成为引领全体师生的行动指南，在指引、规范师生行为举止和品德素质方面起着不可或缺的保障作用。一方面，高职院校的榜样制度文化包含了那些能够保障榜样的发掘、选培、宣传、教育和学习等实践活动得以良好开展的各项规章制度在内的一系列规范体系和运行机制，如榜样的选树、培育、评价、奖惩机制等这些具体的规章制度。另一方面，高职院校榜样制度文化又包含着高职院校全体师生在学习生活中，对存在于自己身边的模范之人、先进之事所形成的一些约定俗成的日常习惯、行为规范、价值倾向或者文化传统等，诸如围绕榜样定期开展的表彰大会；各类创先争优制度；"三好学生"、道德模范的评选表彰制度；学习榜样的纪念日；为表彰、帮扶榜样而制定的各项举措等，这些都是高职院校榜样文化融于制度体系之中的具体体现。

制度好可以使坏人无法继续任意横行，制度不好可以使好人无法充分做好事，甚至会走向反面。高职院校榜样制度文化在规范个人行为，调节人际关系，保障全体师生的凝聚力方面都助益颇多。高职院校加强和完善榜样制度的相关建设，为宣传、弘扬和学习榜样建立起坚实的制度堡垒，必将会促使榜样文化的示范、教育和带动价值得到最大程度的发挥，收获最明显的育人效果。

（四）高职院校榜样行为文化

高职院校榜样行为文化就是指围绕榜样人物的模范行为和先进事迹而形成的一种文化形态。高职院校榜样行为文化是高职院校榜样文化的载体以及外在表现形式，作为沟通榜样人物与普通师生间关系的纽带，它通过直观地向大众展示出榜样在日常生活中的所作所为，间接地体现出了榜样内在的价值观念取向以及崇高的精神品质。

人人学习、践行榜样，最先映入眼帘的都是这些榜样的一举一动，然后才能由表及里，通过学习、模仿榜样的言行举止，才能进一步感染榜样的崇高精神品质，不断提升自己的品德素质和道德修养。榜样人物可以使一定群体内的价值观人格化，榜样作为优秀的范本、先进的表率，他们的行为常常会被校园内全体师生作为仿效的行为规范。首先，高职院校榜样行为文化就呈现为一系列受"学榜样、做榜样"的观念、榜样相关行为规范支配而表现出来的外在举止及行为。校园内个体在学习、践行榜样过程中，逐渐形成和建立了一套固定的行为习惯、行为模式、行为准则及规范。其次，高职院校榜样行为文化还突出体现在各类围绕榜样而开展的实践活动当中，诸如榜样的道德实践活动；不同部门和各级组织发掘、选树、培育以及宣传榜样的活动；全体师生学习、弘扬榜样精神的各类活动等。榜样的先进行为事迹在不同的实践活动中得到彰显的同时，又不断地发挥着其独特的示范作用，起到了规范广大师生乃至学校各管理人员言行的良好效果，对于深化且落实榜样精神文化的育人效力同样大有裨益。

三、高职院校榜样文化的基本特点

高职院校榜样文化以榜样为核心，借由榜样所具有的育人效力，向广大师生传递榜样精神，提出榜样要求，不断地达到化育师生的教育目的。在此基础上而形成的榜样文化，必然具有以下几个基本特点：

（一）先进性

榜样文化最本质的特点即为先进性。我们通常讲先进就包含有先行、超前、优秀、先锋之意。所谓高职院校榜样文化的先进性，即是指高职院校榜样文化能够顺应时代发展要求，体现时代崇高精神，代表社会主流价值取向，传递真善美价值的特性。高职院校选取来教育师生的榜样，无论是身处战火纷飞的年代，不惧危险，英勇就义的刘胡兰；还是在社会主义建设时期，乐于奉献，一心为人民服务的雷锋；亦或是当前社会主义新时期，光阴荏苒，但依旧坚守信仰，为民披荆斩棘的"新时代好干部的样板"廖俊波同志；心系家国，鞠躬尽瘁，将个人命运、尊严同祖国利益紧密相连，深刻践行社会主义核心价值观的优秀知识分子黄大年……又或者是校园里选树出来的，一个个彰显师德、化育万千学子的教师榜样，一个个德行兼备的"三好学生""道德标兵"，等等……他们无不拥有优秀的能力素质，高尚的道德情操，时时刻刻践行着社会主义核心价值观的深刻要求，成为当前社会主流意识形态的鲜活缩影，体现出先进的特性，并能够以其自身的崇高道德品质、感人行为事迹、先进思想观念，不断地去感染、教化众人，引领更多的人成为优秀，走向先进。

（二）教育性

高职院校榜样文化的教育性是指高职院校建设榜样文化的价值旨归就在于教人、育人，立足于学生德智体美全面发展，运用榜样文化有计划、有目的、有组织的对受教育者的成长与发展进行教化、培育，通过传递先进的知识理念，塑造积极的思想观念，规范学生的一言一行，提升学生的能力素质与品德修养，来实现立德树人的教育使命，促进个体身心全面发展的教育特性。高职院校育人的根本属性和功能，决定了高职院校榜样文化的教育性。高职院校榜样文化是基于高职院校这一特定环境而生成的一种文化现象，是校园文化的创新和发展，肩负着教育人、培养人的重要使命，因而其教育性特征尤为显著。高职院校榜样文化不仅代表着社会主流价值取向的基本要求，而且融合了学校教育管理的育人目标，在校园这个特定范围内，其教育特征就体现在它作用于校园内的每一个个体。可以在潜移默化之中将社会主义核心价值观的基本要求和学校的教育目标渗透至课堂教学、管理工作、日常生活等各个环节，创造出一种崇德向善、积极进取的文化氛围，使每一个个体在潜移默化中受到感染和教育，在传播先进知识理念，涵养崇高道德品质，规范个体言行的同时，不断地促进学生成长成才。正是在这个意义上，高职院校建设和发展榜样文化，可以为学校范围内个体的思想和行为提供一定的价值导向，从而产生巨大的感召力、吸引力和凝聚力，实现教书育人的根本使命。

（三）实践性

高职院校榜样文化具有实践性的特征，就是指其不是随意捏造的，它源自于高职院校的教育教学和管理实践过程中，在广大师生和教学管理人员的具体实践过程中形成、发展，并最终指导着学校教学和管理工作的开展和落实。高职院校榜样文化的实践性可以从以下两方面进行进一步理解。

第一，高职院校榜样文化的实践性主要体现在榜样人物及其事迹的实践特征上。榜样是在不断参与实践的过程中磨炼出来的，生活是榜样的温床，实践活动是榜样实现价值的主要方法。榜样文化的核心是榜样，每一个真正称得上榜样的典型，都是一步一步、脚踏实地做出来的，许多榜样的感人或者先进行为事迹都是靠着艰苦奋斗乃至以生命为代价才得以实现的。榜样是先进思想、崇高道德和主流价值观念的人格化、具体化和现实化，高职院校在建设榜样文化、充分运用榜样文化发挥着育人效力的过程中，必须借助一定载体和媒介，通过榜样的具体实践，去引导价值观的养成和践行，去感染、激励更多的师生，不断促进其高尚人格和良好言行的实现。第二，高职院校榜样文化的实践性还体现在学校组织开展的各种培育、践行榜样的实践活动当中。学校运用榜样文化开展教育，是依靠各种教育实践活动来实现教书育人的目的的。教职人员通过各种组织、培育、奖评榜样的实践活动，营造出浓厚的榜样文化氛围，不断宣传、弘扬着榜样的先进思想、崇高品质和感人事迹；广大受教育者通过参与各类教育教学以及学习、践行榜样的实践活动，逐渐将榜样的崇高精神和优良品质内化于心、外化于行。有言道"实践出真知"，无论是榜样自身的成长经历，亦或是我们学习榜样的过程，点点滴滴都离不开实践的作用。

第二节　高职院校榜样文化的育人功能

高职院校榜样文化的育人功能，就突出表现在高职院校加强榜样文化的建设，能够营造出一种浓厚的学习、文化氛围，再借由相关的物质与人文环境、教育实践活动等因素，不断地发挥出榜样的作用，去感染、激励、规范、引领、塑造每一个个体，最终实现培养人、教育人的根本价值追求，为社会培育更多德才兼备的高素质人才。高职院校构建优秀的榜样文化，能够将大学自身的精神理念以及社会主义核心价值观的要求都融入其中，在引领价值取向、彰显榜样力量、涵养优秀品质、激励受众行为、约束个体言行等方面发挥独特的育人功能，对于社会主义核心价值观的弘扬、对于高职院校思想政治教育工作的有效开展、对于全面发展人才的培养都助益良多。由此可以看出，在厘清高职院校榜样文化相关知识的基础之上，充分挖掘出高职院校榜样文化育人的思想资源，着重分析高职院校榜样文化的育人功能，就显得十分必要。

一、中国传统德育文化中关于榜样的思想

中国传统文化作为中华民族宝贵的精神财富，蕴含着许多关于榜样的思想，是当前榜样文化建设以及研究高职院校榜样文化育人极其珍贵的思想资源。中国传统文化中关于榜样的思想，主要体现在以下两个方面。

第一，十分强调榜样的身教示范。传统文化中关于榜样的思想通常是与道德教育紧密联系在一起的，榜样拥有着崇高的道德品质，承载着当时社会要求的主流价值观念，展示了真、善、美的客观标准。在对广大受众进行道德教育，引导人们不断提升自我品德修养的过程中，具有良好的示范、教化价值，因而受到了古代仁人志士乃至诸多明君的宽泛重视。古代的仁君、明主为了教化民众，规范人们的言行，通过制定用人、择才的标准，招贤纳士，实际上就是试图向人们树立一种榜样，借此去宣扬其所要求的价值理念来指引当时的广大民众，进而达到推行自己德政的目的。

中国传统社会非常重视以"言传身教"来进行道德教育，而榜样的出现就是作为一种具有价值指向和精神导引意义的客观实体，是可亲、可敬、可信的榜样形象，更是可触、可感、可学的榜样范式。无论是儒家学者所追求的"圣人""君子"，还是道家学派尊崇的"神仙""真人"，亦或是墨家学者口中的"贤人"……这些圣贤、先哲，作为一种理想目标，成为当时社会特定价值观念和理想人格的鲜明导向，向人们揭示了真、善、美的客观标准，发挥着重要的示范、引领作用。老子言圣人当"处无为之事，行不言之教"，这就是看到了榜样之于大众的示范价值，意在说明榜样要严于律己，切实发挥自身的示范作用，用自己的一言一行去影响、教化人们。此外，一代明君唐太宗就十分注重榜样的身教示范效用，在谈及魏征对自己的影响时就曾言："以铜为镜，可以正衣冠；以古为镜，可以知兴替；以人为镜，可以明得失。"

第二，关于如何成为榜样的论述。中国传统文化中包含了许多关于如何成为圣贤之人，即榜样的论述，这是古代君主施行德政，开展道德教化的关键之所在。也就是说，通过向大众树立一定标准的榜样，借由榜样的示范作用，来对人们产生深远影响，进行教育，不断提升人们的品德素质和思想修养。树立榜样是前提，发挥榜样的示范作用，引领更多的人践行并成为榜样才是重中之重。关于如何成为榜样，一是要朝榜样看齐，向榜样学习；二就是要严以修身，所谓内自省，修己身。孔子言："三人行，必有我师焉。择其善者而从之，其不善者而改之。"又言："见贤思齐焉，见不贤而内自省也。"这就是要求人们要善于发现生活中的榜样，向榜样看齐，学习榜样的良好德行和崇高品质，并且逐渐地矫正、规范自己的一言一行。当然，在向榜样看齐的同时，还要求人们要自己做成榜样，即时刻以榜样的标准要求自己，不断地修炼己身，提升自己的品德修养。孔子教育自己的学生，多次提及并极力倡导尧、舜、禹的高尚德行，孟子讲"人皆可

以为尧、舜"，荀子讲"涂之人可以为禹"，榜样为人们指明了行动的方向，每个人都有成为榜样的机会，只有不断地学习、修炼自我，才能够达到齐家、治国、平天下的目的，才能实现"修己以敬""修己以安人""修己以安百姓"的追求，成为真正的圣贤、哲人。

中国传统文化中蕴含着丰富的榜样思想，对于当前高职院校充分挖掘和发挥榜样文化的育人功能具有重要的启示：首先，要格外重视榜样对正确价值观念养成的重要作用。无论任何时代、任何社会，榜样都代表了当时社会主流的价值取向，对于引导大众养成正确的、符合社会主流意识形态要求的价值观意义重大。当前我们所宣传和弘扬的榜样，无一不是社会主流意识形态的鲜活缩影，体现着社会主流价值的客观要求，是社会主义核心价值观的现实呈现和人格展示。高职院校作为国家培养人才的主阵地，正确认识并能充分发挥榜样在价值引导等方面的育人功能，对于广大受教育者社会主义核心价值观的培育和践行都将助益颇多。其次，高职院校在运用榜样文化开展育人工作的过程中，要重视发挥榜样的示范作用。榜样作为广大师生走向优秀、成为先进的优良表率，少说、多做，身教示范，以自己良好的德行为广大师生树立典范，能够促使受教育者在潜移默化中受到感化和教育，接受并身体力行正确的思想道德观念，以此达到"不教而教"、无为自化的目的，为社会主义事业的建设和发展培养出更多道德高尚，全面发展的人才。再者，高职院校运用榜样文化育人，也要注重发挥受教育者的主观能动性。受教育者的成长、发展必然少不了各种内在和外在因素的影响、制约，即个人品性的养成是"内化"和"外化"辩证统一的结果。个体从学榜样到做榜样的过程，必然少不了自身的不断磨砺与修养，通过学习、效仿榜样的优秀言行，不断地内化、涵养自身的道德，并以崇高的道德标准和先进的行为表现来严格要求自己，自我提升，自我养成，这样才能早日成为榜样中的一员。

二、高职院校榜样文化育人功能的主要内容

高职院校榜样文化的育人功能是高职院校榜样文化对受教育者成长与发展所能发挥的积极、有利的作用和影响，具体是指高职院校通过建设榜样文化。形成浓厚的榜样文化环境和氛围，能够使置身其中的广大师生受到榜样的引领与感召，耳濡目染中不断提升自己的道德品质，优化自己的一言一行，从而形成符合时代发展要求的价值观、人生观的教育人、感化人的功能。高等学校作为培养人才的主要阵地，承担着传承和创新优秀文化的重要责任，理应充分挖掘出文化育人的相关资源，以文化育人作为教育教学的重要抓手，不断推动思想政治工作实现创新发展，培育德才兼备、全面发展的人才。榜样文化作为当前社会文化中愈发受到关注的一种文化形态，运用于高职院校能够发挥其独特的育人功能，主要体现在引领价值取向、彰显榜样力量、涵养优秀品质、推动受众行为以及约束个体言行等方面。

（一）引领价值取向的导向功能

高职院校榜样文化具有引领价值取向的导向功能。高职院校榜样文化彰显着社会主流的思想观念、价值观点和道德规范，可以提高人们对社会主义核心价值观的理解和认同，能够引导广大师生朝着正确的方向努力，树立起正确的世界观、价值观和人生观。按照马克思主义所讲，人是一切社会关系的总和，社会性是人的本质属性。每个人总是处于一定群体之中，受到该群体的共同价值以及特定文化的熏陶。在高职院校范围内，榜样文化发挥了独特的育人功用，它通过宣传和弘扬那些模范人物和先进事迹，向广大师生传达着社会主义核心价值观的现实要求，彰显着人们对真、善、美的崇高追求，为大家的工作、学习以及生活指明了努力的方向，为大家的成长与发展提供了参考的标准。众所周知，方向是关乎未来发展蓝图的重大问题，只有在正确方向的引领下，广大师生才能心往一处想、劲往一处使，共同助力于实现高职院校立德树人的教育任务，为社会培养出更多高素质的人才。当前社会中文化多元化发展带来价值观念的多元存在，高职学生思维活跃、猎奇心强，极易受到多元价值观念的冲击和影响，高职院校建设榜样文化，运用榜样文化开展育人工作，能够凝聚更多的社会正能量，发挥榜样的正面引导作用，指引全体师生摒弃各种错误思想和观念，形成与社会主流意识形态相一致的先进价值观念和人生理想，从而推动了校园知荣辱、明是非的良好风尚以及社会先进价值导向的形成。

（二）彰显榜样力量的示范功能

高职院校榜样文化具有示范功能，向个体彰显着榜样的力量。榜样作为先进典型，代表着社会的主流价值取向，在人们和社会中间起着广泛的示范作用。高职院校通过榜样文化，经过一系列选树并宣传先进典型、模范的教育和实践活动，将榜样的先进价值理念、崇高精神品质、先进行为表现都呈现了出来，以一种"参照物"的形式，向广大受众传达着榜样的要求，潜移默化中影响并教育着每一个人，促使了他们不断改进自我，提高自身的思想认识和道德水平。我们党曾经在革命、建设和改革的不同历史时期，树立了像刘胡兰、雷锋、焦裕禄、孔繁森这样的先进典范，通过他们的言传身教来对广大人民群众进行示范、宣传教育，在引领社会风尚、塑造个体人格方面都起到了重大作用。每一位榜样都是一面映照着崇高精神、良好言行、先进事迹等各种优秀特质的镜子，它向我们示范着优秀的人应该是何种模样，勾勒出一幅崇高而有价值的未来人生图景，指引着我们不断地去效仿先进，成为优秀。在高职院校，榜样文化发挥了其特有的示范功能，无论是存在于日常学习、生活中的每一位在教职岗位上兢兢业业工作的"先进教师"，品学兼优的"三好学生"，还是社会生活中选树出来的各种先锋人物，例如"感动中国"评选出来的各种先进典范，他们都身体力行的向每一位受教育者做了优秀的人生示范，启示着大家该学习什么、该成为何种模样，以及什么该做什么又不该做，彰显着当前社会的崇高精神、道德规范以及先进价值追求，在高职院校的教育教学和管理以及学生的学习和生活中起到了巨大的示范、引领作用。

（三）涵养优秀品质的熏陶功能

高职院校榜样文化具有熏陶功能，涵养着个体的优秀品质。高职院校榜样文化作为社会先进文化的一个重要组成部分，它同众多优秀的文化相同，为全校师生及所有教职工作人员，打造出了一个浓郁的榜样文化"场"，营造出一种崇德向善的良好氛围。不断地感染着大家的习性，熏陶着大家的品行，提升了大家的思想认识水平，涵养了大家优秀的道德品质。"熏陶"在现代汉语词典中的释义为：长期接触的人或事物对人的生活习惯、思想行为、品行学问等逐渐产生某种影响（多指好的）。高职院校榜样文化所反映的精神、事迹、行为等，都是社会正能量以及美好事物的具体展现，是真、善、美这些崇高价值理念以及社会主义核心价值观在校园学习、生活中的现实完美呈现，广大师生每天在学校参与关于榜样的课堂教学以及实践活动，耳濡目染身边先进模范的一言一行，又从关于榜样的雕塑、展览中感受榜样的精神品质，久而久之，便会被榜样先进的思想、优秀的品行和习惯等品质所感染而渐趋优秀，不断实现提高自己思想道德素质的目的。俗话说"近朱者赤，近墨者黑"，高职院校榜样文化为全校师生都提供了一个良好的成长环境，每一个人身处这种环境氛围之下，无一不被榜样的崇高精神以及优秀道德品质所打动、所感染，长期以往，自身的思想道德素质也不断地得到了提升。

（四）推动受众行为的激励功能

高职院校榜样文化具有推动受众行为的激励功能。高职院校榜样文化具有强大的精神感染和行为激发力量，能够激发个体学习及工作的内在动力，促进了广大师生去积极行动，不断地赶超先进，有所作为。众所周知，激励就是通过满足人们切实的精神需要，去提高个体学习及工作的热情，使其在心理上形成一种乐观积极的思想情感和态度体验，进而去引导他们的行为，推动他们的进步。高职院校榜样文化具有推动个体行为的激励功能，就主要体现在以下两个方面。

第一，榜样精神与事迹的激励。高职院校榜样文化能发挥激励的功能，主要是因为一个个榜样人物内在的精神品质以及优秀言行等先进的特质，能够激发个体去做出模仿榜样、改进自身、超越优秀等行为。高职院校在进行榜样教育的过程中，选树了一大批先进的模范人物，无论是历史上一个个受尊崇的伟大人物，还是当前社会生活中被人们广为称颂的先进典范，亦或是存在于广大师生身边的优秀教师、学生标兵，他们都是在面对挫折时，能够做到不畏艰难、勇往直前、顽强拼搏的优秀代表。他们在为个人进步以及社会发展做出努力的过程中展现出来的光辉事迹以及崇高精神，能够引起广大受众强烈的情感共鸣以及价值认同，继而促使更多的师生将其作为自己的行为动力，推动自身不断的向前进步与发展。

第二，先进榜样制度的激励。高职院校建立了一系列关于榜样的制度体系，以奖惩的方式用以维护榜样文化的育人功能。当受教育者在看到对榜样的各种实质性的奖励，诸如给予榜样奖金、荣誉等物质奖励之后，通常更能激发他们的行为动机，调动出更多的积极性、创造性，去促使自己以这些榜样为目标，朝着成为先进、得到肯定的方向不断努力。人的行为受动机直接支配，而动机的形成受到人的内在需要和外部刺激的制约，切实的利益满足了个体的内在需要，激发了广大师生的行为动机，进而激励着他们不断地向着榜样靠拢，以榜样的力量砥砺前行。

三、强化高职院校榜样文化育人功能的重要意义

（一）助力社会主义核心价值观的践行

榜样文化是构成社会主义先进文化的重要部分之一，在促进社会主义核心价值观的弘扬方面具有至关重要的作用。高职院校强化榜样文化的育人功能，对于在大学校园内传播社会正能量、引领个体价值取向，从而推动了高职院校社会主义核心价值观的培育及践行意义十分重大。文化是滋养特定价值观的"温床"，任何一种文化都彰显着某种特定的核心价值观。榜样文化作为社会主义核心价值观的载体，承载并传播着社会主义核心价值观的精神实质和基本要求。高职院校强化榜样文化的建设，充分运用并发挥榜样文化的育人功能，对社会主义核心价值观在高职院校的践行大有裨益。其重要意义主要体现在以下两个方面。

首先，榜样文化作为一种先进文化样态，是在主流意识形态的引领和要求下形成的，它汇聚着社会上的正能量，体现了真善美的价值诉求，本身就是社会主义核心价值观在人们现实生活中的鲜明典范。高职院校通过建设、传播榜样文化，充分运用和发挥其在育人过程中的作用，有助于营造出一种浓厚的文化氛围，使得个体在潜移默化之中受到感染，被榜样的崇高精神、优秀品质、先进事迹等所触动，逐渐加深了关于社会主义核心价值观的认识和理解，朝着真善美的价值标准，秉持着一股正能量，在不知不觉中便以自己的实际行动践行着社会主义核心价值观的基本要求。其次，榜样文化以先进人物、道德模范为主体，每一位榜样都是社会主义核心价值观的切实践行者。生活中一个个先进的榜样，一件件感人的事迹，好比一本本践行社会主义核心价值观的生动教科书。高职院校运用榜样文化育人，引导人们去效仿、学习、争做榜样，实则就是在引导广大师生去践行社会主义核心价值观的基本要求。无论是国家层面选树出来的时代先锋，还是校园里受人尊敬和喜爱的师德典范、三好学生，他们每个人都凭借其自身的崇高精神品质及优秀行为事迹，生动地体现并诠释着社会主义核心价值观的具体要求，启示着广大师生什么该做，什么不该做，从而促使他们自觉依照榜

样去矫正、规范自己的言行，努力朝着社会主义核心价值观的标准去提升自己。正是从这个意义上来讲，高职院校在教育教学过程中充分发挥榜样文化的育人功能，往往能强化社会主义核心价值观在高职院校范围内的传播和践行。

（二）助力思想政治教育工作的开展

中国特色社会主义进入了新时代，这也为高职院校思想政治教育赋予了新的历史使命：要全面贯彻落实党的教育方针，落实立德树人的根本任务，发展素质教育，推进教育公平，培养德智体美全面发展的社会主义建设者和接班人。通过积极建设并运用榜样文化的育人功能，为高职院校实现立德树人的教育任务提供了一种新的思路和方法，为高职院校思想政治教育工作的顺利开展提供了强大的助益。

思想政治工作本质上是一个解释疑惑的过程，应该帮助受教育者认识到自己应该成为怎样的人。榜样文化所宣传和弘扬的榜样，无一例外不是代表着社会主流的意识形态，有着正确的价值取向，做着无私的奉献，体现出崇高的精神品质，为广大受教育者实现人生目标提供了优秀的范例。因此，高职院校充分发挥榜样文化的作用，借助榜样文化去实现育人目标，对于思想政治教育工作的开展意义十分重大。此外，教育部发布《高校思想政治工作质量提升工程实施纲要》，强调要深入推进文化育人，在高职院校积极开展社会先进文化教育，把高校建设成为社会主义精神文明高地。榜样文化作为先进文化的一个重要组成部分，在校园内发挥了独特的育人功能，通过选树、宣传一批又一批的践行社会主义核心价值观的先进模范人物，组织各式各样以宣传、学习榜样为主题的教育、实践活动。在广大师生群体之中营造了一种积极向上、争做榜样的良好氛围，于无声之中传达着社会主流的价值取向，于无形之中改变着个体的思维方式以及行为习惯，起到了明显的示范、引领和激励作用，收获了显著的育人效力，从而为高职院校更好进行思想政治教育提供了诸多便利，推动了高职院校思想政治教育工作的顺利开展。

（三）助力个体综合素质的全面提升

高职院校运用榜样文化开展育人工作，可以充分发挥出高等教育之于个体健康成长和全面发展的教化作用，从而为个体全面提升自我的综合素质提供助益。高职院校榜样文化育人助力个体综合素质的全面提升，主要体现在以下两个方面。

第一，强化高职院校榜样文化的育人功能，能够显著提升高职学生的思想道德素质，帮助他们树立正确的世界观、人生观、价值观。高职学生作为新时期社会主义事业建设和发展的后备力量，他们的价值观以及身上具备的思想道德素质对于国家和民族的未来发展必将产生深刻的影响。而榜样文化深刻践行着社会主义核心价值观的基本要求，无论是像雷锋、焦裕禄这样光辉的人物，还是当前社会中"感动中国"等节目评选出来的先锋模范，又或者是存在于学生学习、生活中的教书育人的楷模、优秀高职学生代表，等等……他们作为生活实践中的践行社会主义核心价值观的先进典型。对于引领高职学生的价值取向，帮助他们养成正确的价值观，不断地以榜样为标准，去改正、规范自己的言行，提升自己的思想品德修养，都具有独特的引领和教化功效。

第二，强化高职院校榜样文化的育人功能，对于学校教职员工综合素质的提升也大有裨益。古语言："师者，人之模范也。"教师作为教育者，其一言一行都会对学生产生深远持久的影响。高职院校建设榜样文化，在广大教职员工当中形成了浓厚的"创先争优"的氛围，社会中先进模范同行的示范、引领，像是在深山撑起教育希望的人民教师支月英；"焦裕禄式的好校长"张伟……这些先进典范身上所传达出来的崇高精神及优秀行为，化作一个个具体的榜样要求，指引着全体教职人员前行的方向；工作和生活中身边优秀同行代表近距离的熏陶、感染，以及学校先进榜样评选、表彰制度的规范、激励，都在潜移默化中影响着每一位教师的思想及言行，推动他们去努力提升自己的思想道德素质，强化自己的知识水平，锻炼自己的学科专业能力，规范约束自己的行为举止，进而不断地改进、完善自身，提升自己的综合素质。

第三节　高职院校榜样文化育人功能的实现路径

高职院校榜样文化对个体品德修养和行为规范的养成具有独特的教育作用，高职院校有责任和义务不断加强榜样文化建设，强化榜样文化的育人功能，来实现立德树人的根本任务。

一、强化认知，提升个体对高职院校榜样文化的认同感

个体对榜样文化的认知情况，在很大程度上决定着个体学习、宣传榜样的意愿，进而影响着榜样文化育人效力的有效发挥。高职院校领导层只有清楚地认识到榜样文化育人的效力，才能不断强化建设、推动高职院校榜样文化育人工作的进行；教师只有深化对榜样文化基本知识的认识，才能更好地运用榜样教育资源，在传播榜样文化知识的同时，引导广大高职学生不断实现自我的提升；高职学生只有理性地看待榜样的形象、事迹及精神，才能够真正学习到榜样文化的精髓，在不断践行榜样文化价值要求的同时完善自我。

（一）高职院校领导要强化认知，规划和设计榜样文化建设

高职院校领导班子应该强化认知，主动作为，合理规划和设计榜样文化的相关建设，充分发挥领导干部在学校榜样文化育人过程中的方向引领作用。作为校园文化的组织者和引领者，高职院校领导层在榜样文化的建设过程中发挥核心作用，他们承担

着把握价值取向，推动文化育人工作进行，培养合格人才的重大责任。领导班子中的每一位成员能否对榜样文化有一个科学的认知和定位，对于学校自身榜样文化的建设、发展，对于能否充分发挥榜样文化的育人功能，实现强大育人效力显得至关重要。

第一，高职院校领导要强化对榜样文化的认识，树立榜样文化育人的教育理念。高职院校领导作为学校榜样文化建设的关键力量，首先自身对于榜样文化育人应该有一个准确、系统而且全面的认知，给予榜样文化在校园文化建设和人才培养中一个科学的定位。要站在理论的高度深刻认识和理解榜样文化的内涵、构成、特点、育人功能、榜样发挥作用的影响因素和途径等基本理论。在科学分析榜样文化育人的目的、内容、任务、原则、方式，掌握高职院校建设榜样文化之于人才培养的重要价值和意义的基础上，开拓文化育人的视野，树立榜样文化育人的教育理念，并能够将这种理念逐渐推广、应用、渗透于学校日常的教育教学活动过程之中，使其成为指导学校榜样文化建设和发展、培养社会所需要的合格人才的思想引领。

第二，高职院校领导要重视榜样文化的建设、发展，做好榜样文化育人的顶层规划和设计。领导干部作为大学制度的设计和执行者，在科学理解和掌握榜样文化基本理论的基础上，一定要将榜样文化的建设和发展这一问题重视起来，把榜样文化建设和榜样文化育人作为培养新时代所需人才的重要抓手，不断做好榜样文化育人相关工作的顶层设计及实施规划。具体来讲，高职院校领导应该明确榜样文化的育人功能，统筹规划、设计榜样文化的建设、发展，将榜样文化育人的具体规划作为学校文化建设、发展和培养人才的长期战略目标来抓，号召全校上下、各院系师生共同参与，构建起党委统一领导、党政分工负责、部门协作联动的榜样文化育人的工作机制，打造高职院校榜样文化育人的良好格局。无论是成立专门的榜样文化管理小组，负责具体的榜样文化建设工作部署；或者是合理规划学校榜样文化育人的人力、物力和财力，从师资力量、载体建设、环境营造、制度设计等方面着手，科学设计和安排榜样文化育人的相关工作，等等……这些都与学校领导对榜样文化的认知和定位息息相关。

（二）高职院校教师要加深认知，教授和传播榜样文化知识

高职院校教师应该加深认知，积极引导，主动教授和传播榜样文化相关知识，充分发挥教师这一教育主体在学校榜样文化育人过程中的教育引导作用。高职院校教师是大学文化的主要创造者、传播者，是高职院校开展榜样文化育人工作的重要力量，在很大程度上对学生科学文化知识的增长、思想道德素质的提升以及行为规范的养成起着直接的、深刻的示范和引导作用。教师能否对榜样文化育人有一个更为深刻的认知，能否在教学工作开展过程中充分运用榜样的力量，对于实现自己教书育人的重要使命，对于学生成长发展的作用非同小可。

第一，教师应强化对榜样文化基本理论的认知，强化研究，积极宣传，介绍榜样

的优秀事迹、崇高精神及先进价值理念。榜样文化包含着丰富的知识，彰显出巨大的育人能量。身为一名教师，其本职工作就是教书育人，将自己的所学、所知教授给广大高职学生，教师"昏昏"，则断不能"使人昭昭"。教师要讲得通、讲得明，将榜样的相关知识介绍、教授给广大高职学生，就一定要加深对榜样文化的认识、学习和理解，不断提升自己的理论功底。在对榜样的形象、事迹、精神，对榜样文化所传导的价值观有一个科学认知的基础上，才能够进一步将更加客观丰富的相关知识内容、价值理念教授、传递给自己的学生。当前国家和社会为我们提供了丰富的接触、学习榜样的素材，无论是带给我们诸多温暖与美好的"感动中国十大人物"，还是新时期传递社会正能量的"榜样"系列节目中弘扬的先锋、典范，或是每五年评选一次的"全国模范教师""全国优秀教师"，亦或是每年一届的"中国高职学生年度人物"评选活动中涌现出来的同辈优秀代表，等等……教师都应该对这些榜样精神和事迹有一个科学的认知和理解，挖掘其背后传递的价值观念，总结其成功的相关故事，再进一步介绍、讲授给广大高职学生，不断引导学生去认识榜样、尊重榜样，参与到学习榜样的过程之中。

第二，教师应该强化对自身榜样作用的认知，以身作则，率先垂范，引导学生高尚品质和优秀品行的塑造。常言道："行为世范，学为人师。"教师的知识水平、能力素质、品德修养以及言行举止，总是在潜移默化中对学生产生直接且深刻的影响，教师本身就应该成为学生的典范。高职院校教师应该清楚地认识到自己身上所蕴含的榜样力量，充分挖掘并运用自己的榜样价值。在教学工作和日常生活之中，注意规范自己的一言一行，不断提升自身的素质，通过自己的言传身教，时时处处事事为学生做出表率，引导广大高职学生朝自己看齐、向自己学习，使得他们都能切切实实地感受到榜样的力量，认认真真地领悟并学习到榜样的精神，不断提升自我的素质，实现自我的完善和发展。例如，中国人民大学的陈先达教授，从事马哲研究六十余载，在不断提升理论水平的同时，依旧不忘体察自身的言行修养，以自己良好的学行示众，激励、感染着每一位校园个体，成为了全校师生的学习标杆。高职院校教师要重视自身的榜样效力，强化师德养成，在做精学问的同时不忘砥砺德行，成为受人敬爱、可被效仿的典范，争取以自己的能量助力他人之发展，不断引导学生自我品德和修养的提升。

（三）高职学生要理性认知，学习和践行榜样文化要求

高职学生要理性认知，争当先进，不断学习榜样的优秀品行，践行榜样的相关要求，充分发挥学生个体在学校榜样文化育人过程中的内驱推动作用。高职学生不仅是高职院校榜样文化育人的重要对象，同时也是学校榜样文化建设的主要参与者，其思维活跃、崇尚独立，具有很强的自我意识，在很大程度上影响、制约着高职院校榜样文化良好育人效果的实现。由此，考量高职学生自身的认知水平就显得格外重要，高职学生能否对榜样有一个理性的认知，能否真正理解自己内在的价值需求，主动参与进学

校榜样文化的建设、发展进程之中，自觉自愿地接受来自榜样文化的影响，对于助力高职院校榜样文化育人工作的开展，对于自身的成长成才意义十分重大。

首先，高职学生应该不断提升自己的认知水平，理性看待学校推进榜样文化建设和运用榜样文化育人的各种规划、各项举措，主动融入、参与到高职院校的榜样文化育人工作之中。高职学生应正确认知自己的主体地位，尽可能地发挥自身在学校文化建设过程中的积极性、主动性和创造性，认真配合学校有关榜样的教育、宣传和实践活动，主动参与学校关于先进集体、三好标兵等活动的组织和评选，自觉遵守学校建立的有关榜样的行为规范以及各种保障制度，积极为高职院校强化榜样文化建设和育人工作建言献策等。在亲自参与高职院校榜样文化育人工作的过程中，不断耳濡目染来自榜样的一言一行，接收来自榜样文化的熏陶和感染，推动了个人素质的全面提升。

其次，高职学生要客观认知社会和学校生活中呈现出来的各种有关榜样的现象，理性区分榜样和明星偶像。这就要求高职学生应该立足于个体价值，追求多元化的现实具体状况，去充分考量自己的内在需求，寻求、树立与自己价值理念相适合的榜样。要客观看待和分析社会以及学校生活中的各类真、善、美现象，向崇高品德学习，向正能量行为看齐。一方面，学生自己要养成"看齐榜样""学习榜样"的自觉意识。社会生活和学习日常之中涌现出众多的先进典范，上到为科学进步和社会发展做出巨大贡献的科学家，下到各行各业勤勤恳恳、努力工作的普通职工，亦或者是存在于我们身边的先进教师、优秀同学，有很多是值得我们学习的优秀典范。高职学生要自觉自愿、积极主动地去了解榜样背后的故事，客观地看待榜样的行为事迹，深刻体悟榜样的精神追求，不断强化和加深自己对各类道德模范、先进典范等榜样人物和事迹的理解和认知。善于考量自己的不足，寻找榜样身上的闪光之处，加以学习、效仿、改正，不断提升和发展自我。另一方面，高职学生应该理性追星，认真考量自己追随的明星是否真正传递着社会的正能量，要能够看到偶像的榜样价值。不一味追随偶像的时尚外表和穿搭，不盲目追捧一些品行不端的明星，但也不忽略明星的正能量一面，要善于发现明星的榜样价值。

高职学生要合理看待和认知榜样与偶像，清楚该追随什么"星"，学做什么事，成为什么人。自觉选择榜样身上的高尚品德和优秀行为，加以学习、效仿，不断提高自己的精神追求、改善自己的一言一行。只有这样，高职学生才能在理性认知榜样的基础上，将榜样文化相关知识真正内化到自己的知识理论体系之中，真正感动于榜样的优秀品行，实现对榜样的心理认同和接纳，从而去感受到榜样的感召，自觉去尊重榜样、学习榜样，积极践行榜样文化所传递出来的价值要求，进一步将自己对榜样的认识和理解转化为日常的学习、生活及工作行为，促使个人的素质和能力得到最大程度地实现，最终成为学校榜样文化育人的最大受益者。

二、拓展载体，强化高职院校榜样文化育人的平台建设

高职院校运用榜样文化开展育人工作，总要通过一定的载体才能够顺利进行，载体是推动高职院校榜样文化育人功能实现的重要因素。作为高职院校榜样文化育人的载体，必须要同时满足以下两个基本条件：首先，这些载体需要承载着高职院校榜样文化育人的目的、任务、内容等信息，并能够为教育工作者所运用和操作；其次，这些载体一定是能够对教育者和教育对象、高职院校榜样文化与广大个体起到联系作用的一种形式、一种平台。这就启发高职院校一定要科学把握载体在高职院校榜样文化育人过程中的重要作用，选择恰当的载体，搭建合适的平台，去推动高职院校榜样文化育人工作的开展：既要重视课堂这个主渠道的教育引导，又要开辟实践出教学的"第二课堂"，加之网络媒体的推动作用，实现多平台榜样文化育人的融合发展，共同助力高职院校榜样文化建设工作的开展，促进高职院校榜样文化育人功能得到最大程度的实现。

（一）重视课堂教学的教育引导

高职院校实现榜样文化的育人功能，离不开课堂教学的教育引导。大学课堂是大学实现育人任务、培养人才的主要渠道。课堂不仅要通过学业育人，更要实现文化上育人的教育目的。高职院校要注重强化课堂教学育人的整体意识，积极探索各门课程实现榜样文化育人功能的行之有效的方法及途径，加强教学过程融入榜样文化的相关课程体系建设。

一方面，要有效开展榜样文化教育，实现榜样文化与课堂教学的有机融合。高职院校榜样文化育人功能要借由课堂教学这个途径得到良好的实现，就要求用好课堂教学这个主渠道，把榜样文化育人工作贯穿教育教学全过程之中。充分挖掘出学校开设的各门课程中所蕴含的榜样资源，将榜样文化基因以及榜样的价值范式合理地融入日常课堂教学之中。例如，学习党史、党建的相关课程，教师可以在教授党的相关知识、帮助同学理清党的建设和发展历程的同时，合理运用榜样相关知识，适时地更新自己的教学内容。以不同时代背景下、在党的建设和发展历程中做出杰出贡献的英雄人物、优秀共产党员为切入点，介绍他们的成长故事和先进行为事迹，于无形之中传播榜样的精神和价值要求，从而达到"润物细无声"的理想育人效果。

另一方面，积极开设专门的学习榜样的相关课程，营造榜样文化育人的课堂教学氛围。结合广大青年学生的心理、性格、兴趣爱好等特征，选择富含时代精神且为他们所喜爱的鲜活榜样素材，去展开宣传、教育，传授榜样知识，渗透榜样精神。诸如，学校可以打造专门介绍和讲授榜样、榜样文化相关知识的理论课堂；可以以社会和学校涌现出来的各类榜样为研究主题，组织专门的课程学习；可以成立榜样文化研究中

心站，收集、整合各种榜样相关知识，为学生提供学习、研究的机会，等等。通过专门的榜样课堂以及系统的课程学习，研究榜样的感人事迹和成功背后的经历，凝练和总结榜样身上的崇高精神品质，可以促使广大高职学生能够在专门的榜样教育教学过程中，加深对榜样形象、精神、行为等的认识和理解。正确做出选择和树立自己成长成才之路上的榜样，在榜样的引领、熏陶以及激励作用下，不断实现自我的素质提升和身心的全方面发展。

（二）开展践行榜样的实践活动

高职院校实现榜样文化的育人功能，需要加强实践载体建设，积极开展各种践行榜样的实践活动。马克思主义认识论告诉我们，认识和实践是辩证统一的关系。这就要求高职院校一定要处理好榜样文化建设和具体实践活动间的内在联系，充分运用好实践这个载体，组织广大师生积极开展各种形式多样的践行榜样的实践活动。

首先，要明确理论与实践之间的关系，理顺课堂教学传授榜样理论知识与通过实践活动践行榜样、强化行为习惯间的内在关联。实践活动是人们认同、接受正确的思想观念并使之内化为自身品德意识的重要环节。也就是说，受教育者除了通过接受来自课堂教学中有关榜样的理论灌输，还需要在具体的实践当中去不断地践行榜样的相关要求，进而提升并巩固自己的思想道德素质。高职院校一定要强化对践行榜样的各项活动的重视，将实践活动育人也归纳到思想政治教育的范围之内，纳入榜样教育教学的过程之中。

其次，高职院校要合理设计、规划和组织践行榜样的相关活动，提高活动的教育含量。所谓活动的教育含量，就是指学校组织的各项践行榜样的活动，是否真正意义上达到了教育人、感化人的效果。这就为高职院校合理运用活动载体，去推动榜样文化育人功能的实现提出了一些具体的操作要求：第一，要强化对学习、践行榜样相关活动的支持，加大投入，在经费、场地、设施等各方面为活动的开展创造条件；第二，各项活动一定要明确主题，时刻以学习榜样精神、践行榜样要求为目的，不断地加强对广大高职学生的教育引导；第三，活动的设计要充分考量受教育者的心理特征和思想特点，选择贴近学生生活、思想实际的方式，充分调动他们参与学习榜样活动的主动性和创造性，不断强化对榜样事迹及精神的宣传、教育。

最后，高职院校要寓榜样教育内容于具体实践活动之中，积极创建出形式多样的践行榜样的实践活动。以国家和社会表彰榜样的各项活动为契机、以纪念榜样的各个时间为节点，结合高职院校自身教学规律和育人特色，围绕对榜样的宣传、学习、践行，精心设计和组织各类具有鲜明特色、立意深远的榜样文化活动，诸如开展"学雷锋"系列活动、组织"三好学生"的表彰活动、举行致敬榜样的典礼仪式、举办以榜样为主题的校园文艺汇演，参观名人故居等实践活动等……让学生能够在参与各种形式不同的具体活动实践过程当中，深刻感受到榜样的精神感召和价值引领，在榜样文化的熏陶之下，自觉去按照榜样的要求去规范自己的言行，锻炼自己的才干，锤炼高尚的品格，实现人生的价值。

三、优化环境，营造高职院校榜样文化育人的良好氛围

营造良好的环境氛围，是实现榜样文化育人功能的前提。人们的观念、观点和概念，一句话，人们的意识，随着人们的生活条件、人们的社会关系、人们的社会存在的改变而改变。因此，高职院校若想最大化地实现榜样文化的育人功能，就需要大力优化榜样相关环境，营造良好育人氛围。只有这样，才能将榜样教育的目的和内容融入师生生活、学习、工作的日常环境之中，使得榜样文化的引导、示范、熏陶、激励等功能在悄无声息间得到发挥和实现，进一步促使个体在不知不觉中养成了社会所需要的思想道德品质。高职院校榜样文化育人，体现的是高职院校榜样文化四个方面即榜样精神文化、榜样物质文化、榜样制度文化、榜样行为文化整体效能的发挥。因此，优化榜样相关环境，营造育人的文化氛围，就要求高职院校从这四个方面着手改进。

（一）挖掘和凝练榜样精神，优化高职院校榜样文化育人的精神环境

在榜样文化环境的营造与建设过程中，精神环境直接作用于高职院校师生的观念、思想和意识层面，浸润在高职院校师生的思维与行为之中，体现在高职院校师生工作、学习与生活的各个层面，潜移默化中影响着他们的思想与灵魂，不断指引、熏陶、激励、规范着每一位师生向上、向善，去努力实现人生的理想与价值。抓典型，更具意义的是要树立精神上的榜样，让人们学习典型所体现的精神，让典型身上的精神发扬光大。因此，高职院校开展榜样文化育人，发挥榜样文化的育人功能，就要积极挖掘和凝练榜样精神，优化榜样文化育人的精神环境，营造塑造师生灵魂的榜样精神文化氛围。

首先，高职院校要善于挖掘和运用榜样精神文化资源，将榜样精神文化育人的理念融入学校立德树人的各个环节。高职院校应该将榜样精神文化运用、贯穿于学校人才培养的全过程，善于运用榜样精神去示范、感化、引领、激励每一个人。例如，我们所熟知的"雷锋精神""铁人精神"，又或者当下的"焦裕禄精神""工匠精神"等，都是我们党在长期的榜样教育过程中，将榜样人物身上所具有的优秀品质和道德加以凝练、弘扬而形成、积淀下来的宝贵精神财富，这些榜样在引领不同时代的主流价值的同时，又体现着中华民族长久不变的价值追求。高职院校要积极响应国家关于榜样文化建设的号召，充分发挥出榜样精神文化的导向功能，依照主流价值观的指引，加强对榜样精神资源的运用，在日常管理和教育教学过程中，注重对榜样相关事迹的搜集、筛选、整理、研究和阐释，运用好诸如电视、广播、书籍、报刊、学术讲座、人物报告会之类的传播形式，积极地宣传、弘扬英雄模范、时代榜样的崇高精神品质和

先进价值追求，引导学生形成主流的价值取向，培养他们自强不息、无私奉献、锐意进取的精神。

其次，高职院校要注重凝练本校的榜样精神，建设具有学校自身文化底蕴的榜样精神文化。高职院校应该积极挖掘校内蕴含榜样精神的标志性人物、事件、器物等，加强自身榜样精神文化的培育和建设。要善于发现并凝练校内师辈榜样、朋辈榜样身上所彰显出来的先进价值观念、高尚道德品质，积极发掘每一件先进事迹、感人经历背后所传递的思想观点、价值理念；努力探寻校内榜样相关器物，如各类榜样人物的雕塑、展品等的精神内核及其所具有的榜样历史文化传统，从而提炼学校榜样精神文化的实质，形成独具本校特色且贴近师生学习生活实际的榜样精神文化，不断丰富高职院校榜样文化的内涵。在广大师生间进行全面的宣传和教育，积极弘扬这些榜样的精神及价值追求，营造出一种全校共同崇尚、弘扬榜样精神，学习、践行榜样要求的良好文化氛围，从而更好地激发全体师生的情感共鸣以及参与学习榜样的热情，使每个人可以在潜移默化中就能被榜样精神所感染、激励和引领，将榜样的价值理念融入自己的精神世界，最终树立起自身正确的世界观、价值观和人生观。

（二）加强榜样的硬件建设，优化高职院校榜样文化育人的物态环境

榜样物质文化承载着榜样的精神品质，是榜样精神的物质形态。生活在校园里的师生，接触最多、感受最直观的莫过于大学的物质环境。高职院校的榜样物质文化，是高职院校师生感知榜样的精神力量、接受榜样熏陶影响的良好环境。高职院校推动榜样文化育人功能的实现，就必须要加强榜样物质文化的建设，完善承载榜样精神的相关物态实体，营造榜样物质文化育人的良好环境氛围，使其能够更好地呈现出榜样故事、传承榜样精神，实现对个体的良好熏陶和激励。

高职院校优化榜样文化育人的物质环境，一要强化榜样相关人文设施的建设和维护。榜样物态资源承载着榜样的精神，具有丰富的文化意蕴，对个体的成长成才具有重要的感染和熏陶作用。榜样相关物质实体的建设，将榜样精神加以"物化"，通过直观明了的物质载体呈现了出来，使得有些"远离"我们生活空间的榜样无形中变得可见、可触、可感、可亲、可近，如春风化雨般感染、熏陶着校园内每一位个体，将榜样的价值观念、崇高道德追求融入他们的精神世界，逐渐成为广大师生思想行为的自觉遵循。要在校园内建设以榜样为主题的博物馆、展览馆、纪念馆、文化长廊等，以供师生随时参观、了解、学习榜样的事迹、精神等相关知识；要强化榜样人物的雕塑、石碑、画像等物态实体的建设及修缮，使师生可以随处感受榜样的气息及能量；要遴选社会上尤其大学师生身边的先进典型，以宣传册、画报、书籍等形式，向师生宣传、展示榜样的故事及先进行为，使得榜样的精神可以更加形象、直观地为大家所认知、学习和践行。

高职院校优化榜样文化育人的物质环境，二要加强对榜样相关文化产品的创新及运用。榜样文化产品是指那些围绕榜样而创作的、以榜样文化为主要内容，能够尽量地满足人们精神需求，传递社会主流价值观念的文化载体。它以物质形态的方式记载并传承着榜样的事迹及精神，使得广大师生在学习的过程之中，不知不觉加深了对榜样的理解和认识，提升了自己的思想道德素质和修养。高职院校在榜样物质文化建设的过程中，要充分运用当前社会上的榜样文化产品资源。丰富榜样文化育人的物质文化载体，打造榜样文化育人的良好物质环境

（三）强化榜样的制度建设，优化高职院校榜样文化育人的制度环境

高职院校开展榜样文化育人工作，不仅需要相应的物质基础，而且离不开强有力的制度管理，科学的制度为高职院校实现榜样文化的育人功能提供了坚实的保障。从制度建设着手，把榜样文化育人工作通过一定程序、规则固化为相应的制度，并依靠制度来规范促进榜样文化育人健康运行，营造确保师生学习、践行榜样的良好制度文化氛围，对于推动高职院校实现榜样文化的育人功能，落实榜样文化育人的效力起了至关重要的作用。

第一，应建立和完善各类制度。高职院校强化榜样的制度建设，就要加强榜样相关的选拔、培育、宣传、奖惩等各类具体的政策、制度、规则。科学、合理的制度集中反映了高职院校榜样文化建设的内在规范性，维系着榜样文化育人工作的顺利开展和稳定有序运行。高职院校要注重榜样活动各个环节的制度建设，建立一整套相互衔接、匹配和完善的榜样制度体系。通过建立合法、民主的榜样选培制度，完善榜样的评选标准，为广大师生发掘、选树可以传递主流价值观念、体现积极能量的目标参照和奋斗标杆；通过建立科学、规范的榜样宣传制度，强化榜样先进事迹和崇高精神在广大师生间的传播和弘扬，营造浓郁的宣传、学习、践行榜样的制度文化氛围；通过建立公开、透明的榜样奖惩制度，确保榜样的价值得到应有的肯定和尊重，充分调动个体参与学习、效仿、争做榜样的积极性。高职院校积极制定并强化执行这些宣传、学习榜样的制度、规则，保证了校园榜样文化育人工作和各类榜样践行活动的开展有章可循、有法可依。广大师生在各项制度的规范、制约及影响下，不断地接受来自榜样精神及行为的引导，进而激发出了自身高尚的情感和道德，实现了自我德行的不断发展和完善。

第二，要强化"以人为本"的制度设计理念。高职院校强化榜样文化的制度建设，必须坚持"以人为本"的教育和管理理念，加强榜样相关各种制度的科学化和人性化。人是最为宝贵的资源和财富，高职院校文化育人的根本使命就在于教育人、培养人、塑造人，榜样相关制度的建设，归根结底也是服务于个体的全面发展与成长成才的。这就要求高职院校在围绕榜样设计和建设各项制度、规章时，要注重"以人为本"

理念的贯彻和落实。一方面，高职院校榜样制度文化建设要体现"以人为本"的思想，就必须以广大师生的意愿为基本出发点，体现对他们的人文关怀。要在充分考量师生的个性特征和发展诉求的基础上，进行榜样制度的设计、建设和创新。高职院校的榜样制度既要保证自身的权威性，又要保持适度的张力，不能仅仅用硬性的规则去制约个体的个性发展，要适当地给予他们自我选择、自我教育和自我成长的空间。确保以科学、合理的规章制度，推动高职院校师生综合素质的全面提升。另一方面，高职院校榜样制度文化建设要体现"以人为本"的思想，就要调动个体的民主参与意识，充分发挥出广大师生在榜样制度文化建设中的主体地位，尊重他们在榜样文化育人过程中的参与、知情、建议以及监督等权利的行使和运用。高职院校在榜样制度文化建设时人尽其才，调动广大师生参与榜样制度设计的积极性，建立起更加民主、科学、极具认同感和说服力的制度规范，有利于营造出更加健康和谐的榜样制度文化氛围，促使个体更加自觉地去遵守榜样制度的相关安排，践行榜样的相关要求，不断地实现自身的道德素质提升和优秀行为习惯的养成。

　　第三，应建立和健全对榜样文化育人功能发挥和育人效果实现的监督、评价制度。高职院校建立、健全榜样文化育人的监督、评价制度，能够有效地检验榜样制度建设的科学性以及榜样文化育人效果的实现程度，为了进一步优化榜样文化育人功能的发挥、提升榜样文化的育人效力提出参考意见、做出整改建议。高职院校建立、健全这类监督、评价制度，一定要注重制度设计本身的合理性。要以榜样文化育人功能的发挥程度、育人效果的实现程度、个体对榜样文化的认识和践行程度为参照进行相关制度设计和建设，要在形式和内容上保证评价、监督制度的科学性和可行性，形成高职院校自身关于榜样文化育人的价值评判和原则性规范。只有这样，才能够为榜样文化育人工作的顺利开展提供科学的评价标准和评价原则，发挥榜样文化育人制度对于高职教育、教学实践活动的规范和指引，才能最大程度上强化对榜样文化育人工作各个环节的监督效力，防止诸如制度形同虚设、榜样育人效力难以实现之类现象的产生，确保榜样文化的育人功能可以得到真正的发挥，从而引导个体不断地提升和实现自我的全面发展。

四、健全机制，实现高职院校榜样文化育人的规范管理

　　高职院校榜样文化育人功能的实现是一个长期、系统的工程，不同的因素共同作用，推动着高职院校不断实现榜样文化的育人功能。完善的机制为高职院校规范榜样文化的育人管理、发挥榜样文化的育人功能提供了坚实而又强大的保障。对此，高职院校在运用榜样文化展开育人工作的过程中，一定要立足长远，统筹规划，建立榜样文化资源的开发、利用机制，完善高职院校榜样文化的宣传、教育机制，健全榜样文

化育人的协同、落实机制，以保障榜样文化育人功能可以长期得到充分实现，个体可以将榜样的思想、行为要求外化为具体的榜样行为，不断推动自身的全面发展。

（一）建立榜样文化资源的开发、利用机制

深入挖掘并且充分利用榜样文化资源，是实现榜样文化育人功能的前提条件。高职院校若是想要实现榜样文化的育人效力，首先必须建立开发、利用榜样文化资源的长效机制。

第一，高职院校开发、利用榜样文化资源，要把握主流方向。这就要求高职院校要以社会主义核心价值观去引领榜样文化的内容建设。榜样文化承载和传播着社会主义核心价值观的主要内容和先进要求，是社会主义核心价值观的鲜明典型和实践内容。高职院校建设榜样文化，要用社会主流意识形态凝聚人心、引领校园学习生活，要自觉地将社会主义核心价值观融入榜样文化建设和育人全过程。第二，高职院校开发、利用榜样文化资源，要强化榜样资源的挖掘和榜样教育内容的选择机制。高职院校要批判继承和创新社会上涌现的各类文化，要组织和建设相关人员和专门队伍，对有关榜样的内容进行充分的挖掘、研究，要认真分析和整理相关榜样素材，使之成为系统化、理论化的文化形态，再运用到高职院校文化育人的过程之中，让榜样文化可以进入学校、进入课堂、进入教材、进入头脑。聚焦于不同时代背景下的英雄人物、先进个体、美好事物，挖掘其背后蕴含的榜样精神、物质文化资源，通过系统的分析、筛选、整合，选择最能吸引校园个体的内容，推广、运用到日常的榜样教育过程当中。第三，高职院校开发、利用榜样文化资源，要注重加强学校内部榜样资源的开发和建设机制。要善于发现校园生活周边的榜样人物、榜样现象，讲好身边事，影响身边人。要加大资金投入力度，对身边榜样给予物质奖励的同时，强化榜样周边文化产品的打造以及物态榜样文化的建设，如，围绕榜样印刷、发行一些纪念册、制作一些纪念礼品；又或者在校园内充实榜样相关的基础设施，建造榜样的雕塑、画像、纪念馆等。

（二）完善高职院校榜样文化的宣传、教育机制

榜样和榜样文化是社会化产物，作为社会治理的柔性手段和思想政治教育的基本方法，内在的决定了榜样的功能指向是外向的，其效能辐射是面向大众的。因此，高职院校要想实现榜样文化对人的导向、示范、熏陶、激励和规范功能，就必须要依赖于卓而有效的传播机制来保障榜样文化育人工作运行，通过不断地宣传和教育，将榜样事迹与精神，及时、准确、全面地传播给广大师生。高职院校建立和完善榜样文化宣传、教育的长效机制，采取广泛、多元、高效的方式对榜样人物进行宣传和弘扬，有助于榜样以及榜样文化价值的最终实现。完善高职院校榜样文化的宣传、教育机制，是指高职院校在面向个体进行榜样文化的宣传教育时，要进行综合分析并深入研究榜样人物的行为、事迹以及相关案例，有效凝练出榜样的精神特质和先进表现，继而通

过一定的方式，借由一定的载体，在全校范围内进行广泛传播。对榜样的宣传教育是一个长期的过程，需要构建一个可以长期作用的机制，要坚持一定的原则，切实考量宣传的渠道、方法，要能够根据国家和社会的宣传形势要求，针对本校榜样宣传的顶层规划、方法设计、渠道搭建、效果评价等多个环节进行科学化、规范化管理。

第一，要把握好榜样文化宣传的真实性原则。在建设榜样宣传的规则、制度，制定宣传榜样的相关策略时，严格遵循文化宣传实践的客观规律；在讲述榜样故事、传播榜样声音时，不刻意夸大榜样的伟岸形象，不采用夸张的宣传手段，要尽可能的从师生思想和生活实际出发，客观、真实地宣传榜样的精神及事迹。第二，要加强对多种宣传方法的运用。高职院校宣传榜样文化要充分利用好多媒体的效用和力量，一方面要发挥电视、广播、报刊、黑板报、演讲等这些传统媒介的宣传力量；另一方面要不断创新宣传方式，充分利用博客、微博、微信、QQ、校园官网、学生自媒体等新型媒体的宣传功能，综合运用各种宣传方式的优势，多措并举、多管齐下地进行榜样宣传。第三，要加强宣传队伍的建设。高职院校应加大培养对人才的投入、支持力度，培养一批优秀的榜样文化宣传工作者。明确榜样宣传的任务和责任分工，安排专门的宣传工作者去组织、制定宣传策略，研究宣传的内容，做好宣传报道，构建榜样文化的宣传队伍网络，充分发挥专业人员在榜样文化宣传过程中的独特优势。第四，要不断完善榜样宣传的激励机制。合理的激励机制能够对宣传工作者产生有效的激励作用，为高职院校榜样文化带来良好的宣传效果。高职院校要建立健全榜样文化宣传的考评、监督、奖惩等制度，加强对各人员宣传工作方面的相关考核、奖评，在充分调动宣传工作者参与榜样文化宣传积极性的同时，保证榜样文化的宣传工作可以落到实处，真正地将榜样的精神及事迹传达到每一位个体，实现榜样文化对他们成长与发展的引领、示范、熏陶、激励和规范。

（三）健全榜样文化育人的协同、落实机制

高职院校实现榜样文化育人的最大效力，离不开各方面的协同助力。高职院校必须着力推进人才培养模式的改革，建立健全榜样文化育人的协同落实机制，实现学校内外、校内各部门和人员、理论与实践等的协同作用，推动高职院校榜样文化育人功能的良好实现。

首先，高职院校要加强学校内外的沟通协作，积极探寻建立学校、家庭和社会整体联动的有效工作机制。一方面，高职院校要围绕实现榜样文化育人这一教育目标，建立起学校与学生家长之间有效的联系、沟通机制，充分发挥出家庭的榜样教育功能。引导学生家长要配合学校的榜样文化育人工作，通过以良好的思想道德修养为子女作表率，在家庭范围内创造良好的榜样文化氛围，潜移默化间实现对学生的感染、熏陶。另一方面，学校又必须把育人放在社会大系统中去做整体性的考察，主动争取社会各

方面对学校榜样教育工作的关心支持，实现学校教育与社会教育的有效衔接。大力发挥电视、互联网等媒介对高职院校师生的影响，充分整合、协调、利用校内外各类榜样资源，改善高职院校榜样文化育人的大环境，实现对学生的榜样教育，增强榜样文化育人的效力。

其次，高职院校要充分运用学校各部门、各人员的育人力量，积极构建榜样文化的全员育人机制。高职院校要加强榜样文化育人的人才队伍建设，实现党政领导干部、专业人员、教师队伍、学生团体等多方人员的合力育人。学校领导干部要加强对榜样文化育人工作的组织领导，发挥出"把方向、管大局、作决策、保落实"的良好作用，做好榜样文化育人的顶层设计和统筹规划；专业人员和教师队伍要不断深化对榜样文化的研究，协作推进榜样文化育人工作的顺利开展，要不断提升自我的品行修养，充分发挥出自己育人工作中的价值引领和正向激励作用；要充分利用优秀学生干部、学生代表的"朋辈优势"，积极向广大普通学生宣传榜样的精神、事迹，传播社会的正能量，实现对广大高职学生的示范、激励。

再者，高职院校要加强理论与实践的结合，完善文化育人与实践育人的联结机制。高职院校实现榜样文化育人，就要坚持课堂教学和实践教学的协同共进，推动学生在理论学习和实践体悟中不断从中感受榜样文化的熏陶、引领。高职院校运用榜样文化开展育人工作：一方面要做好榜样文化知识的理论灌输和教育。要利用好课堂、相关课程教学的作用，教授给学生榜样文化相关知识，使得学生可以在理论层面上强化对榜样的认知，再进一步去感受榜样的影响，不断提高个人道德素质；另一方面，要重视和加强"第二课堂"的建设，充分发挥校园榜样文化活动和社会实践的育人功能。大力开展各种践行榜样的文化活动，诸如演讲、文艺表演等；积极组织学生参与各类榜样相关的社会实践活动，诸如走访道德模范、参观名人故居等社会实践考察活动。

第五章　高职院校中国优秀传统文化育人模式

第一节　优秀传统文化和高职院校创新人才培养基础理论

一、中国优秀传统文化相关问题厘定

（一）中国传统文化

中国传统文化作为一个大概念，是由中国、传统、文化三个较小概念组合而成的。

国度性、民族性是文化的重要属性之一。中国，是我们民族文化的摇篮。作为地域性概念，中国的版图在历史上多有伸缩，直到清朝乾隆年间才从总体上奠定了我们目前的领土范围。中华民族是中国传统文化的创造主体，它是中国境内由华夏族演衍而来的汉族和55个少数民族的总称。

传，是时间上的流传和延续；统，是空间上的集中和凝聚。所谓"传统"从文化社会学角度的诠释，是指世代传承的具有自身特点的社会历史因素，如逐代延续的思想道德、风俗习惯、文学艺术、制度规范等。文化作为一种观念形态的东西，总是处于一种不断产生、又不断淘汰的过程之中。因而，并不是所有在历史上出现过的文化都可以被称之为传统文化。我们将那些具有重要价值、具有生命活力因而得以积淀、保存、延续下来的文化称之为传统文化。

目前，关于"中国传统文化"的内涵，学术界一向有不同的看法。如果从中华文明历史进程演进来看，中国传统文化是指以中华民族为创造主体，以《周易》文化为中心发展出来的儒、释、道、阴阳、法、名、墨、纵横、杂、农等文化。历经千百年，逐渐形成了以儒释道为中心的中国传统文化。

（二）中国优秀传统文化

中国优秀传统文化是历经长时间文明演化而汇集成的一种反映民族特质和风貌的优秀民族文化，是民族历史上各种起到积极作用，推动历史向前发展的思想文化、观

念形态的总体表征。在我国，优秀传统文化是指居住在中国地域内的中华民族及其祖先所创造的、为中华民族世世代代所继承发展的、具有鲜明民族特色的、历史悠久、内涵博大精深、传统优良的文化。

中国优秀传统文化的深层内核和灵魂是中华民族精神。具体在中国优秀传统文化中表现为自强不息、锐意进取的坚强志向，与时俱进、不断创新的行为追求，厚德载物、谦和友善的仁爱精神，重人格、尚气节的思想境界，知行统一、践行内省的修养目标，天下为公、匹夫有责的价值取向等，这些都具有持久的生命力和现实指导意义。中国优秀传统文化中蕴含的崇尚道德、重视智慧、强调个性修养、求真创新、注重人文素质的培养等思想特点，有利于现代人才素质全面的提升和整个社会的和谐发展。

（三）中国优秀传统文化的基本精神

人总是要有一点精神的，一个民族、一个国家同样也要有自己的精神。中国优秀传统文化的基本精神，具有真、善、美相统一的内在品格。这些基本精神是中国优秀传统文化的主体化，是中华民族所有成员所共同认同的世界观、人生观和价值观，所遵循的思维方式和行为方式，所体现出来的理想信念和性格特征。研究中国优秀传统文化的基本精神，是优秀传统文化研究深化的必然取向。中国优秀传统文化的基本精神主要体现为以下几方面。

1. 天下为公的爱国精神

爱国主义是由于千百年来各自的祖国彼此隔离而形成的一种及其深厚的感情。爱国主义作为一种思想情感，深深地根植于中华民族数千年来生活、繁衍的这块热土。它所体现的爱国主义精神，是优秀传统文化向心力的必然体现，是中华民族自强不息奋斗拼搏的必然结果。诚如，伟大诗人屈原曾表示为自己的祖国"虽九死其犹未悔"；民族英雄岳飞被母亲刺字明志"精忠报国"；明末清初著名学者顾炎武提出："天下兴亡，匹夫有责"。

2. 推己及人的仁爱精神

追求道德完美的社会，成就道德高尚的人格，是中国优秀传统文化中儒家所提出的理想目标。"仁"是中华民族的传统美德之一，是儒家提出的一个人文道德范畴，"爱人"是"仁"的核心内涵，孔子曰："夫仁者，己欲立而立人，己欲达而达人"（《论语·雍也》）。"推己及人"作为一个伦理学命题，反映了道德义务的本质特征，体现了不论是在何种社会当中，社会的人际关系都承担着一定的道德义务和道德责任，每一个人就要对他人、对社会履行一定的道德责任。"推己及人"作为一种道德义务和责任，体现了人文精神和人道主义，成为维系人际关系和谐、社会秩序稳定的纽带。《孟子·尽心上》中提出："摩顶放踵，利天下为之"的献身精神，《庄子·天下》中就有："枯槁不舍，舍己济人"的救世情怀。

3. 兼容并蓄的包容精神

《周易·坤》曰："地势坤，君子以厚德载物"。中国优秀传统文化是唯一延续而没有出现断层的文化体系。中国优秀传统文化从不抱残守缺、固步自封。其保持旺盛的生命力的主要原因，就在于中国优秀传统文化具有博采众长的思维方式和兼容并蓄的包容精神。在中国优秀传统文化中，儒释道三者能够得以长期并存，正是因为这种精神的集中体现。正是这种包容精神，在多种文化的碰撞中，相互吸纳，相互补充，使得中国优秀传统文化具有非凡的文化融合力，维系了中国文化脉络的绵延不绝。兼容并蓄、包容开放的精神注重学术自由的方针，这种宽容的研究气氛，能够促进思想自由和新见迭出。诚如，孔丘就力推"君者和而不同"，《周易·大传》中提出的"天下一致而百虑，同归而殊途"等。

4. 自强不息的进取精神

《周易·乾象》曰："天行健，君子以自强不息"。中华民族自古以来就是一个刚毅进取、自强不息的伟大民族，素以勤劳勇敢、吃苦耐劳、聪明智慧著称于世，具有热爱生活、不甘落后、敢于创新的可贵品质。自强不息的进取精神，一直是中华民族五千年来延续发展的思想基础，也是中华民族永不衰败的精神动力。一个人只要有自强不息的精神，即使在遭遇人生挫折时也要奋发图强，为理想的实现而不懈奋斗。另外，自强不息的进取精神的另一个重要表现，就是在革故鼎新。《礼记·大学》就记载有："苟日新，日日新，又日新"的格言。《周易·系辞上》中说的："日新之谓盛德"，是把革新看成大德。而要不断革新，就必须自强不息，不断进取。这种自强不息、勇于革新的精神，成为中华民族不断进行改革创新、战胜一切困难的强大精神支柱。

5. 笃学致用的求真精神

中华民族是崇尚读书求真的民族，智士先贤不仅将读书学习看作是开启智慧、格物致知和传承文化薪火的需要，更重要者将其视为进德修业、安身立命、济世报国的唯一途径。千百年来无数知识分子身体力行得出：立志于学、勤奋刻苦是获得知识的前提和保证。在求知过程中养成了好学善思、恒专博约的学习风尚和锲而不舍、手不释卷的精神风貌，形成了寻根问底、求真考信的严谨治学态度及务求境界高迈和崇尚求知的风尚。诚如，《中庸》就记载有："博学之，审问之，慎思之，明辨之，笃行之"。南北朝时期学者颜之推载述："古人勤学，有握锥投斧，照雪聚萤，锄则带经，牧则编简，亦为勤笃"。

6. 与时偕行的创新精神

创新是一个民族的灵魂，中国优秀传统文化从来都不缺少创新的元素，中国文化历经几千年的考验，遭遇无数的挫折和冲击，而能始终巍然挺立于世界民族之林，其根源在于生生不已的创新精神。宇宙间没有不变化的事物，自然界和人类社会都处于不断运动、发展的过程之中。中华民族优秀的思想文化和哲学智慧，突出表现在变化与发展的观念上。例如,《易传》的核心思想是"唯变所适"。"唯变所适"是指时中,"时中"是依时而行,与时变通。主张实践主体具有主动性适应和创造性顺应的"时中"思想,具有生生日新、变通创造、刚健进取的创新精神。

（四）中国优秀传统文化的育人内涵

思想政治教育作用于人的育人过程,实质上是人的文化化人的过程。人类创造了文化,与此同时,文化也在改变和塑造着人。因此,"文化"的本质,就是"文以载道、道以化人",是"人化"与"化人"的统一,是改造自然与改造自身的统一。文化的"化人"与思想政治教育的"育人",是紧密联系在一起的,二者的共同点都是指向"人"。"文化"是对人的熏陶和教化,"化人"的过程也是"育人"的过程。与此同时,思想政治教育本身也是一种文化活动,"育人"的过程是有目的地自觉地以特定的文化"化人"的过程。文化的"化人"与思想政治教育的"育人"本来就是同一个过程,二者在本质上是相同的。

中国传统哲学作为中国传统文化的精髓,其核心就是关于人生的智慧,其任务就是提高人生境界。因此,中国优秀传统文化的育人功能不是人为强加的,是其本身所固有的功能,中国优秀传统文化是中华民族几千年经验和集体智慧的结晶。其深厚的底蕴和深邃的哲理能够给人以深刻的启迪和思索,直至今日在德智体美诸育上仍然具有同样的综合育人功能。优秀传统文化的"育人"是通过优秀传统文化教育人、塑造人、培养人,是将中华民族精神渗透到人内心的灵魂,提升人全面素质的过程,是人类伟大精神内化于心并实现人类自身超越的过程。优秀传统文化是一种理念、更是一种精神,潜移默化地影响着我们社会生活中的每一位成员。人才的培养与塑造需要通过优秀传统文化的育人作用得到保证,优秀传统文化可以形成意识理念,引领人才培养目标的设计,形成育人精神作用于人才的行为规则当中。

二、高职院校创新人才相关问题厘定

（一）创新人才

目前,国内"创新人才""创新型人才""创新性人才"等的提法很多,《国家中长期科学和技术发展规划纲要》中也多次提到了"创新人才",但是,对于创新人才目前尚无权威的界定。虽然国内不少学者都提及过创新型人才的概念,但大多都是在熊皮特所提出的"创新"概念基础上界定的。创新人才要具有独创能力,是能提出问题、解决问题和创造事业新局面的人才,他们必须具有超强的健康人格、很强的创造性思维以及良好的社会适应力和充沛的体力。

创新人才应该符合人才的判定标准,应该首先具备较高的素质、创造力、突出的贡献和品德高尚等特征。综合判定，创新人才，是创新力尤为突出的人才，不仅具有较高的创新素质，而且是同时具备思想道德素质、科学文化素质、实践能力素质、身心素质等方面的人才，应该是综合素质全面发展的人才。

（二）创新人才具备的基本素质

我国传统的教育价值观和目标，重在学生能够从事某种职业的规范知识和专门技能的培养，这种教育模式是"社会本位论"思想的产物，然而却忽视了学生的个性差异，更忽视了学生创新素质的养成和创新能力的培养。教育的根本目的是促进人的潜能得到最大的发挥，应该坚持以人为本的教育思想，促进人才的自由全面发展。因此，我们必须弄清楚创新人才应具备的基本素质，才能够使我们的人才培养有显著成效，也有利于我们探索出中国优秀传统文化促进高职院校创新人才培养的着力点。

创新人才应该是综合素质全面发展的人才，创新人才的素质主要应包括：思想道德素质、科学文化素质、实践能力素质、身心素质和创新素质等。各要素对创新个体的成长、成才都发挥着重要作用。

1. 思想道德素质

思想道德素质是创新人才最重要的素质，是统帅，是灵魂。它对其他方面素质的培养和提高，起着统领和制约的作用。其核心是做怎样的人以及如何做人。在今天中国社会改革不断深化，多元文化相互渗透，不同价值观念相互博弈的时代，其带给我们的冲击是前所未有的，所引起的思想震荡也是空前绝后的。思想道德在创新人才成长成才的过程中，发挥着越来越突出的作用。创新人才培养应当坚持社会主义核心价值体系，以理想信念为核心，以爱国主义为重点，以公民基本道德规范和遵纪守法观念为基础，以自由全面发展为目标，自觉和主动地接受社会主义思想道德教育和法制教育，确保坚定的政治方向，砥砺奋发向上、开拓创新、求真务实等为社会和人民服务的思想境界，追寻高尚的品德，促进思想道德素质和其他素质之间的协调共同发展。

2. 科学文化素质

智育是人才素质的基础。在智育方面，创新人才需要努力掌握科学文化知识，掌握本专业比较系统扎实的基础理论和实践技能，不断拓展自身的知识领域，培养解决理论和实际问题的能力，培养创新能力、实践能力，提高人文素质和科学素质。既要建立合理的专业知识结构，又要注重人文素质的提高。目前，就是要特别注意继承和发扬中华民族的优秀传统文化，提高人文素养，不断实现人格的完善，将自己磨炼成为德智体美全面发展的人才。

3. 实践能力素质

实践能力是一个人知识、智慧和技能的综合外在表现，主要是指自学能力、操作能力、组织管理能力、表达能力、团队合作能力和创新能力等。实践能力素质是胜任工作任务的主观要素，创新人才必须具备优秀的实践能力素质。

4. 身心素质

良好的身心素质是一个人健康的标志。世界卫生组织认为，健康不仅单指躯体没有疾患，而是人的生理、心理和社会适应臻于完美的状态。良好的身心素质是其他素质的载体。如果没有身心素质作为保障，那么其他素质都将被视为空谈，至少其他素质的作用影响程度要大幅度缩减。重视身心素质的提升，要充分认识具备健康体魄的重要性，创新是耗费体力和精力的实践活动，需要创新人才具备较强的体力和耐力。尤其是要注重个性心理品质的培养，即要强调人的情绪和心理状态的良好。通过身心素质的培养，使得高职院校创新人才能够实现与社会、与他人、与周围环境的和谐相处，达到知识、能力与素质的统一。

5. 创新素质

创新主体的创新素质是由创新意识、创新思维、创新知识、创新能力、创新人格等要素组成的，是创新主体在创新实践活动中表现出来的多种内在品质的集合体，创新素质是与创新实践活动直接相关联的素质要素，创新素质水平的高低是决定创新活动全过程实施成败的关键素质。创新素质的基本特征主要表现有：具备合理的知识结构；对新知识有强烈的好奇心，对未知领域能产生极大的兴趣，不断探索求新的信念；具有积极的求异性，敏锐的观察力，丰富的想象力以及跳跃性、发散性的思维；对事物具有较强的认识、分析、思辨、解决能力，这些表征在动态结合与发展中形成创新人才创新素质的总状态。

（三）高职院校创新人才培养的内涵和目标

高职院校的根本任务就是培养人才，创新人才培养是当前高职教育教学改革过程中的重点课题。根据教育部《国家中长期教育改革和发展规划纲要》精神，高职院校创新人才培养的落脚点在于创新，立足弘扬人才的创新本性，重视人才的主体性意识的培养，以人为本，注重人才自由全面发展的同时，突出发展人才创新素质的一种教育。高职院校培养的创新人才，应该是素质全面发展的人才，重点是具备良好的创新素质。综合起来，高职院校所要培养的创新人才，主要是指具有高尚的思想道德、扎实的专业基础、宽厚的人文基底、较强的创新实践能力、身心发展协调、奋斗目标明确、个性心理品质良好和团队合作意识强的厚博专精型人才。

第二节　优秀传统文化教育与高职院校创新人才培养的结合

一、中国优秀传统文化与创新的关系

谈及"创新"二字，国内不少学者通常很难会将"创新"与"中国优秀传统文化"自然地联系起来，认为中国优秀传统文化本身就缺少一种鼓励创新的基因。这种观点蔓延的成因，归根结底在于对中国优秀传统文化缺少感性的认知和理性的升华。创新是一个民族不竭发展进步的灵魂。中国优秀传统文化历经几千年岁月的考验和冲刷，遭遇过无数的挫折和冲击，而始终能巍然挺立、屹立不倒，其根源就在于生生不息的创新品质。诚如，国学大师张岱年老先生就曾明确指出："历史证明，中华民族是具有创新精神的民族，是一个坚强不屈，不断发展的民族"[1]。创新体现了人类的创造特性。创造性的实践活动，充分展现了人类特有的本质力量。与此相同，在哲学的视角下，文化是人类创新性的结晶，是人类创造力的表征，而非源于自然的馈送。纵览万物，凡是被打上文化烙印的物质，无一不是源自人类的创造和再创造。因此，可以毫不夸张地说，整个人类文化史就是人类创造的历史，是人类创新性或创造力不断跃升的历史，是人类勇于突破、不断创新的历史。在此视域下，世界上的所有文化，从来都不缺少创新基因，都是基于创新而产生。所有的文化，都是富于创新性或创造力的。

中国优秀传统文化是中华民族的历史传承，传承的动力来自创新。某种意义上说，历史的发展需要由文化来展现出来，文化的传承与发展也是在说明历史的进步程度。历史进步的实质就是创新，优秀传统文化是在历史传承中创新发展，从一定程度上来讲，是历史进步的终极标准。从这个角度来看，优秀传统文化与创新二者之间从来都不是分裂独自存在的。

中国优秀传统文化与创新二者具有诸多的结合点，具体表现在：

（一）中国优秀传统文化为创新提精神供动力和思想源泉

中国优秀传统文化具有辩证发展的优良传统，因而内在地包含着"求变"的创新精神。中国优秀传统文化认为宇宙是变化无穷、无限发展的。宇宙从整体上说是一个生生不已的大生命，它总是在和谐有序地运转着，人们要在事物的变化发展中不断达到平衡、和谐的状态。例如，《易经》中的"易"，就是变化、变易的意思，它始终以变化、变易为主题。因而不遗余力地向人们讲述变化与发展的观念，强调"穷则变，

---

[1]　张岱年．文化与哲学 [M]．北京：教育科学出版社，1988.

变则通，通则久"（《周易·系辞下》）。因而主体应当不断适应"时"的变化。其所倡导的"时中"的主体哲学，本质就是强调价值主体必须有一种积极主动的适应性、顺应自然规律的创新性的生命态度。从"时"的哲学到"与时俱进"的理念，二者是具有内在联系的，都强调趋时应变、创新发展。

中国优秀传统文化具有的这种"求变"精神，必然使它变现出"求新"的创新精神。《孙子兵法》指出："军无常势""水无常形""因能敌变而取胜者，谓之神"，强调求变是为了求新。《大学》中就提出"苟日新，日日新，又日新"，中国优秀传统文化从来都不缺少求新的精神。在中国历史上，我们的先贤智者们都是主动顺应天地之道，积极适应外部环境求新谋突破。就社会发展进步而言，如战国时期的商鞅变法、北宋王安石变法、明朝张居正变革等。就文学艺术创作来看，如果没有创新思想，就不会出现唐诗、宋词、元曲的独领风骚、流传千古。

中国优秀传统文化倡导的"求变""求新"是建立在对事物正确认识、深刻把握的基础上的，因而它又必然具有"求知"的探索精神。中国是崇尚读书求知的王国，立志于学、勤奋刻苦是获得知识的前提和保证，是千百年来无数知识分子身体力行的经验总结。对此，孔子就主张君子要"博学而笃志，切问而近思"（《论语·子张》）。学术研究是极其艰苦的精神创造活动，传统的知识分子甘于寂寞与清贫，正是有了"板凳甘坐十年冷"的精神，才敢有"文章不写半句空"的承诺。古代学人刻苦学习、勤于专研的范例俯拾皆是，正是这些珍贵的品质、坚韧的毅力和崇高的人格魅力，给创新活动的开展提供了强大的精神动力。

（二）中国优秀传统文化为创新提供方法之基

中国优秀传统文化能够为创新提供科学的学习、思维和实践方法。主体进行创新的过程同时也是其学习的过程，并在学习中创新突破。在求知学习的过程中，中国优秀传统文化一直推崇好学善思、恒专博约的学习风尚。中国教育鼻祖孔丘在长期的教育实践中总结出许多富有真知灼见的见解，例如，"好古敏求""温故知新""博学详说，好问好察""不耻下问"等，总结出了一套基本符合认知规律的"博学—审问—慎思—明辨—笃行"的为学之道。

辩证思维是进行创新的重要方法之一，辩证思维是创新思维的实质和基础。中国优秀传统文化以其顽强的生命力和同化力得以长存不竭，除了注重阐发实用理性，对形而下追求外，还非常注重对形而上的探究和体认，因而其中不乏辩证思维的理性精神。譬如："理无常是，事无常非"（《列子·说符》），"穷则变，变则通，通则久"（《周易·系辞下》），"道高益安，势高益危"（《史记》卷一二七《日者列传》）。凡此等等，不一而足。这些思想蕴含着互为表里、相依相存、统一转变的深邃道理，无一不散发着浓郁的思辨精神的馨香。

质疑是创新的起点，也是进行创新的一种学习方法。《论语·为政》曰："学而不思则罔，思而不学则殆"，认为只是学习，却不思考质疑，就会惘然无知；只是思考质疑，却不学习，就会疑惑不解，强调要在学习中思考质疑，在思考质疑中学习。中国优秀传统文化中不乏质疑前人的例证，古代教育家提倡学生要"有疑"，认为"疑"不仅可以有助于思维能力的提高，而且可以深入求真创新。在治学上，尤为讲究实事求是、无考不信。就比如说，清代的学者崔述花费二十年的时间写成《考信录》，用于对古代历史进行辨伪和求是。他考订史料采用了接近现代科学的方法，分析综合、去伪存真，获得了比较可信的结论。崔述坚持考而后信，敢于质疑经典和权威。他说："余生平不好有成见，于书则就书论之，于事则就事论之，与文则就文论之，皆无先人之见"[1]。中国优秀传统文化所蕴含的大胆疑古、敢于批判求真的精神，为创新提供了良好的学习方法。

从实践的本质上来看，实践是积极的、能动的创新性活动。而反过来，创新是需要通过实践进行尝试的，并且创新成果是需要实践来验证的。中国传统文化具有浓郁的社会情节，从它产生之日起就与社会现实社会有着密切的联系，学术研究不仅在于自身的理论价值，更在于满足了社会的实际需要，学者的学术研究与社会抱负往往是融合在一起的。由此在中国优秀传统文化中，一直都闪烁着注重"实践"的光辉。譬如：清代学者纪昀说："古之圣贤，学期实用"，这种经世致用的思想，就是主张把学术研究和现实社会的需要结合起来，反对学术研究脱离实际，着意学术研究的实效性、功用性。此类学者往往对社会危机有着比较敏感的觉察，并以果敢的精神正视现实，剖切问题的症结和解决问题。

（三）中国优秀传统文化为创新提供环境支撑

创新的主体是人，创新环境也就是进行创新实践活动的主体所处的环境，可分为主观环境和客观环境。主观环境主要指的是创新主体的心理状态，而客观环境又可分为自然环境和社会环境。

在主观环境，创新主体的心理状态主要侧重心理健康方面，心理健康是指个体能够充分发挥自身的身心潜能。中国优秀传统文化能够塑造创新主体的心理品质，在心理健康方面，能够促进创新主体健康发展。中国优秀传统文化所体现的顺自然而以人为本、循人伦而以和为本的人文精神，为心理健康活动提供了非常可靠的思想保障。以人为本充分尊重了人的个体价值。以和为本体现了人与外部的和谐，还充分体现人自身的身心和谐；"和"主张人的情感保持中和，心境的平和，达到和而乐的境界。《中庸》说"喜怒哀乐之未发，谓之中；发而皆中节，谓之和"。除此以外，中医的保健术，太极拳等都可以使人的心境放松入境，达到消除人内心的恐惧、忧思、烦恼的不良心

---

[1]　张舜徽. 中国古代学者百人传 [M]. 北京：中国青年出版社，1986.

境的功效，促进心理健康。《黄帝内经》中就总结出"怒伤肝，喜伤心，思伤脾，忧伤肺，恐伤胃"的论断。

在客观环境，人与自然环境的关系方面，创新主体产生与自然、社会之间的对抗冲突，势必会导致创新活动的终结。自然环境为人进行创新实践活动提供了物质前提，自然资源越富饶，社会物质财富就会越丰裕，为创新实践活动提供的物质条件就越好。在相同的社会条件下，优美的自然环境有助于净化心灵、陶冶情操、开启睿智，有利于人的创新思维的充分发挥。"天人合一"是中国传统文化的基本精神，强调人与自然的和谐统一。董仲舒说："天地人，万物之本也。天生之，地养之，人成之，……三者互为手足"。因此，中国优秀传统文化历来都是在歌颂自然，主张走进融入自然、呵护自然。自然万象的丰富意蕴给人们提供了无限的想象空间，从自然中可以感悟生命，获得人生的蕙质兰心，使人的心灵在山水之间得到无限的延展。因此，"夫大人者与天地合其德，与日月合其明，与四时合其序，与鬼神合其吉凶，先天而天弗违，后天而奉天时"（《周易·文言》）。

在客观环境，人与社会环境的关系方面，包括人与人、人与社会的关系。人与人之间的和谐相处，是创新活动的必要条件。因为当代创新活动，要求是在众多个体在团结协作、共同参与完成的。不健康的人际关系，只会导致组织内部的"内耗"，根本不可能完成创新的，人与社会的关系实际上决定着一个人能够发展到什么程度。我们的优秀传统文化充分肯定人是世间一切存在物中最有价值者，每一个人都要对他人、对社会履行一定的道德责任和义务。孔子就认为，"爱人"是人与生俱来的一种本性。凡是有人群的地方，就存在着彼此相爱的关系。这种"仁者爱人"的思想是维系人际关系和谐、社会秩序稳定的纽带。此外，中国优秀传统文化讲究兼容并蓄、包容了汇通的学术主张，为创新人才培养提供了宽松、开放的人文社会环境。

（四）中国优秀传统文化为创新提供价值引导

创新是求真、求新的社会实践活动，它追求的是有社会价值的成果，具有强烈的社会属性。只为创新而进行的创新不是一种有功德、追求真善美、具有生命力的创新。真正的创新需要考虑责任、伦理、道德等社会层面的因素。这种创新是创新从技术、知识层面向精神层面的跨越。中国优秀传统文化能够彰显社会责任、历史使命感和忧患意识，坚守求真务实的诚信观，倡导重义轻利的义利观等，这些正确价值取向是中国优秀传统文化固有的内在属性。《论语·子罕》就指出："知者不惑，仁者不忧，勇者不惧"。所以，创新之中蕴含的价值、情感因素，可以通过中国优秀传统文化来提供引导来实现。创新动机"质"的好坏取决于价值定向，是创新个体实现自我的要求，也是创新群体对社会发展进步的要求。追求责任、伦理、道德为价值标准的创新本质，使得中国优秀传统文化与创新有了同一性。

二、中国优秀传统文化教育与高职院校创新人才培养的内在统一

高职院校的四大职能中的首要职能就是人才培养，高职院校是通过文化培育创新人才的，文化是要内化到认知者的本体中去的，要成为个体灵魂深处的东西，说到底就是利用文化开展育人工作。中国优秀传统文化作为社会主义先进文化的重要组成部分，高职院校需要传承和弘扬中国优秀传统文化。中国优秀传统文化崇尚独立的人格，具有怀疑批判的精神，具备"和而不同"的思维方式，是"崇尚理性"的文化，蕴涵着极其丰富的创造力。此外，创新素质中的创新人格决定和影响主体的创新能力。人格即个性，是人在一定社会环境和社会系统中能动地形成的个体相对稳定的心理品质，表现在知、情、意等心理活动的各个方面，包括了个体认知能力的特征，行为动机的特征，情绪反应的特征，态度和信仰的特征，道德价值的特征等。创新人格表现的主要优秀心理品质作包括：远大的理想抱负、坚定的信念、极强的自信心、坚强的意志、不满足于现状、勇于进取、勤奋善思、独立性、强烈的好奇心、专一等。中国优秀传统文化具有很多与创新性或创新能力培育有关的宝贵品质，如自强不息的人生态度、厚德载物的价值理想、笃学求真的知识态度等。总体来说，中国优秀传统文化具有丰富的创新基因，只不过由于客观条件的限制，没能够在封建社会里得到很好的表达机会。因此，中国优秀传统文化构成了创新人才培育和创新性或创新能力提升的丰富资源。依据创新人才的基本素质特征，思想道德素质、科学文化素质、实践能力素质、身心素质、创新素质等方面的培养和获得都需要中国优秀传统文化的引导和激发，虽然，关于创新的话题很多，将中国优秀传统文化教育融入创新人才培养体系当中去，并非是"创新是个筐，什么都能往里装"的现象。中国优秀传统文化注重人的自我塑造、自我完善，强调知识与品格、理智与情感、理性与信仰、责任与道德的统一，主张仁智双彰，美善相成，德才兼备。中国优秀传统文化能够教化、熏陶、塑造出优秀的创新人才。

在高职院校当中，增强中国优秀传统文化的渗透和教育培育高素质的创新人才，加强中国优秀传统文化的育人作用，是培育创新人才的有效途径和重要方法，也是对传承和弘扬中国优秀传统文化的应然回答。

三、中国优秀传统文化教育对创新人才素质的提升

目前，高职教育教学改革过程当中，创新人才培养体系的构建是一个重要的课题。高职院校创新人才的培养应该首先立足于学生创新素质的培养，以此来达到学生综合素质的全面提升，最终实现学生自由而全面地发展。创新人才应该首先具备人才的基

本特征，即具备全面的素质，还应该比一般性的人才在创新方面有更大的潜在的能力。因此，高职院校创新人才培养可以理解为以围绕提升创新素质为目标，在教育教学过程当中加强思想道德素质、科学文化素质、实践能力素质、身心素质等各方面素质的全面提升。

高职院校不仅是培养创新人才的重要基地，也是文化传承、创新的重要载体和源泉。高职院校通过文化传承培育高素质的创新人才，也具体体现为高素质的创新人才在文化创新上做出应有的贡献。由此可见，育人归根结底是文化问题，需要从文化的视角找寻解决的路径。中国优秀传统文化作为社会主义先进文化的重要组成部分，传承创新优秀传统文化是高等教育的使命所在，优秀传统文化教育的目的不是复古守旧返本，而是为了传承创新升华。中国优秀传统文化浩如烟海，而中华民族精神则是优秀传统文化的深层内核和灵魂，是优秀传统文化要义和精华的凝聚。因此，优秀传统文化的精神实质是中华民族精神，而中华民族精神的培育和弘扬需要通过优秀传统文化育人功能才能得以实现。在高职院校环境中，中国优秀传统文化教育的目的在于推动民族精神的培育，与之相对应，高职院校是弘扬中华民族精神的重要阵地，民族精神的培育对高职院校创新人才素质的全面提升具有决定性的作用。

（一）对思想道德素质的提升

思想道德决定整个教育的方向，这是由社会主义的办学性质所决定的。思想道德素质的高低，决定了人生的境界。思想道德素质是创新人才素质中最重要的素质，起着统领和制约作用。通俗易懂地讲，思想道德素质决定了创新人才发展的大方向。作为现实永恒的宝贵资源，中国优秀传统文化可以丰富创新人才思想道德教育的内容。中国优秀传统文化教育能够使创新人才树立"精忠报国"的社会责任感，倡导"天下为公"的爱国主义精神和"自强不息"的进取精神，树立整体意识。在传统文化的源头活水中，先贤圣哲慨然以天下为己任、国家至上的情感已形成强大的责任爱国洪流。从"狐死正丘首，代马依北风"到"遥望中原怀故土，静观落叶总归根""未曾一日忘中国"，还有班固（"国耳忘家，公耳忘私"）、苏洵（"贤者不悲其身之死，而忧其国之衰"）等这些伟大的史学家、文学家，他们自身不仅是爱国尽责的典范而且为后世留下的作品中更是饱含对祖国、对民族强烈而深沉的挚爱以及责任感。中国优秀传统文化感染、教育和激励着创新人才，成为创新人才敢负责任、舍己救民、忘死报国的强大的精神动力。这些都是我们提升创新人才思想道德素质的重要源泉。

（二）对科学文化素质的提升

科学文化素质的培养属于智育的范畴，创新人才必须具备优秀的科学文化素质。创新人才优秀的科学文化素质首先应该包括从事创新活动的相关理论知识和业务技术知识，当今科学技术的加速发展，使得各个学科间相互联系也更加紧密相关，人类在研究和解决一些重大问题时，单靠某一学科的理论是无法完成的。这种科学技术的综合化、整体化的趋势势必对人才提出更高的新要求。现代创新活动的开展，要求用人文精神引领科学精神，这就要求创新人才不仅应该具备广博的知识素养，而且要求创新人才必须具备自然科学和人文社会科学两种文化交融的素质。中国优秀传统文化中的自然科学理论直至今日仍熠熠生辉。譬如，诗经中的农业科学，墨经中的物理学原理，天文气象学，中医学等。相对比现代自然科学，尽管某些自然科学理论已经过时，但其呈现的整体性思维、价值取向、理论基础仍然有效地指导着现代自然科学的发展。优秀传统文化中的人文社会科学理论更是不计其数，具有鲜明的人文倾向，蕴含着丰富的伦理学、文学、政治学、管理学等诸多学科的理论思想。中国优秀传统文化体现的兼容并蓄包容精神，可以使得创新人才处于宽松、自由的学术环境，开放性地充分吸收人类的各种优良成果。由此，优秀传统文化教育可以使得创新人才更好地从宏观上、整体上系统地从事创新实践活动，并且能够从中更好地得到创新的启迪和灵感。

（三）对实践能力素质的提升

创新人才的实践能力是将理论转化为实践，抽象知识转化为实际成果的一种能力。就目前我国的教育体制而言，过往的教育氛围的束缚我们不去进行过多赘述，高等教育的开放性、活跃性、专业性等特点，以及人才于此阶段的生理心理特征，使得高等教育成为开发人才实践和创新能力的绝佳时期。在理论与实践的辩证关系问题上，中国优秀传统文化中所表现的精神主张是面向实际，以高度的历史责任感，胸怀"丈夫贵兼济，岂独善一身"的志向，把个人命运和学问求知的落脚点系挂在济世安民、服务社会、解决现实问题、致治国家繁荣和社会进步上，反对空疏理学和腐儒清淡、坐而论道的陋习。其精髓是密切结合社会的实际情况，强调主体的实践能力，具备笃学致用的求真精神，去探讨学问的具体应用和实用功能。王夫之在《古文尚书·说命》中就讲到"知之非艰，行之惟艰"，证明行重于知。中国优秀传统文化体现着深刻的笃学致用、知行统一的求真实践精神，中国优秀传统文化教育在创新人才培养体系中的合理融入，对创新人才实践能力素质的提升无疑是非常有益的探索。

（四）对身心素质的提升

创新人才身心素质体现为对身体素质和心理素质要求的双重结合，身体素质是心理素质的前提，健康良好的身心素质是高职院校创新人才成长成材的关键和基础。身心素质的下降，势必会影响高职院校创新人才培养的质量和成效。近些年来，各地高职院校也开始逐步重视并加强对学生身心素质的培养。

身体素质的培育主要通过加强体育锻炼以及科学的养身方法，我们古代的先贤智者把人分为"身"和"心"两个部分，"身"为肉体，"心"是心灵，身有形而心无形，提出了不少养生之论。比如，高情感而益全身的太极拳运动，这种体育健身运动不仅可以怡情而且对全身各个系统都颇有疗效，国内不少高职院校已经将其纳入学生的体育课程当中，其养生健身的疗效在长期的实践中得到了证实。

心理素质的培育从理论上讲是可以从多方位和多角度着手开展的。然而，就现实而言，高职学生及其产生的"心理问题"大多具有鲜明的"中国特色"，心理素质的培育不能完全照搬西方的心理教育理论和方法，针对"中国人的心理模式"，心理素质培育的本土化取向更能"因地制宜"而引起共鸣。中国优秀传统文化无论是历史文献还是文化典籍，丰富多彩、异彩纷呈的心理理论都蕴含其中。诸如儒家主张的"修德养心""吾日三省吾身"的自我心理调节、"内圣外王，格物致家"的价值取向，道家力推的"恬静养神"等。这些文化所蕴含的思想满足了创新主体在心理调适和价值追求以及健康心理维护等多方面的需求，仍然能够给现代人才的心理素质培育以启迪。

（五）对创新素质的提升

创新人才的创新素质是与创新实践活动直接相关联的素质要素，它包含了五个要素的内容：创新意识、创新思维、创新知识、创新能力、创新人格。创新素质作为创新人才素质当中的关键素质，创新素质当中的创新意识、思维、品格都是从人的个性心理特征、思维方式以及个人意愿等方面对创新人才的培养对象进行的训练，是优秀传统文化的主要培养作用和目的。意识是开展创新活动的起源，创新思维具有独创性、不可预知性等特征，而灵感、顿悟都是长期的文化熏陶下的结果。品格、创新的意志、情绪等都是和人文素质教育的范畴理念相契合的。

在创新素质的五个要素当中，创新思维是思维的高级形式，是创新活动的内在驱动力，与一般的思维比较而言，创新思维具有流畅性、变通性、独特性等特征。

首先，中国优秀传统文化中整体联系的视野可以强化思维的流畅性。流畅性指的是思维的灵敏速度畅通无阻，思维是否流畅以及流畅程度的大小，取决于一个人的辩证思维能力的强弱，是与他能否全方位把握事物的普遍联系直接相关的。中国优秀传统文化的显著特点就是统贯天人的整体联系思维，这种思维把世界看成是一个统一联系的整体，着重探索天与人、主体与客体、自然与社会等各方面之间的联系，以便于从整体联系地把握事物的规律。例如，中国优秀传统文化当中的"五行"学说，现实生活当中的季节、方位、音乐乃至人体器官等都可以分成与五行相对应的五类，最生动的例子就是中医就不主张"头疼医头，脚痛医脚"就事论事割裂的治病方式。五行虽然各自独立，但是它们之间是紧密联系的，并非孤立存在的，五行间通过相生相克的联系共同构成一个大的有机整体。

其次，中国优秀传统文化中变化发展的思维视角可以强化创新思维的变通性。变通性指的是思维能不断地根据时间、地点、条件的变化，不断地改变思维视角，善于从不同的方面去观察问题、分析问题，以创造性地解决问题的能力。思维能不能进行灵活变通，是与一个人的辩证思维能力的强弱成正比的，与他能否从不同的角度把握事物的变化发展是直接联系的。中国优秀传统文化历来主张"穷变通久"，认为人类历史的演进就是一个不断变化的过程，世间万事万物永远处于变化之中，没有永恒的对与错。诚如，东汉思想家王符就曾明确指出："且夫物有盛衰，时有推移，事有激会，人有变化。智者揆象，不其宜乎！"（王符：《潜夫论·边议》）。"物有盛衰"泛指社会、自然、人事的一切变化，"时有推移"指时代的变化。作为智者，就应该根据时代的变化采取相应的措施。

再次，中国优秀传统文化中质疑求新的思维触角可以强化创新思维的独特性。独特性又称新颖性或者求异性，指的是以不墨守成规、不因循守旧、敢于大胆怀疑、敢于挑战权威为前提，用新角度、新观点去认识事物，并提出超越现存的新观念、新方法、新答案。思维独特性的发挥取决于一个人能不能从不同的角度去认识事物，去解决事物，从质疑求新的思维触角去认识万事万物。中国优秀传统文化不乏敢于批判质疑超越求新的例证，例如，明代地理学家徐霞客就曾经亲身足迹遍四方，不畏艰险，勇于探索，发前人所未见，开创了近代地理学的研究方法，纠正了很多流行几千年的谬误。

在创新素质的五个要素当中，创新人格的塑造是创新素质发展的关键，创新人格是一种动力连贯一致的内部倾向，属于非智力素质的范畴。在创新实践活动中，具备创新人格的个体，能够表现出有利于创新活动的各种优良品质，可以很好地实现对自身创新能力的驾驭，创新个体通常具备较强的创新意识和创新精神，创新人格不会自然形成，是长期社会化的结果，具体表现为创新个体的创新信念价值以及态度等方面。从本质上来讲，塑造人才创新人格的核心实质就是解决其人生价值观问题。人生价值观是指人们对与自己需要相联系的人生目的、人生意义以及人生道路进行评价和追求时所持有的内在尺度。文化尤其是优秀传统文化有助于塑造创新主体的健康人格。通过优秀传统文化教育及人文底蕴丰富的社会实践，可以拓宽创新主体的人生视野，使他们增长知识才干，磨炼意志，张扬个性优化心理品质，提高创新活力，通过倡导优秀的文明风尚，开展正确的价值观教育，使学生坚定不移地将自己人生价值同创新活动相联系，强化创新定力。

第三节　高职院校创新人才培养中优秀传统文化育人机制

中国优秀传统文化教育对于促进和加强高职院校创新人才的培养具有重要的理论意义和实践价值。尤其是在高职院校创新人才培养处于困厄、迷离之际，遭遇"创新—发展—经济"结盟的工具理性语境，让我们忽略了对创新人才人格的关照、信仰的探问、道德的陶冶、心灵的点亮、精神的引领、意识的培育等人本关怀的向度。中国优秀传统文化作为中华民族的根基和标志，此时更应该挺身而出，而不是随着教育的工具理性思潮随波逐流。目前而言，中国优秀传统文化教育对高职院校创新人才的培养还存在着很多本源性的不足。因此，我们更加需要不断进行实践研究，进一步改革创新中国优秀传统文化教育，从根本上充分凸显在高职院校创新人才培养中的育人功能。

一、理论层面

（一）找准目标，精选内容

中国优秀传统文化内容浩如烟海、博大精深，高职院校优秀传统文化教育内容的选择是高职院校教育者们所面临的难题。如何使选择更加趋于科学、合理，并与现代教育理念、创新人才培养素质要求相结合？需要我们找准创新人才培养的目标，精心选择优秀传统文化教育内容，统筹兼顾，突出重点。

1. 优秀传统文化教育内容的选择，要与创新人才的人生价值观相结合

纵观历史上对人类做出重大贡献的杰出创造者，无一不具有为人类奉献的崇高道德理想。中国优秀传统文化蕴含丰富的理想道德教育内容，是进行创新人才人生价值观教育的宝贵精神资源，优秀传统文化的现代教育转化是创新人才树立正确人生价值观的重要思想基础。

2. 优秀传统文化教育的内容选择，要服务于人才创新人格的塑造

创新人格是创新人才的理想人格，为人才创新素质发展提供动力和方向保证，是创新意识和精神在心理层面的映射，为人才创新能力的发挥提供动力支持。中国优秀传统文化中理想人格塑造理论内容丰富，不仅具有深刻的历史价值，同时也会拥有强烈的现实意义，这些理论的融合毫无疑问是制动创新人格运转的引擎。

3. 优秀传统文化教育内容的选择，要与人才创新意识、创新思维相协调

意识是人对客观现实的高级心理反应形式，而思维则是人的意识的高级形式。中国优秀传统文化包含着爱国、责任、求真、思辨、变通、发散、存异等现代创新意识、创新思维的意蕴，这些凸显创新意识和创新思维方式的内容与现代教育合理融入，不仅是创新人才培养的需要，而且是社会实践发展和传统文化教育内容扩展的必然诉求。

4. 优秀传统文化教育内容的选择，要能够弘扬和创新中国优秀传统文化是其基本的要求

中国优秀传统文化教育内容的选择要贴近高职院校教育教学实际，贴近学生的学习和生活。在教与学的过程当中，能够充分有效弘扬和创新中国优秀传统文化。要深刻理解中国优秀传统文化的精髓，要全面、多维、具体深入地对中国优秀传统文化进行认真的研究和梳理，才能够选择适合高职院校创新人才培养需求的内容。物质的和非物质的优秀传统文化形态都可以作为内容选择的对象，诗歌、书法、戏曲、节日、礼俗、武术、养生等，要学会雅俗共赏，让各式各样的优秀传统文化进入课堂、进入校园、进入生活。

（二）客观分析，探究原则

原则不是研究的出发点，而是它的最终结果。这些原则不是被应用于自然和人类历史，而是从他们中抽象出来；不是自然界和人类去适应原则，而是原则只有在符合自然界和历史的情况下才是正确的。因此，可以说中国优秀传统文化教育的原则是贯穿于优秀传统文化教育始终且必须要遵循的基本准则，它反映出了优秀传统文化教育的客观规律。客观分析并探究运用这些原则，对优秀传统文化教育活动的顺利开展具有非常重要的理论价值。

1. 实践性原则

在中国古代教育思想中，历来反对学术研究脱离社会实际和生活实践，这种知行观主张教育活动面向人生，面向社会现实，着意教育的实践性。

朱熹曾说："知与行功夫须着并行。知之愈明，则行之愈笃。行之愈笃，则知之愈明，二者皆不可偏废"（《朱子语类》卷一四）。所谓知行统一原则是指在通过开设有关优秀传统文化教育的必修课或者选修课主渠道教育的同时，注重将优秀传统文化精神通过各种途径付诸实践，见之于创新人才的日常学习和生活之中。通过躬行实践，使得创新人才在学习和生活中进一步领悟优秀传统文化精神，践行优良传统，引领创新实践。

2. 主体性原则

中国优秀传统文化主渠道教育中"教"与"学"的矛盾是比较突出的。从一定程度上来讲，这种现象也是高等教育乃至整个教育体系共性的难题。中国优秀传统文化内容不仅广博并且其载体多以文言表达形式出现，容易使得人文基底较为薄弱的学生产生晦涩难懂、枯燥无味的感觉。教师如若是没有见过意趣，学生必不乐学。这种困境不仅对教师的主导地位提出了挑战，而且也忽略了学生的主体性地位，势必会减弱其育人功效。因此，在充分凸显优秀传统文化育人功能的前提下，高职院校传统文化教育工作者应该自觉提高自身的人文素养和水平，同时充分尊重学生的主体性地位，着眼于学生的发展，了解他们的诉求，以调动学生自我教育的积极性。教师应该组织好课堂教学，可以通过经典阅读、影视观赏、自编自演等多种表达形式让学生主动参与，将优秀传统文化的魅力充分展现出来，进而能够激发高职学生求知、求真、求善、求美、求新、求变的强烈欲望。

3. 创新性原则

文化发展的主线是传承，但如果仅有传承，而没有创新，优秀传统文化就只能原地踏步，不能够很好地适应新变化和新局势。历史证明，文化的成功传承，总是与创新发展紧密相结合。中国优秀传统文化是中华民族精神和气质的"根脉",真正的传承必然是有所创新。与此相同,现代文化的发展对优秀传统文化的抽离,自身必将成为无源之水、无根之木。因此,我们在坚持优秀传统文化主体性的前提下,要跟上时代节奏,敢于创新和发展,才能够使得优秀传统文化永不枯竭、与时偕行。从某种程度上讲,这种文化的创新也是对创新人才培养的助推。

4.层次性原则

早在两千多年以前,教育家孔丘就提出了"有教无类,因材施教"的教育思想,其中"因材施教"讲的就是层次性原则。具体是指我们在教育实践中客观认识到学生之间的差异性存在,这种差异包括了每个学生的能力、志趣、个性等都不尽相同,在此基础上,按照学生不同特点并结合实际给予相应层次的教育。因此,高职院校优秀传统文化教育同样不能搞"一刀切",依照创新人才不同的专业背景及其掌握优秀传统文化的水平划分层次,循序渐进,合理融入。专业教育和优秀传统文化教育二者要科学搭配、层次分明,优秀传统文化教育不要"喧宾夺主",专业教育更不能"目空四海"。另外,需要把握的一点是:"层次不等同于等级,层次的划分是相对的不是绝对的,也不是固定不变的"。

(三)发散思维,创新方法

优秀传统文化教育对创新人才培养育人作用的实现、效果的好坏,都离不开科学的教育方法的正确运用。时代背景和条件都在变化,人们的思想活动特点也在深刻变化。只有发散思维,坚持方法的创新发展,才能使得优秀传统文化教育始终保持着生机和活力,发挥出应用的育人功能,充分实现其价值。

1.寓教于乐

教育要顺应学生的性情,寓教于乐,使学生体会到一种乐趣。可以讲,寓教于乐的教育方法是对优秀传统文化教育坚持主体性原则的最好呼应。长期以来,高职院校优秀传统文化教育主要是通过"自上而下"的显性灌输形式开展的,这种"你讲我听,你打我通"的教育方式而忽视了受教育者的主观感受,教育效果也收效甚微,实质是学生主体性的缺失。在高等教育阶段,优秀传统文化教育方法应该灵活创新,寓教于乐作为一种间接的、隐性的、喜闻乐见的教育方法,它着眼于无意识的视听,将优秀传统文化知识深藏于文体活动、旅游参观、志愿服务、大众传媒等活动载体之中,春风化雨般地熏陶育人。这种教育方法贯穿于学生学习环境和生活空间,可以巧妙地使学生身心愉悦地有效掌握优秀传统文化知识并领悟其精神内涵。与此同时,这种学习与乐趣的结合,使得学生的情感、想象、记忆等心理活动都处于积极饱满的状态,既获得了文化知识,又可以充分调动右脑半球的功能,进而激发学生的创新意识、创新欲望和创新潜能。

2. 善思论辩

中国优秀传统文化博大精深、内含丰富。诚如《易传》中提出"书不尽言，言不尽意"，指的就是语言、文字并不容易完全确切地表达思想内容。在学习中国优秀传统文化过程中，同一文本往往可以引申出多种意境，可以获得多种感受和理解，并非不一而论。古代教育家认为在师生之间、学生之间展开论辩是促进思维能力发展的有效措施，不赞成"无所不悦"的态度。在高职院校传统文化教育教学过程当中，如果我们强制性地用一个标准释解，势必会打消学生学习的主动性和积极性。中国优秀传统文化历时千年，时至今日，很多哲理是否需要认真思考并结合当今现实进行创新，使之更容易被理解和接受，重新树立其价值，这些问题的解决通过论辩不失为好的方法。善思论辩的教育方法能够加深学生对优秀传统文化的理解层次，活跃思维，培养创新习惯，激发创新灵感。

3. 言传身教

在传统教育思想中，孔丘讲究对学生的教育，不仅有言传，更注重身教。通过严以责己，以身作则来感化学生。孟子也主张教师必须首先端正自己，用正道教育学生，"教者必以正"（《孟子·离娄上》）。在高等教育阶段，学生的心智能力和评判标准都已经相对成熟和客观，教师教育中如果若是存在言传与身教"两张皮"的教育方法，出现言与行之间的矛盾对立，势必会降低学生对教师的信任度和知识的认可度，教育效果就会出现"零效应"甚至"负效应"的现象。俗话讲的好："喊破嗓子不如做出样子"。因此，师生之间的交流和交往理应以真诚和行为标准作为支撑，才能够保证言传在主体间真正被理解。教师在优秀传统文化教育中绝非只是单纯地传授传统文化知识，而是需要在日常学习和生活中身体力行，以身作则来体现和传递对于优秀传统文化精神的深刻感知及其所含人生价值观的自觉认同和厉行。

4. 对比分析

目前，经济的全球化已经扩展到政治、文化的全球化，当异质文化与民族文化的碰撞，在遭遇西方"文化霸权"主义时，其背后往往裹挟着意识形态和价值观的渗透。此时，我们更应该积极地传承并弘扬我们的优秀传统文化，帮助高职学生树立正确的人生价值观。这种人生价值观教育不是通过强制灌输进行的，而是可以通过对比分析、自由选择、内省践履等方法澄清出来的，给高职学生留一个开放的思考人生价值的空间。我们不但要让高职学生接触已经在形成的多种文化态度和文化形式，还要促使高职学生学会辨别什么是错误的、正确的究竟是什么，更要引领与培养他们对优秀传统文化的深度思考能力。强调教师在教育教学中主导作用的同时，培育高职学生宽容与开放的心态，尊重多样化，培养高职学生自主判断选择以及对比分析的能力。这样才能够真正有效地帮助他们实现自身的传统文化修养来参与优秀传统文化个性化、建设性、创造性的表达。

二、实践层面

（一）贯彻优秀传统文化育人理念，做好创新人才培养目标设计

思想是行动的前提和保障，有了正确思想的引导，行动才能有本可依、有章可循。科学、先进的教育理念是培养高职院校创新人才培养的思想先导。开展优秀传统文化教育，需要从根本上转变思想，更新创新人才培养观念，提高优秀传统文化教育在高等教育阶段的地位，树立自由全面发展为核心的教育发展观。

在高职院校创新人才培养目标上，坚持专业知识学习和思想道德修养的统一、知与行的统一、身与心的统一，强化实践能力培养，注重培育创新人才的主动精神和创新思维。把创新人格和创新思维的培养的放在高职院校创新人才培养目标的核心位置上，这是高职院校创新人才培养的关键。

（二）培养具备创新意识的优秀传统文化教育教师队伍

中国优秀传统文化的内容丰富，开展优秀传统文化教育是一项知识性、综合性很强的育人工作。高职教育工作者首先需要全面掌握优秀传统文化知识，深刻领悟优秀传统文化内涵的精神，具备开展优秀传统文化教育的高素质。在这种基础上，高职教育工作者还应该着重提高语言表达能力、创新能力、运用新科技的能力。

高职院校传统文化教师需要具备强烈的创新意识，这是由优秀传统文化教育的创新性原则所决定的。具备创新意识的教师绝非是古代圣贤的"代言人"，而是更加需要注重优秀传统文化的现实转换，结合时代要求，创新性地赋予优秀传统文化鲜活的时代特征，这种"守成创新，不失本色"的理念是对优秀传统文化最虔诚的信仰。传统文化教师强烈的创新意识将深刻影响到高职学生创新能力的培养，他们强烈的创新意识和创造力，对高职学生来说毫无疑问具有极强的示范作用，能够以点带面，潜意识地给高职学生的创新行为带来极大的感染力和带动力。

（三）注重优秀传统文化教育第一、二、三课堂的有机结合

在教育理论当中，第一课堂是以理论知识的传授为教育模式；第二课堂内容形式多样化，强调互动交流和发挥创造；第三课堂则强调社会实践。

优秀传统文化教育第一、二、三课堂的有机结合可以更好地引发启导学生，第一课堂系统地理解并接受优秀传统文化知识，第一课堂学习定会让学生产生思考和疑问，学生可以带着问题进入第二课堂，在课堂之外进行知识的学习。第二课堂将优秀传统文化学习置于善思论辩、自由活跃的学习氛围当中，能够充分实现学生的主体性地位，提升学生的参与度，引发对优秀传统文化的深入思考，使得第一课堂获得的优秀传统文化知识在第二课堂得到延伸和补充。第三课堂是对第一、二课堂的学习在校外的社

会实践拓展，社会实践不仅是高职院校创新人才培养的重要途径，也是高职学生优秀传统文化教育的重要环节。名人故居、爱国主义教育基地、历史文化遗址等都可以作为高职学生优秀传统文化教育实践的场所。第三课堂让高职学生在实践中接受新知，通过亲身参与校外的社会实践，加强高职学生对优秀传统文化精神的领悟，进而升华为热爱优秀传统文化的由衷情感，并最终落实到个人对于优秀传统文化的日常践行之上。

（四）编写针对性教材，调整课程设置

1.编写针对性教材

在高职院校，优秀传统文化教育需要高质量、针对性的教材作保证。就目前现状而言，在高等教育阶段，专门用于优秀传统文化教育的高质量成熟的教材是极少的。在很多高职院校，选修课使用的甚至是任课教师的讲义，师生都没有规范性的教材，周围的教材资源多是"大杂烩"，这在很大程度上严重制约了优秀传统文化教育的开展。因此，我们需要结合创新人才培养的实际需求，在编写教材时，要将最能体现优秀传统文化精神、以及人生价值取向的文化知识、激发创新精神的内容编写入教材。另外，我们还要注意所选文化知识的可读性，使得篇幅和内容显得短小精悍。在教材编写上，我们也可以结合高职院校所在地区实际，因地制宜，合理开发和利用地域性的优秀传统文化资源。还应该根据不同学科特点采用不同的编制形式，科学合理搭配。

2.调整课程设置

高职学生进行优秀传统文化教育主要是通过教师课堂讲授进行的，国内很多高职院校在优秀传统文化课程内容和力度的设置都是远远不够的。这种情况在工程技术类院校尤为突出，出现了"技术知识似海洋，人文知识如沙漠"的不合理设置怪象。另外，在本科生培养阶段，国内相当一部分高职院校还是开设有与优秀传统文化相关的必修或选修课。我们应当立足于各高职院校实际，调整课程设置，将优秀传统文化的学习纳入必修或者选修课程当中。在基础课当中，我们也可以适当加入有关优秀传统文化的教学内容。另外，我们要敢于打破各个学科之间的壁垒，逐渐实现了各个学科之间的相互融合，将中国优秀传统文化元素科学合理地渗透到各个专业学科当中去，尤其要在各个人文社会科学中积极渗入中国优秀传统文化内容。充分注重优秀传统文化教育，让高职学生在知识的熏陶中长才干、勇创新。

（五）营造凸显优秀传统文化的育人环境

环境是无言之师，育人于无痕之中。环境是成长的土壤，要培养高职院校创新人才的全面发展，就离不开良好的育人环境。育人环境的营造需要高职院校加强物质文化、精神文化、制度文化三位一体建设，将正确的教育理念、良好的学风教风校风和规章制度的建设与校园建筑、教学设施和各种人文景观的设计和建造紧密结合，积极

融入中国优秀传统文化精神，呈现出了优秀传统文化的精髓和意蕴，倾力打造高职学生优秀传统文化教育的软、硬环境。充分利用校园网络、广播、展板刊物等传媒为平台，积极宣传优秀传统文化。将优秀传统文化精神渗透到亭台轩榭、雕台镂窗、校园雕塑、书画长廊等各种校园人文景观当中，最大限度地凸显了具有优秀传统文化精神的"人文景观"。

第六章　高职院校德育文化立德树人模式

第一节　高职院校立德树人理论创新研究的重要性

一、立德树人是时代赋予高职教育的使命

当今世界的综合国力竞争，说法很多，有经济实力的竞争、自然资源的竞争、科技实力的竞争、人力资源的竞争，但是说到底还是人才竞争。随着世界多极化、经济化全球化深入发展，国际经济格局发生了新变化，综合国力竞争愈加激烈，知识创新越来越成为提高综合国力和国际竞争力的决定性因素，人力资源越来越成为推动经济社会发展的战略性资源，许多国家都把教育和人才优势作为国家最核心的战略利益。进入 21 世纪以来，我国社会主义现代化建设全面推进，综合国力显著增强，但是资源环境约束日益加大，全面深化改革开放和转变经济发展方式任务艰巨。

青年学生要担负起实现社会主义现代化和中华民族伟大复兴的历史使命，必须全面提高素质。目前，我国青年学生的素质总体上是好的，但同时要看到，在深刻变化的国际、国内形势下，青年学生成长的社会环境更加复杂，思想道德教育工作遇到不少新问题、新挑战。世界范围内各种思想文化交流、交融、交锋更加频繁，社会思想文化越来越多元、多样、多变，互联网、手机等新兴媒体迅速发展，对于青年学生产生越来越大的影响。我国改革发展中的矛盾问题也反映到青少年身上，学生形成的主流价值观受到一定的干扰，少数学生不同程度地存在政治信仰迷茫、理想信念模糊、价值取向扭曲等问题。学校德育工作的针对性、实效性和吸引力、感染力有待增强，校内外教育衔接等方面还有不少薄弱环节。在这样的形势下，抓住机遇应对挑战，确保我国在国际竞争中占据更为有利的位置，迫切需要把"立德树人"作为根本任务，提高全体国民素质。把"立德树人"作为教育的根本任务，培养德智体美全面发展的社会主义建设者和接班人是我国教育的本质要求，也是中国特色社会主义教育发展道路的根本使命。

二、立德树人是高职院校思想政治教育的根本任务

立德树人是高职学生思想政治教育的必然要求，也是思想政治教育的根本任务，立德树人决定着思想政治教育的内涵、范畴、功能、目标及其发展方向，也决定着思想政治教育学科的本质属性。立德树人把思想政治理论和实践、先进性要求和广泛性要求结合在一起，把政治、思想、道德等多方面的内容融会在一个体系之中，指明了新形势下高职学生思想政治教育的正确方向，把对高职学生思想政治教育工作规律、特点的认识和把握提升到一个新的高度。因此，把立德树人作为教育的根本任务必然能使高职学生思想政治教育得到强化。

（一）立德树人进一步明确了高职学生思想政治教育的内容

立德树人从教育方针的高度明确了高职学生思想政治教育是高等教育事业的重要组成部分之一。高职院校思想政治教育是高职院校实施并完成培养人各项工作的有机组成部分，是高校的主业之一。思想政治教育的内容是学校教育教学的重要内容，思想政治教育教师队伍是学校教师队伍的重要组成部分，思想政治教育学科是在学校学科中处于基础性、全局性地位的重要学科。因此，高职院校要把思想政治教育同专业知识教育同等看待，把思想政治教育教师队伍同专业课教师队伍同等看待，把思想政治教育学科同其他学科同等看待。

1.进一步明确了高职学生思想政治教育的对象

思想政治教育的对象是"人"，不仅包括了思想层面中的"人"，也包括现实世界中的"人"，二者是辩证统一的。思想层面的"人"带有方向性，现实世界的"人"带有基础性，两种"人"统一于教育全过程、全方位，相辅相成、缺一不可。过去，我们将思想政治教育的对象主要定位在思想层面的"人"，即重视把"人"培养成为思想高尚的"人"、思想纯粹的"人"，而忽视或轻视了现实世界的"人"。而立德树人的理念把思想层面的"人"和现实世界的"人"统一起来，进一步明确了思想政治教育的对象是"人"，根本任务是育"人"，防止了思想政治教育对象的单一性和片面性。

2.进一步明确了高职学生思想政治教育的目标

高职学生思想政治教育的目标就是要实现人的社会关系的丰富性和合理性的提升，人在思想领域和精神境界方面得到了明显提升，其根本目标是使人养成符合社会主义要求的道德品质和素质能力，从而实现人的自由而全面的发展。从表面上来看，高职学生思想政治教育是一种属于思想意识范畴、带有主观性的东西，但是，它是从客观实际出发，根据国家和社会对高职学生的政治、思想、道德、心理要求和青年学生自身全面发展的需要提出的，其内容是客观的。立德树人的目标不仅是立社会主义的德，而且是树社会主义的人，是对思想政治教育目标的细化，二者是紧密相连的。在现代

社会，"立德"和"树人"必须紧密相连，相辅相成。注重"立德"可以塑造出一个好人，但还不足以培养社会发展所急需的合格建设者，还需要"树人"，树德才兼备之人、和谐发展之人。教育要培养能够立足于社会的人才，不但要"立"其德，使其根正，也要"树"其人，使其构筑起合理的知识框架，具备在某一专业领域胜任某项工作的素质和能力。"立德"强调的是人之为人的根本，"树人"强调的是人才培养目标的全面性，将两者结合在一起，才能形成符合现代社会需求的人才培养目标体系。欲树人，先立德，树人要以立德为基础，而立德又会促进树人。坚持立德树人，培养德才兼备、和谐发展的人。思想政治教育的目标与立德树人的目标具有一致性，这种一致性主要体现在立德共同的物质基础上。理想与现实是既对立又统一的。

人在思想政治道德等方面发展是人的精神发展和综合素质提升的需要，它塑造人的灵魂、品德，解决人的思想、信仰、理想问题。共同的物质基础和精神追求决定了二者在"培养人"目标上的一致性，既要使学生成为"社会的人"，使其自觉地接受"共同"的思想政治教育，在受教育中汲取营养，提高思想政治素质；也要使其成为"独立的人"，促进其个性成长，形成独立高尚的人格品质和较高的素质能力。

3. 进一步明确了高职学生思想政治教育的任务

高职学生思想政治教育的根本任务是改造学生的主观世界，使其树立正确的世界观、人生观、价值观，正确认识自己，不断提高认识和改造世界的能力。过去，思想政治教育的任务被片面地理解为仅仅是对人的"德"的培养，务虚而不务实。其实思想政治教育的任务不仅是培养人的"德"，更重要的是"树人""成人"。立德树人根本任务的提出，不仅强调了"德"的培养的重要性，更是强调了"树人"的根本性，把"立德"与"树人"结合起来，就进一步明确了高职学生思想政治教育的任务，主要体现在三个方面：一是更强调促进社会进步和个人发展。社会发展进步的需要要求高职学生思想政治教育必须适应并服从于社会主义物质文明和精神文明发展的要求，以保证其方向的正确性。立德树人要求把社会道德要求"内化"为高职学生的思想观点、理想信念，并把这种内在素质"外化"为行为习惯。"内化"和"外化"的前提是必须符合高职学生的成长规律和心理状况，进而达到社会进步的需要和个人发展的需要的辩证统一。二是更加强调继承和创新。立德树人强调要吸收我国传统教育的精华和国外教育中的有益成分，立足于我国社会主义初级阶段的现实，既要照顾大多数学生的健康发展，又要鼓励先进，把广泛性和先进性结合起来，既坚持社会主义的根本原则和共产主义方向，又有利于中华民族优良传统的发扬，使教学内容和教学任务更具有吸引力、感召力和实践性。三是更加强调整体共性与层次个性。高职学生思想政治教育的任务首先是为培养人才的整体目标服务的。思想政治教育是中国特色的政治教育，"德"的目标具有相对统一性、稳定性，对所有高职院校有一个共同的标准——培育具有社会主义与共产主义思想的人，所有高职院校都要用这个共同的标准去培养学生。但是，不同时间、不同地区、不同类型的高职院校和不同层次的学生，又要求在共性的基础上，实现个性的目标。立德树人既考虑到不同年龄高职学生身心发展的不均衡性、差异性，也注意整体共性的优化，做到了整体共性与层次个性的辩证统一。

（二）立德树人进一步明确了高职学生思想政治教育的方法

1. 必须坚持在党委领导下各部门齐抓共管

党委领导下各部门齐抓共管是高职学生思想政治教育贯彻落实"立德树人"根本任务的根本保证。然而，当前许多高职院校在思想政治教育过程当中，"非全员化"现象非常明显，主要表现为部分学科专业教师"教书"不"育人"、部分管理人员"管理"不"育人"、部分后勤服务人员"干活"不"育人"，高职学生思想政治教育专职工作队伍"势单力薄""心有余而力不足"。因此，高职学生思想政治教育必须要建立起以学校党委为统一领导，各部门齐抓共管的思想政治教育工作格局或组织体系。一方面可以明确"立德树人"的教育实践在学校各项工作中的首要地位和现实意义，纠正部分教职员工认为"高职学生思想政治教育是专职思想政治教育队伍的专利"的错误思想，从而调动全体教师一起来参与立德树人，形成全员育人新体系；另一方面可以通过以学校党委为龙头，上下联动，不同部门、学院以及思想政治教育工作者之间的相互协作，凝聚思想政治教育的强大合力，达到"润物细无声"的教育效果。

2. 必须坚持以人为本

高职学生主体性的发挥程度以及如何调动高职学生积极主动参与，对于高职学生思想政治教育贯彻落实"立德育人"根本任务意义重大。高职学生不仅是立德树人的目的地也是立德树人的"显示器"。因此，首先，高职学生思想政治教育必须坚持"以学生为本"的教育理念，通过不断加强调查研究，及时了解高职学生成长方面的所需所想，把思想政治教育落实到解决高职学生思想和实际问题上来。其次，应格外凸显高职学生角色的主体地位，让高职学生自觉参与思想政治教育。没有高职学生的参与，思想政治教育就等于没有发生。高职学生对于他们自觉形成的价值观，要比他们被动地从别人那里习得的价值观稳固，不易发生改变。最后，高职学生不应是消极、被动的参与者，而应通过确立以高职学生成长为中心的指导思想，尊重高职学生的基本权利，包括选择权、知情权、表达权等，提高其参与度，使得高职学生持续关注社会主义核心价值体系，实现思想政治教育效果的最大化。如果不能做到这些，思想政治教育也许会半途而废或者无法得到充分实施。

3. 必须坚持高职学生思想政治教育的系统运作

"做什么""怎样做"，既是"立德树人"教育实践的中心问题和首要问题，也是高职学生思想政治教育的中心问题和首要问题。高职学生思想政治教育的系统运作，是高职学生思想政治教育主管部门所做的顶层设计。顶层设计对高职学生思想政治教育工作的意义主要在于，高职学生思想政治教育主管部门能够更加有效地控制思想政治教育过程。因为高职学生思想政治教育是一个十分复杂的系统工程，不同形式、不同渠道、不同信息都会对高职学生思想政治教育产生不同影响，从而出现不同效果。因此，高职学生思想政治教育必须坚持系统运作原则，运用系统的方法，从整体上对其进行动态的、多层次的把握。如果不能坚持系统性准则，就会缺乏大局观念，不能从宏观上把握整个教育活动，容易阻断部分之间的联系，产生顾此失彼的现象，影响整体的教育效果。系统运作意味着高职学生思想政治教育主管部门必须高度重视、妥善处理各种关系，使"立德树人"的教育实践活动更有成效。要重点把握三个方面：一是要理顺宏观、中观和微观三个层次的关系，合理地划分功能，既要理清权限，避免相互之间推卸责任或进行简单重复教育，又要协调行动，防止各自为政，各自为故。二是要充分界定目标效果，从整体与部分的关系中把握教育流程。整体不是各个部分的简单堆砌，而是按照一定的顺序有层次地排列。思想政治教育工作的顶层设计应从"大处着眼"，树立全局观念，在考察每一项活动对高职学生道德认知、情感以及行为的影响时，都需要与下一阶段的教育活动的设想联系起来，形成一个连续和累加的教育过程。三是要从动态角度对整个系统随时做出相关调整。教育效果是诸多教育要素相互作用产生的集合效应，对于这些要素既要做出具体的分析，也要进行系统的分析和综合性研究，了解这些要素的变化对整个体系的影响，一旦发现问题就及时进行调整，改进教育过程。只有这样，才能实现思想政治教育整体效果的最大化。

4. 必须创新高职学生思想政治教育工作方式方法

形势在变，高职学生在变，高职学生思想政治教育要想取得实效除了要明确"立德为先"之外，还必须紧密结合现实的社会发展的实际要求，遵循"立德树人"教育实践本身应有的规律，不断创新工作方式方法。在高职学生思想政治教育实践过程之中，要围绕着"培养德智体美全面发展的社会主义建设者和接班人"这一教育目标和教育实践过程中的各要素，包括指导思想、目标效果体系等，明确应突出什么不突出什么，什么在前什么在后，内容如何搭配。如果现有工作方式方法不能很好地解决现实问题，那么，我们可以去修正它，甚至发明一个新的工作方式方法。也就是说，高职学生思想政治教育实践的方式方法不是绝对的、一成不变的东西，应该随着客观条件和主观需要的变化而变化。一是工作模式的创新。每一种模式都隐含着原创者的判断或理论，强调特定方面，而这些只不过是原创者认为与思想政治教育过程或结构相关的一些方面。因此，我们不能期望构建某种具有普适性的模式，解决所有的问题，因为教育是不断发展的，社会对教育的要求也在不断变化着。二是工作模式的运行要因势利导、巧妙设计和灵活安排。要对具体主题或目标实现的效果进行预判评估，合理地安排哪几种形式的教育活动参与思想政治教育过程，以及先后顺序；要及时了解教育效果是否实现及实现的程度，总结经验，找出存在的问题，为下一轮教育活动提供准确指导。

第二节　新时代高职教育立德树人的理论基础和基本要求

一、立德树人的理论依据

（一）坚持立德树人，增强德育工作的实效性

何谓规律？规律是指自然界和社会诸现象之间本质的、必然的、客观的、稳定的一种关系。从人类社会的发展历程来看，规律就是事物运动发展的法则。而思想政治工作规律就是做好思想政治工作的一系列法则。何为思想政治工作？思想政治工作就是指在人类社会中，一定的阶级或政治集团，为实现自己的政治目标，有目的地对人们施加意识形态的影响，来转变人们的思想和指导人们行动的社会活动。所解决的问题是人的思想、观念、政治立场等问题。在不同时代、不同的国家、不同的领域，思想政治工作的规律也是不同的。思想政治教育的规律是客观的，不以我们的意志为转移，新时代我们应该遵循思想政治工作规律的客观性，提升思想政治教育的亲和力、科学性、实效性，让思想政治理论课"活起来""热起来""用起来"。

思想政治教育的客观规律要求在教育过程中，讲究层次性、系统性，严格遵循受教育者的身心发展规律，连贯衔接、循序渐进地实施教育活动，才能达到预期的教育效果和目的。思想政治教育讲究发展、变化，虽然教育中的反复无法避免，但反复不是"原地踏步"，而是根据受教育者的发展阶段特点，对教育内容、方法等做出相应调整。按照系统论中整体功能大于部分之和的原理，要实现思想政治教育总目标，培养社会主义发展要求的合格人才，必须要做好每一阶段的德育工作以及各阶段间的衔接，逐步、有序地推进思想政治教育工作。

（二）遵循教书育人规律，增强立德树人的自觉性

教书育人，一般是指学校各种教师在教学过程中，自觉地对学生进行政治思想教育和道德教育。教育学理论的研究揭示了这样一条规律，不管教师本人意识到与否，他的教学都在起着育人的作用。也就是说，教师的价值取向直接影响育人的效果，这是不以人的主观意志为转移的客观规律。育人可能向完全不同的方向发展，可能给学生正面的或者正确的教育，也可能会对学生的成长起相反的作用，这也是这条规律的深刻性之所在，这也给教师提出了一个非常严峻的要求：一定要自觉地认识规律，正确地运用规律，按照我们的社会主义教育目的来自觉地确定教书育人的方向。

在整个学校教育过程中，对学生的知识，包括生产、生活各个方面的科学知识的传授和社会历史经验的传递，是主要的普遍的活动。在这中间，有一个占支配地位、起灵魂作用的东西，即培养学生的世界观、道德品质和社会政治倾向。从当今世界发展状况来说，存在不同社会制度所决定的不同思想意识。我们的青年学生，就生活在纵横交错的各种思想体系交织的思想网络之中，要在这样复杂的思想影响之中，来实现我们的培养目标，培养出我们今天所需要的合格人才，就需要非常艰苦细致的多方面综合教育。学校中的政工队伍所进行的政治思想工作与道德培养，固然都是非常重要的。但是在全部教学工作中绝对不可忽视进行自觉地育人工作。这首先是因任何知识教学都必然带有思想倾向，没有无思想内容的知识。其次，没有科学知识的教学，要形成学生的辩证唯物主义世界观和共产主义人生观与思想道德品质，也是不可能的。

古今中外的思想家、政治家，都对教书育人是一个整体的问题有明确的论述，孔子一生的教育理论与实践都始终贯穿着"教书育人"的明确意识。荀子提出"学为成人"，直接把教学活动归结为培养人的活动。我们社会主义教育，应该对教书育人的规律有全新的科学的认识与运用。

（三）遵循学生成长规律，增强立德树人的针对性

为了确保高职院校人才培养质量，坚持社会主义办学方向，把好人才培养"方向关"和"质量关"，高职院校思想政治工作要严格遵循学生成长规律，有针对性地开展立德树人工作。

进行系统的社会主义核心价值体系教育，培养有较高思想道德修养的社会主义建设者和接班人，是各学段思想政治教育一以贯之的共同目标，但是由于各学段教育对象的身心发展特点，所面临的人生课题、思想道德需求层次和理论素养、道德认识水平不一样。当我们把这个总目标分解为各学段的具体目标时，就不仅要强调社会的价值导向，还必须要考虑学生在各具体学段所面临的人生课题，所具备的认知能力，所形成的知识结构。只有社会的价值导向与学生的身心发展特点相适应，与现实特定阶段的人生课题相结合，思想政治教育才能有的放矢；只有教育要求与学生的认知水平相适应，目标设定才能比较恰当。因此，我们应坚持以人为本的教育理念、因材施教的教育原则，尊重学生的身心发展规律和特点，针对学生特定阶段的人生课题，在各学段思想政治教育侧重点和目标设定方面提出不同层次的具体要求，这些不同层次的目标既相互区别，又具有内在的逻辑联系，逐层衔接，逐层递进，以保证总目标的实现。

总而言之，遵循学生成长规律是高校思想政治工作的逻辑起点和价值基点，只有根据学生的身心发展特点制定德育目标，才能确保思想政治工作的针对性。

（四）把握高职教育规律，增强立德树人的时代性

一方面要始终强调立德树人在教育事业中的重要地位，强调立德树人既是中国特

色社会主义教育的根本任务、中心环节，也是中国特色社会主义教育实现现代化的方向目标；另一方面将立德树人置于人才培养的位置之首，深入发展了党的全面发展的教育方针，为立德树人注入了新的时代内容与特色。

新时代的立德树人，以立德为根本，以树人为核心，紧紧围绕着"立什么德，树什么人"的重大问题，深刻阐释了在中国特色社会主义的新时代，塑造民族文化传承人、培养社会主义建设者和接班人、培育全面发展的时代新人、造就中国特色逐梦人的理论内涵和时代价值，实现了历史性与未来性、个体性与社会性、教育性与价值性、民族性与世界性的有机统一。

高职院校在开展立德树人工作时，要把握高职教育规律，以社会的价值观为重要导向，开展学校的思想政治教育工作。因此，我国学校思想政治教育的目标设定必须以社会主义的经济发展为基础，与社会主义的社会发展相协调，服从于社会主义的价值要求。据此，我国学校思想政治教育的总目标应该是对学生进行系统的社会主义核心价值体系教育，各学段都应该根据各自阶段性的特点，围绕这个总目标，建立相互衔接、由浅入深、循序渐进的德育系统，引导学生培育和践行社会主义核心价值观，形成科学的人生观、价值观和道德观，为培养社会主义的建设者和接班人奠定思想道德基础。

二、高职教育立德树人的基本要求

（一）坚持德育为先

我国学校教育向来有突出德育教育的传统，有"德育首位"论，德育必然地成为教育系统的重要部分之一。"德育首位""德育为先"意为把德育放在教育的首位，并贯彻国民教育过程。"德为才之帅"，德是做人的根本，是一个人成长的根基。德是做人的根本，只有树立崇高理想和远大志向，从小打牢思想道德基础，学习才有动力，前进才有方向，成才才有保障。现在的社会，正处于经济转型时期，各种思想潮流的侵袭，以及电视网络等多种媒体的影响，在很大程度上影响着青少年的身心发育。青少年涉世未深，自控力差，明辨是非的能力还没形成，极易受到暴力、金钱等不良思想的诱惑和侵蚀。他们在物质上都得到了充分的满足，但是精神世界却极度空虚——没有理想、目标、缺少责任感、任性、唯我独尊，尤为突出的是在道德行为上的严重缺失，既缺少尊师重教的意识，也缺少爱父母、朋友、同学的心理。

青少年是祖国的未来。他们的思想道德状况关系到中华民族的整体素质，关系到国家前途和民族命运。因此，道德教育刻不容缓，责任重大。而德育作为学校教育的灵魂，作为学生健康成长和学校工作的保障，学校应时刻树立教书育人、管理育人、服务育人的思想，把德育工作摆在十分重要的位置。

（二）关注学生的全面发展

人的全面发展是人类的崇高追求，是人的发展和社会发展的最高目标、最终价值取向。教育作为实现人的全面发展的重要途径之一，必须以学生为本，关注学生的全面发展、和谐发展、持续发展、终身发展和健康成长。在坚持德育为先的同时，全面加强和改进智育、体育、美育。全面实施素质教育，坚持文化知识学习与思想品德修养的统一、理论学习与社会实践的统一、全面发展与个性发展的统一，促进德育、智育、体育、美育有机融合，着力培养学生的社会责任感、创新精神和实践能力，提高学生综合素质，使之成为德智体美全面发展的社会主义建设者和接班人。

坚持培育学生的健全人格，教育是塑造人的灵魂的伟大事业，是"心灵与心灵的沟通，灵魂与灵魂的交融，人格与人格的对话"，要培养学生积极的心理品质和乐观向上的品格，使其学会创造幸福，分享快乐。关注学生的内心世界，塑造学生纯真美好的心灵。加强学生心理辅导，注重对学习困难学生、贫困家庭学生、单亲家庭学生、留守儿童、流动人口子女等特殊群体学生的关怀和帮助。认真发掘出学科中所蕴含的健全人格教育资源，将显性教育与隐性教育结合起来，使得学生在获取知识的同时，得到人格的滋养与涵育。高度重视对学生的人文关怀，营造良好的师生关系、同学关系，为培育学生健全人格提供良好氛围。要焕发学生的生命活力，把学生的发展从知识层面提升到生命发展层面。

（三）注重立德树人的整体性研究

立德树人是新时期德育内容和目标的集中体现，而德育是素质教育的重要组成部分。学校在全面实施素质教育的过程中，要把立德树人作为实施素质教育的首要环节，主动构建以立德树人为根本的价值观。把立德树人作为教育的根本任务，为进一步做好新形势下的德育工作指明了正确的方向，提出了更高的要求。广大教育工作者应牢固树立立德树人的理念，不断提高德育工作的针对性、实效性，引导学生树立正确的世界观、人生观、价值观，努力培养德智体美全面发展的社会主义合格建设者和可靠接班人。

我们要树立让每个学生都能成为有用之才的教育理想。作为一种培养和造就人才的崇高事业，满足每个人的个性需要和期望是教育的最高境界。"让每个孩子都能成为有用之才"和关怀"每个"、培养"每个"，是对教育战线提出的重大命题，是对教育人才观、质量关的科学阐释，也可以被称之为我们的教育理想。这就要求我们尊重教育规律和学生身心发展规律，为每个学生提供适合的教育，为每个学生提供公平的受教育机会，满足每个学生的学习需要，促进每个学生都主动地、生动活泼地发展，使每个不同家庭背景、不同知识基础、不同性格志向的学生的潜能都得到充分发展，都获得成功，都能成才。教育关乎为国家和民族培养合格建设者和接班人的千秋大计，在学校教育中要始终坚持立德树人，努力办好人民满意的教育，让每一个孩子都能成为有用之才。

第三节　高职院校立德树人的实施对策

一、坚持立德树人，拓展实践育人

（一）把立德树人内化在规章制度中，实现制度育人

1. 制度制定要明确育人的价值取向

（1）将育人理念落实到制度中

高职院校制度是多种多样的，如考试制度、奖惩制度、学籍管理制度等，制度为管理服务调节、控制学生的学习、生活、社会活动，更多的目的是维持学校正常的教学秩序，加强教学及学生的管理，没有直接指向育人，也就是说未能达到教育应有的效果。从育人的角度出发，高职学生管理制度不应该是管理者用来管制、处罚学生的手段，而应该是以发挥制度育人功能为核心，实现育人的价值。制度的制定过程就是在管理者与学生之间不断进行沟通的过程，核心就是在制度中加强道德指引，以"富强、民主、文明、和谐，自由、平等、公正、法治，爱国、敬业、诚信、友善"社会主义核心价值观为理论指导，加强制度的育人功能。

（2）维护学生的合法权益

制度的制定首先要保护学生的合法权益。保障学生的合法权益是制定制度的出发点和落脚点。在制度设计上，要把保证学生的利益诉求和发展前景作为首要出发点。学校制度的设计应该能够最大限度地保证学生参加学校计划、组织的各类活动如参加社会服务、勤工俭学、社团活动及各种文娱体育等活动；应该能够为学生申请奖学金、助学金及助学贷款提供服务；应该能够保证学生在思想品德、学业成绩等方面获得公正评价，能够使学生在完成学校规定学业后获得相应的学历证书、学位证书；如果学生对学校给予的相关处理有异议，保证学生可以有合理、合法的渠道予以申诉；如果学校相关人员侵犯了学生的合法权益，学生能够提出申诉或者依法诉讼等。这也是从另一个方面规定学校管理者的行为，对学生进行引导，引导学生明确制度不仅仅是约束学生行为的规章制度，也是保障学生合法权益的武器。

（3）保障学生的身心健康

在管理者进行管理活动时，要充分考虑到人的因素，关注学生的根本需要，通过道德、理解、情感、帮助等方面把学生放在学校管理的中心位置上。而学生的身心健

康是高职学生进行各项活动及管理者进行管理活动的重要前提条件。高职院校是高职学生走向成熟步入社会的重要场所，所处的生存环境、社会地位等都对其身心产生影响。在没真正步入社会之前，心理情况是复杂多变的。高职学生管理制度的制定要重视教育目标、管理任务、实施的方式和手段，建立健康教育的观念，与此同时，保障学生的身心健康，使学生主动认识到自己的健康发展是一切活动的先决条件，在另一方面也激发了学生的自我保护意识，养成健康的生活方式，培养积极向上的生活态度。

2. 审视高职院校制度的德育性，提升制度制定主体的道德品质

作为高职院校管理者，必须具备高尚的道德情感。这种道德情感就是指管理者在进行管理中形成的职业道德行为以及产生的内心评价和主观态度，它构成了管理者内心价值观的基础，是管理者遵守职业道德、培养学生优秀道德品质的内在动力。

（1）管理者要有尊重感

尊重学生是高职学生管理工作的起点。但是在管理过程中不仅要做到尊重学生，而且要做到关注不同学生的需要，满足不同层次的需求。对于经济困难群体来说，大部分贫困生的学习成绩很好，积极上进，但是有少部分的贫困生感到自卑，在高职院校这个大环境中自尊心和自信心受到强烈冲击。高职院校管理者就要引导这些高职学生自立自强，深入了解他们的贫困程度，除了在金钱上给予一定的补助，还要为他们提供更多的勤工助学的岗位，引导他们自立自强，更要在精神上鼓励他们，给他们信心和勇气去战胜困难；对于特殊家庭群体来说，高职院校管理者要充当他们的良师益友，真心关注他们的学习和生活。这类特殊群体大多数的状况都是父母离异、单亲家庭或被遗弃，从小的生活环境就缺少关爱，造成他们的性格较为冷僻、自卑，时常会出现偏激的想法，如果高职院校的教育管理者不对这类群体给予一定的关注和帮助，他们容易成为校园不稳定的因素。高职院校管理者要在新生入学时进行暗访普查，对这类特殊家庭学生建立较为特殊的档案，并给予一定程度的关注，做到防微杜渐，此项工作的开展要把握好"度"，以避免引发学生的逆反心理，从而让学生反感，造成工作的被动。在日常管理中，注重引导他们的兴趣爱好，尽量多听他们说，进而缩短心理距离，弥补他们内心中情感的缺乏。尊重特殊群体的利益，可以不断缩短学生之间的"差距"，通过对需要帮助群体的帮助，尊重他们人格，对于他们形成健康的心理、良好的道德具有重要意义。

（2）管理者要有公正的态度

高职学生管理工作的整个过程必须要体现公平公正，管理者在管理过程中也必须秉承公平公正的态度，公平合理地对待每一位同学。简单来说，就是不分层次、不分性别、不分出身、不分个性，都要一视同仁，因材施教，尊重每一位同学，这也是管理者必备的素质。在保障学生权利的同时，在学生履行了道德义务时，一定要给予相应的奖励，这是公正的要求，保障学生权利与义务的统一。公正感是一种动机，能激发学生义务的履行，提高学生的道德素质，促进良好行为的养成。

3. 重视制度反馈，引导学生进行自我管理

高职院校管理者要转变管理理念，充分发挥学生的主体作用，让高职学生参与到学校的管理工作中来。目前，很多高职院校的规章制度也越来越多体现学生的主体性，以此提高学生对学校发展与管理的积极性与主动性。在国外，学生面临众多的学业、生活等问题，均由学生自己去服务部门咨询，寻求解决办法，这种做法极大地锻炼和提高了高职学生的自我管理能力和自我服务意识。高职院校可以借鉴其他院校管理的具体措施，建立具有中国特色的高职学生管理模式。在学校的日常管理过程中，社团及学生组织成员也可以集中各系部高职学生对学校管理与发展的各方面意见和建议，并通过多种渠道（如电子邮件、微博、校长信箱、恳谈会、校长接待日等）与学校的管理者进行沟通交流，让学生的主动性得到发挥和体现。

（1）提高高职学生参与制定制度的能力

高职院校作为人才培养的基地，学生的能力和发展也反过来制约高职院校的发展。高职院校应当全面培养学生的各种能力，尤其是管理能力。高职院校可以尝试激发出学生的参与热情，变被动遵守为主动参与，强化学生参与制定制度的热情。对于学生来说也要摒弃师尊生卑的传统观念，在内心中真正接受自己是制度制定的参与者，明确自己的主体地位，发挥聪明才智，在制度制定的过程中表明立场，从而促使制度更有针对性。在参与者确定的情况下，参与者素质的高低直接决定参与的效果。因而管理者应该向学生传递制度制定的知识，加强对学生的培训，提高他们的组织能力、执行能力等，促使了学生进一步提高和发展自己。对于学生来说，一定要明确参与制度制定的动机，要明确参与制度制定是为了更好地维护好自己的权利和正当利益。

（2）拓宽师生沟通渠道

高职学生管理工作的开展依赖于各种信息的畅通，而信息的畅通与有效的管理密不可分。心理学家曾经做过相关调查，书面沟通在所有沟通中效果最差，最好的沟通方式是将口头、书面两种形式混合运用。可见全面沟通才是最有效的。高效管理者就应该注重师生沟通的全面性，才能做到管理的有效沟通，有助于高职院校管理者不断更新管理理念。在科技日新月异的今天，沟通可以使用多种平台和手段如建立高职院校制度反馈 QQ 群、微信朋友圈交流平台、网络信息交流平台、制度反馈网站等，充分利用网络拓宽沟通的渠道。在信息反馈中一定要注重双向的交流，要在平等的基础上取得共识，而不是主动地说与被动地听，这样会影响沟通的积极性，对沟通效果产生不利影响。双向的沟通可以反复进行多次，在不断的意见交流中达到制度制定的最好效果，这种做法会让高职学生管理制度具有较高的接受率，也促使了学生遵守规章制度，严格要求自己。

（二）把立德树人内化在管理者的理念中，实现全员育人

一般情况下来说，全员育人就是集合学校、社会、家庭等多方力量，对学生进行教育。全员育人主要指学校对学生的教育做到统筹协调、齐抓共管，形成全体教职员工都来关心、参与学生教育工作的局面。可以看出在全员育人的理念下，高职院校管理者包括服务部门和各院系指导教师都必须要肩负起育人责任，明确自身责任，参与到学生管理工作中来，实施全员育人。

1. 坚持"全员育人、服务育人、管理育人、文化育人"理念

坚持全员育人就是摆脱只有辅导员、班主任来直接管理学生的管理弊端，动员一切可以动员的力量，让全体教职工共同参与到育人工作中来。高职院校是培养人才的重要基地，全员育人是高职学生管理的核心价值。这就要求学校管理者和教职工积极参与到学生育人工作中，整合全部力量，发挥育人功能。坚持服务育人就是坚持一切为了学生的利益，管理者就要坚持管理就是服务的理念。转变用制度约束学生维护学生稳定、校园安定的目的。坚持管理就是服务的理念，要以服务为先，以为学生服务为一切工作的出发点，在服务中实现高职院校管理的职能工作。管理条例的制定要充分尊重学生的意见，与学生进行协商；制度的变更也要依据学生的实际情况，广泛吸纳学生的建议，充分调动学生的主体性和积极性，切实维护广大高职学生的根本利益。坚持管理育人就是指管理部门和人员把育人作为管理的出发点和落脚点，通过一系列有针对性的计划、有组织的管理行为。影响自己及他人的思想道德品质和行为习惯，使管理过程趋向于学校育人目标。可见管理和育人是密不可分的，简单来说就是管理以育人为目的，根本出发点还是在育人。坚持文化育人就是以育人为目的，通过硬件基础设施、软件文化氛围建设，促进高职学生身心健康，使得校园文化成为专门的育人力量，通过有力的感染力熏陶高职学生，培育高职学生良好的道德品质。

2. 明确育人职责，建立新型育人工作队伍

（1）提高管理者素质，增强育人水平

自我教育是管理者实现素质提高的重要途径之一。教师的自我教育应该被看作是他们继续教育的一个重要因素之一。管理者的一个原则就是要把自己先培养好，明确自己的职责就是全心全意为学生服务，这样才是名副其实的高职院校管理者，在管理他人的同时进行自我教育。这里所说的自我教育不仅是科学文化知识的增多，也是对自己高尚人格的塑造。要增强思想政治教育的科学性、有效性，思想政治教育者就必须加强人格修养、不断提高自身品行，特别是要增强思想政治教育者的言行与思想政治教育者所宣讲的思想政治教育内容之间的契合性与匹配度。

要对管理人员进行多元培训。不论是从事何种职业，在入职之前或在工作中都要进行必要的职业道德培训，树立正确的职业理想，熟悉工作流程，遵守职业道德规范。

在高职院校管理工作中管理者要在熟悉职业道德规范的前提下，密切关注学生的实际需求，将学生需求与管理工作相结合。有些管理者不能清楚认识到自己职业的特殊性，头脑中缺乏育人意识。一些管理者只关注管理成效，忽略学生的道德品质，放任自流；有些管理者在工作中不能端正态度，办事态度生冷坚硬，甚至将其他情绪带到工作中，不能做到言传身教。职业道德修养的提高也需要进行有针对性的引导和促进，职业道德专题教育可以通过专题讲座、讨论交流、模范宣传等途径，综合运用网络、报纸、杂志等传媒手段，提升培训效果。要根据高职院校的工作特点着重培养师生的责任意识、职业道德意识等，转变"领导"的思想观念，使得自己的思想适应为全校广大师生服务的要求。作为高职院校管理人员本身也要做到科学管理，以良好的工作作风，饱满的工作热情，通过对自身的管理对学生进行潜移默化的影响。要通过树立起模范带头作用的先进典型来促进职业道德建设。树立典型，以点带面，可以围绕模范标兵评比、先进和优秀人物及三八红旗手评选等活动开展。在树立典型过程中一定要坚持正确的原则，坚持以良好的服务、正确的工作方法、可亲可敬的工作态度、全心全意为学生服务的意识为树立典型的原则。以典型带动全校教师的道德建设，弘扬正气，激励先进，以提升管理质量。还要增加高职学生实践锻炼的机会，良好的社会实践是认知的来源，离开社会实践，认知就是无源之水，无根之木。高职学生管理工作必须从实践过程中不断积累丰富的经验，不断用理论指导自己的管理工作，提高职业道德水平。

（2）建立育人模式的组织架构

对于高职院校思想政治教育工作领导核心的学校党委，不仅要求在理论上达到一定的引领高度，还要将理论转化为行动，对高职学生管理工作做出切实的规划、领导和部署；对于高职院校重要职能部门，要求以学生的教育、管理、服务和德育为工作核心，将学生的需求作为一切工作的出发点。同时在育人工作中要积极响应学校党委的号召，积极安排育人工作的组织与实施；对于团委、学生会等群众团体组织是育人工作的重要力量。群众团体组织要抓好高职学生的理想信念教育，抓好高职学生的理论学习，真正做到培养人、塑造人，积极配合课程计划的详细设置，培养学生的综合素质；对于学校行政部门如宣传部、人事处等要积极发挥部门职责，对育人工作做出应有的贡献。例如，宣传部要加大对育人工作的宣传力度，紧抓文化主流，配合相关部门开展工作，发挥宣传的优势，引领校园风气，从而促进学生道德修养的显著提升。人事处则负责全校的人事调动工作。要充分利用职称评定、聘任教师、奖罚机制等手段，加强教育工作者的职业道德建设，创造管理育人的良好氛围，重视教育工作者的职业道德素质养成，把职业道德评价作为教职工聘任的首要考量标准，从根本上提高高职院校的育人水平。

（三）把立德树人内化在管理中，实现管理育人

1. 明确全面育人的管理目标

高职院校的根本任务是培育德智体美全面发展的高素质人才。高职学生管理工作是社会管理的一个特殊领域，必须紧紧围绕教育管理目标，始终立足于人才培养，担负育人任务。在管理过程中，育人就是在管理过程中对管理者、被管理者的政治素质、道德品质、思想观念等形成影响，使得管理趋向于全面育人。坚持全面育人的管理目标可以保证高职院校各项工作的顺利进行。明确高职院校的管理目标以形成良好的学风、校风，为全面育人提供思想支撑，明确高职院校的管理目标可以促进人才质量的提高。管理在教学中起着桥梁的作用，管理者通过各项工作，使教学效率实现最大化，用自己的职业操守感化服务对象，引导他们建立正确的人生观、世界观和价值观，达到育人的管理目标。

2. 高职学生的管理手段和方法要适应高职学生的发展需要

（1）加强网络道德建设，拓宽管理渠道

①专业与非专业网络管理队伍并存。随着时代的变化和高职院校的发展，高职学生也呈现多层次的特点。在不同年级的高职学生中开展网络道德建设，要求我们合理地构建多支网络队伍，时刻了解到学生动态，以适应高职学生的发展要求。专业的网络管理队伍是网络道德力量的核心，贵在少而精。这支管理队伍要有专业的技术能力，拥有较高的政治觉悟，对大政方针具有较高的领悟能力。通过网络了解社会道德现状，制定有针对性的符合高职院校发展的管理制度，管理者也要注重网络的发展，对网络有全面的把握，做到管理与科技与时俱进。非专业的网络管理队伍分布在高职院校各个阶层，包括院系领导、辅导员、学生团体组织等。非专业网络管理队伍的特点就是分布广、人数多，可以更多地了解学生的动态，通过工作上的指导来带领学生实践道德培养。非专业的管理者可以自觉承担网络道德宣传员的角色，运用学生喜欢的网络形式将符合社会道德主流的思想通过网络工具传达出去，从而提高学生的道德素质，也拓宽了学生的管理途径，提高了高职学生管理工作的效率。

②对网络进行管理监控。高职学生培养的质量与网络道德素质息息相关。高职院校管理者必须综合运用管理手段、技术手段加强对网络信息的监控管理。高职学生还处于成长发展阶段，自律能力较弱，管理者在加强教育管理的同时，还要积极建立网络防御体系，对网上的不良信息进行筛选，对不良网站进行彻底封杀，斩断不良信息在校园中的传播路径，净化网络环境，为学生的道德发展创造一个和谐、安全、稳定的空间。

（2）引导学生进行自我管理

在以往的学生管理工作中，管理者是主体，学生是客体，主动权被管理者掌控在

手中，学生只能被动地接受管理。学校各项规章都是在管理者的权威下制定和执行，这就违背了高职学生管理改革的潮流，也不适应社会的发展。高职院校管理者在规章制定的时候，要充分尊重学生的意见，重视学生的相关权利。推行高职学生自主管理、自我教育、自我提高，旨在提高高职学生的自觉性，在学习知识技能中更加积极主动，这种做法在一定程度上也减轻了高职院校管理者的工作压力，让管理内化成发展的内在动力，让学生有意识地、自主地遵守学校的规章制度，从根本上来讲有利于高职学生管理的发展。高职院校在进行课程设置时，要充分考虑专业的要求及学生兴趣的发展，在培养自身学识的基础之上，又能激发出高职学生学习的兴趣，兴趣是最大的动力，而学习必须是全面性的，知识结构严谨并符合科学的标准，在丰富专业知识的同时完善自己的知识结构，这样高职学生在进行自我管理时，就会运用丰富的学识，充分调动思维，不断改善自己，以适应发展的需要，从而提高自主管理的能力。

3. 加强对管理过程的控制

（1）管理过程中要做到科学管理与人文管理相结合

科学管理是指以管理工作为核心，通过严密的规章制度、管理者的尽忠职守、严格的奖惩机制等手段达到理性管理的目的。而人文管理则重在启发教育，它以尊重人的个性发展为前提，尊重人格。高职学生管理工作要综合运用科学管理与人文管理两种手段，一刚一柔密切配合，达到本质上的统一。两种类型的管理是提高学生管理的效率，为学生的全面发展服务。管理者在进行管理的过程中要注意权力因素与非权力因素的关系。权力因素是法律法规赋予管理者的合法职务，非权力因素是指道德因素、人格魅力等因素的影响。权力因素具有强制性的法定权利，而具有广泛影响力的非权力因素，这种影响与管理职位无关。管理者要处理好这两种因素，只关注权力因素就会忽视道德培养、忽视学生的全面发展，让管理变得僵化从而失去活力；只关注非权力因素忽视权力因素就会使管理失去制度的制约成为一盘散沙，造成管理混乱的局面。实施人文管理是社会发展和高等教育改革的趋势，在社会各领域的改革，都以人为本，人的发展作为首要考虑因素，高职院校也不例外。这就要求管理者进行管理时，在不违背法律法规的前提下，根据不同的人、不一样的发展需求调整处理方式。高职学生管理工作的实施不仅仅是要求学生学习知识、掌握技能，这只是属于管理的一部分，重要的部分是学生在学习生活中的情感、需求、情绪等，这是培养道德人格的重要因素。只有关注这方面的因素，才能使管理工作更加完善。人文管理在一定程度上淡化了规章制度带来的管制，关注人的全面发展，把培育全面发展的学生作为最终目的。

（2）管理过程中要注意经费支撑

资金是影响高职院校管理的重要因素，经费的筹措情况更加制约高职学生管理工作的发展。高职院校经费的增加可以从多种途径实现，各级政府要加强经费支持。教育事业的发展可以为国家的强大提供智力支持和人才保障，可以说国家是教育事业迅猛发展的直接也是最大受益者，因此，国家财政分配资金作为资金的主要来源、政府作为主要投资者必须要履行应尽的义务和责任。高职院校是人才的集结地，也是各种科研成果的重要产出基地，一定要注重产学研的经济效益。学生费用收入也是一项重要的经费来源，包括学杂费、委培生费用、留学生费用、住宿费等各种收入。高职教育不是义务教育，学杂费和住宿费等会随着高职院校扩招、教育发展等逐年增加，将会成为高职院校收入不可或缺的重要组成部分。企业和社会团体的捐赠也是一条途径，但是受经济发展的制约这方面的经费来源相比于其他来源途径少一些，国家要多鼓励捐赠行为，例如免税等优惠政策。

二、丰富教学内容

（一）将社会主义核心价值观融入高职院校立德树人全过程

高职院校是思想、精神和文化传承的殿堂，是思想文化创新的催生地，因而也必将成为培育和践行社会主义核心价值观的重要领域。在当前的历史背景下，高职院校应深入研究社会主义核心价值观的深刻内涵，积极探索其教育途径，切实把社会主义核心价值观融入立德树人全过程，转化为高职学生思想道德层面的重要遵循和自觉追求。

1. 坚持"民族性和时代性"，以"理论引领"作为培育和践行社会主义核心价值观的基本前提

社会主义核心价值观本质上是一种开放性理论，它的开放性一方面体现在它具有"理论、实践和立场相统一"的特征；另一方面体现在它思想渊源的深远、思想内涵的丰富以及理论取向的包容。而这种开放性特征最为突出的表现就是，价值观一方面表现为价值取向目标，另一方面表现为价值评判尺度，它的理论内核属于稳定系统中的动态范畴，它的各组成要素以互相影响、相互作用的方式无限拓展这一理论内涵的深度和广度，并受不同社会历史时期以及政治、经济、文化等不同领域各种因素的影响而不断发展变化，不断呈现出新的思想内涵和深刻立意。因此，在新的时代背景下认真诠释阐明其理论内涵，充分发挥出其引领作用成为培育和践行社会主义核心价值观的首要前提。

高职院校是先进文化的中心，一是应充分发挥科学研究的导向作用，支持专家学者深入研究社会主义核心价值观的理论和实际问题，使这种开放性理论的针对性和引领作用更加凸显。作为理论形态研究，其要求就是必须使之体现民族性和时代性的有机融合，一方面要努力从中国优秀的传统文化中汲取营养，体现出中华民族的文化特质；另一方面也必须要把理论同时代特征紧密结合，针对师生的思维模式和行为方式，对他们关心的热点难点问题进行解疑释惑，努力推出更多有份量有价值、符合人们心

理需求的研究成果。二是要充分发挥课堂教学的主渠道作用，促进教育教学体系与培育和践行社会主义核心价值观紧密融合。三是要充分发挥出各专业课程潜在的育人功能，把培育和践行社会主义核心价值观融入教育教学全过程。

2. 坚持"群众性和大众化"，以"舆论宣传"作为培育和践行社会主义核心价值观的重要手段

社会主义核心价值观要占据主导和引领地位，成为广大人民群众内心接受、共同追求的主流价值观，就必须要努力形成广泛的社会认同与思想共识。舆论宣传是鼓舞士气、树立典型、推广经验、凝聚人心的重要手段和有效途径，它有利于在国际形势变幻莫测，我国社会深刻变革的情况下凝聚社会共识、引领社会思潮；有利于在人们思想活动的独立性、选择性、多变性、差异性明显增强的情况下澄清人们的思想困惑，冲破思想迷雾；有利于在当前各种社会矛盾相互叠加、集中呈现的情况下进一步团结最广大的人民群众，为实现中华民族伟大复兴的中国梦提供强大的精神动力。高职院校要全面加强和巩固社会主义核心价值观的共同思想基础，要在加强理论引领的基础上，进一步加大舆论宣传工作，进一步增强学生的认同。

心理学认为，人们内心价值观的形成更大程度上取决于人的内心变化等非智力因素。学生对理论的认同除了理性认知的因素外，还存在情感归属与情感依赖的成分。要推动社会主义核心价值观深入广大高职学生心中，首先就是要赋予其通俗易懂的表现形式和入耳入脑的传播效果，把社会主义核心价值观的内容和要求通俗化、具象化，以增强其吸引力和感染力，这样才容易获得学生情感和理性的真正认同。在实际工作中，一是要不断加强舆论阵地建设，全面弘扬主旋律、传播正能量。充分利用高职院校的校报、校园网、校园广播、宣传板等宣传媒介，积极利用博客、微博、论坛、微信等新媒体手段，大力宣传社会主义核心价值观，实现与师生员工思想交流的多样化和即时化，用正面声音和先进文化占领宣传阵地，营造培育和践行社会主义核心价值观的良好氛围。二是要有组织、有计划地开展主题宣传活动，充分整合各类媒体资源，形成合力，通过多种方式和手段进行专题报道、开展系列报道、加强深度报道，形成全方位、多角度、立体化的宣传格局和态势。三是通过集中讨论座谈、自主学习、专题调研等多种方式开展各种教育活动，解决广大师生的思想困惑，使其深刻领会培育和践行社会主义核心价值观的重要意义和丰富内涵，准确把握社会主义核心价值观对个人层面价值准则的实践要求，做到人人知晓，入心入脑。

（二）以爱国主义教育为重点，深入进行弘扬和培育民族精神教育

1. 正确认识与理解弘扬和培养民族精神教育

（1）民族精神的内涵

所谓民族精神，就是一个民族在适应环境、改造世界、形成属于自己特有语言、

习俗和人文传统的长期发展历程中所表现出来的富有生命力的优秀思想、高尚品格和坚定志向。它是一个民族心理特征、文化传统、精神风貌、价值取向的集中体现，具有对内动员和聚集民族力量、对外展示和树立民族形象的重要功能。中华民族精神主要表现为各民族的爱国主义精神。我国各民族都无限热爱自己的家园，向往与自己有千丝万缕联系的中原地区。历史上，各民族所反映出的对中原地区的向心力，经过各族人民长期对中原地区以及广大边疆地区的共同开发、建设和保卫，形成了中华民族的爱国主义精神。正是在这种精神支撑下，我国历史上虽然经历了多次分裂，但统一始终是主流。特别是在近代历史上，虽有帝国主义列强的政治挑唆、物质利诱、武力威胁，但是各民族人民始终坚守边疆，最终粉碎了帝国主义企图分裂中国的无数次阴谋，维护了祖国的统一。在长期反对帝国主义的斗争中，爱国主义精神是我国各民族深入人心的民族意识，是各民族共同建立和保卫祖国的强大动力。

（2）弘扬和培育民族精神的时代价值

①这是由民族精神教育在思想政治素质中的地位决定的。我们的总体目标是促进高职学生全面发展，使他们成为有理想、有道德、有文化、有纪律的社会主义新人。在高职学生的全面素质中，思想政治素质是首要的素质。对高职学生进行思想政治教育，提高高职学生思想政治素质是首要任务。而在高职学生思想政治素质中，民族精神教育是重要内容。当代高职学生思想政治教育的重要内容之一就是爱国主义教育。有爱国主义才有民族凝聚力，它具有顺应大势、反映民心、与社会发展同步向前的特性，在客观上与先进思想融合，反映时代精神。当前我们进行爱国主义教育的主题，就是爱国、爱中国共产党、爱社会主义相统一，在高职学生中树立建设社会主义现代化，实现跨世纪宏伟目标的使命感和紧迫感。

②这是由民族精神教育在社会和人生中的作用决定的。弘扬和培育民族精神，是提高全民族思想道德素质和科学文化素质的核心内容。民族精神是民族的综合素质的核心。民族的综合素质包括了思想道德素质、科学文化素质、心理素质和健康素质。人类社会发展的历史表明，一个民族的发展，不仅取决于经济发展的水平，而且取决于民族的综合素质。一个国家的腾飞，不仅表现在经济发展水平上，而且表现在国民综合素质的提高上。建设中国特色社会主义最终取决于国民整体素质的提高，这是一个民族兴旺发达、永不枯竭的动力。中国共产党发展先进文化的根本目的，就是为了不断提高全民族思想道德素质和科学文化素质，为经济发展和社会全面进步提供思想保证、精神动力和智力支持。强化这种思想保证、精神动力和智力支持的一个重要方面，就是要大力弘扬和培育民族精神。党的十三届四中全会以来，我们党切实加强精神文明建设，在弘扬和培育民族精神方面做了大量卓有成效的工作。多年改革发展的实践证明，全民族的思想道德素质和科学文化素质的提高，对于振奋民族精神.凝聚全国人民的力量，同心同德推进社会主义现代化建设有着极其重要的作用。

2. 新时期如何深入进行弘扬和培育民族精神教育

①弘扬和培养民族精神要体现时代性，要把民族精神教育与改革创新为核心的时代精神教育结合起来。

每一代人都有其独特的使命和特别需要的气质与品格。这种独特的气质和品格，就是所谓的时代精神。今天的高职学生所肩负的历史使命是发展市场经济，完善民主政治，促进个人的自由得到充分发展。"自主、合作、创新"，就是对我们今天所处这个时代的精神最凝练的概括。创新就意味着不因循守旧，不固步自封，不得过且过，不浑浑噩噩；要不断进取，不懈追求，不断地开拓生活和自由。从个人来说，改革创新是健康人格、自我实现的人格的重要组成部分，是高品质的生命质素的重要内涵。改革创新也是社会进步的力量源泉。弘扬和培育民族精神教育要适应改革创新的时代特点，在适应中超越，在超越中促进时代精神的发展。弘扬和培育民族精神教育，必须与时俱进，充分体现时代性。民族精神本身就具有时代性，它能够随着时代的变化、随着民族实践的发展，至始至终能够指导民族的实践，不断推动民族事业的前进。

我们要进一步适应改革开放和市场经济发展带来的新变化。继续贯彻"贯通古今，融汇中西，继承借鉴，发展创新"十六字原则。弘扬和培育以爱国主义为核心的团结统一、爱好和平、勤劳勇敢、自强不息的伟大民族精神，加强中国近代史、现代史和国情教育，加强中华民族传统美德和革命传统道德教育。与此同时，我们必须紧跟时代和社会发展的步伐，在马克思主义指导下实现中西文化的碰撞、互补与融合。采取分析、鉴别、学习、借鉴、吸收、利用的策略，正确对待西方文化，将西方的改革开放、民主法制、权利义务、公平竞争、效率效益、互惠互利、公关信息、文明消费、照章纳税等观念融入我国改革开放的时代潮流中。我们要结合时代新的特点，培育自强的民族精神、时代精神。

②弘扬和培育民族精神重在育人，要通过课堂教育等多种方式培养爱国情怀、改革精神和创新能力。

要发挥思想政治理论课的主渠道作用。全面加强思想政治理论课的学科建设、课程建设、教材建设和教师队伍建设，要发挥课程的育人功能。深入发掘培育和弘扬民族精神教育资源，把培育和弘扬民族精神教育融入高职学生学习的各个环节。要加强师德建设，所有教师都要教书育人，为人师表，以良好的思想政治素质和道德风范影响教育学生。

要发挥哲学社会科学学科课程在弘扬和培育民族精神教育中的重要作用。在教学中充分体现出马克思主义中国化的最新理论成果，帮助学生增强民族自尊心、自信心和自豪感，用科学理论武装高职学生，用优秀文化培育高职学生。

要深入开展社会实践，探索和建立与专业学习相结合、与服务社会相结合、与勤工助学相结合、与择业就业相结合、与创新创业相结合的社会实践新机制，引导学生受教育、长才干、做贡献。使学生在实践中增强对中国优秀传统文化的了解，在实践中感受中国社会主义建设的伟大成就，在实践中树立对祖国前途的信心，在实践中增强民族自尊心、自信心和自豪感。

（三）以基本道德规范为基础，加强高职学生公民道德教育

随着我国改革开放政策的不断深入发展，社会发展对人才需求标准也在不断调整，教育制度也随之在不断地发展和完善。我国的高等教育制度，在过去的几十年中发生了翻天覆地的变化——高等教育由原来的"精英式"教育模式，正逐渐走向"大众式"教育模式。

随着我国高等职业教育教学改革的进行，高等职业教育需要逐渐转变旧的职业教育模式，逐步建立起以校企合作、"产、学、研"一体化为主要特点的"现代学徒制""工学结合"人才培养模式，从而使高职院校能够培养出更适应社会发展、符合企业需求，并且具有一定专业理论基础的高技能应用型人才。因此，高职院校在人才培养目标、专业设置和教学模式等多方面与普通高等院校存在较大差异。随着高职教育越来越多地与行业、企业接触，高职院校应该重视学生综合素质的培养，尤其是与职业、岗位相关的素质、修养等方面的培养。高职院校学生的公民教育作为高等职业教育的重要组成部分之一，势必需要与整个高职教育教学改革同步进行，甚至是加快速度进行自身的改革与发展，从而发挥出高等职业教育校企结合、服务地方区域经济的特点。

高职学生作为公民中具备较高文化素养的一个群体，承载着国家的希望，民族的未来。然而，在我国，公民教育远没有明确化和系统化，高职院校的公民教育更是缺乏专业、系统的组织与实施。有关公民教育的思想和要求也只是零散地反映在学校思想政治教育和道德教育课程之中，是间接的、不明确的，在培养公民意识，特别是公民权利意识方面尤为欠缺。公民教育在我国高职教育研究中虽然取得了一定的成效，但是在研究成果的实际应用方面则明显不足，尤其是在高等职业教育体系中更是如此。

1. 高职实施公民教育的必要性

（1）是高职学生自身成长的需要

高职教育层次的学生，文化基础稍显薄弱，学习意识不够。作为侧重培养"实用型"人才的高职教育，学生走出校门后一般都面向社会基层生产一线，作为应用型人才面对社会。他们要在社会生活中正确行使个人权利，知道自己的义务与责任，并在充分理解这些权利、义务和责任的基础上，做出正确的判断，以指导、规范自己的行为。同时也带有这一层次受教育者的独有特点，那就是由于高职教育属于实用型、辅助型、通才型的教育，这就必然要求在对学生进行公民教育中更加侧重于实际工作与生活中的公民素质教育。高职大学毕业生工作的特点决定着他们应具备协作精神和团队的意识。因此，培养他们自觉的意识、较好的心理修养和协作素质就是至关重要的。

其次是相互尊重，这不仅仅是工作的需要，也是人格素质的体现。事实上，公民意识对一个社会的文明程度和发展状况具有非常重要的意义，它是衡量一个社会公民素质和一个社会现代化水平的重要指标。因此，随着时代的不断需要，经济的发展和全球化对我国的影响，在高职院校中实施公民教育，提升高职学生的公民意识和公民素质，就显得尤为重要。

（2）是促进高职学生成为合格公民的需要

高职学生是祖国未来的建设者，是中华民族伟大复兴的栋梁，是中国特色社会主义事业的接班人。目前我国在校高职学生大约有三千万，他们的思想道德状况如何，他们的公民意识、公民素质如何，直接关系到我们中华民族的整体素质，关系到国家前途和民族命运。面对国际国内形势的深刻变化，高职学生的公民素质建设面临严峻挑战。国际上，各种敌对势力利用各种途径对高职学生进行思想文化渗透，传播某些腐朽没落的生活方式。在国内，由于历史文化和国情的原因，高职学生的公民意识不强，积极参与政治、了解时事、提升道德和素质的能力不够，而且社会中的不良氛围正日益影响着高职学生，例如部分领域的道德缺失、诚信缺失，部分人群的拜金主义、享乐主义、极端个人主义等滋长，这些都对增进高职学生的公民素质带来了无法忽视的负面影响。

社会正义、自由平等、爱国主义、民主、人格独立、自主性等思想构成了公民教育的主要内涵，因而在高职院校实施公民教育将有助于高职学生树立正确的人生理想，塑造健康的人格，提升人际交往能力，形成良好的道德品质，从而促进其全面发展。其一，高职学生作为即将走入社会的栋梁，将在社会的发展中起极大的推动作用。其二，公民教育是全面性的教育。公民教育以个体的全面发展为目标，通过公民教育的永恒主题——正义，公民意识的灵魂——自由，民族国家永远的追求——爱国主义，公民品德的纽带培育——自主性，来提升高职学生的公民意识。其三，公民教育是主体性教育。高职院校的公民教育不仅注重高职学生的全面发展，还注重高职学生的个性发展，旨在通过公民教育，使高职学生认同自身的公民身份、公民权利和公民责任，并自觉地且有能力实践于公民活动中。与此同时，公民教育的开展，高职学生成为合格公民的培养，对于构建现代公共行政体系有着重要的意义。中国现代行政管理体系的整体结构，主要包括了行政组织体系、行政监管体系、社会管理体系、公共服务体系以及行政绩效体系五个部分。

在公共服务体系中，建立和完善公共教育服务则是一个重要的方面。现代高职学生需要的是高质量的均衡教育。这就要求高职院校在素质教育、课程改革、教育教学、教师专业发展等中观和微观领域明确方向，加强专业引领。可以说，高职院校开展公民教育对于构建公共教育服务体系是相辅相成的。

2. 高职院校公民教育改进对策及实践途径

（1）加强理论研究，建立完善的公民教育学科体系

当今世界各国的公民教育之所以取得迅猛的进展，不仅得益于各国社会民主法治的建设，更重要的是各国公民教育理论研究的长足进展。当前我国高职院校公民教育欠缺的一个主要原因就是公民教育的理论研究不足。发展公民教育，理论研究要先行。目前我国很多高职院校都成立了关于公民教育的研究机构，取得了显著的成果。但是随着公民教育实践的不断发展，公民教育的理论研究显然有些滞后。目前我国高职院校的公民教育理论尤其欠缺，主要表现在现有的公民教育理论主要是借鉴其他院校的经验，对公民教育的"本土化"研究还很匮乏。

我国高职院校的公民教育必须有中国特色，培养的公民要"有根"。我国学校公民教育的理论研究主要集中在中小学，对高职院校的公民教育研究较为欠缺。高等教育阶段应该重视公民角色的扮演和实际操作技能的培养，这和中小学公民教育区别很大。大学作为公民教育的主要阵地，也是公民教育理论研究的主要阵地。当前我国公民教育理论研究主要侧重于我国公民教育价值取向的厘清，公民教育内涵的厘定，公民教育实践途径的探索以及中国特色公民教育体系的研究，为我国公民教育的实施提供更好的理论指导。

（2）创建高职公民教育的课程体系

开设独立的公民教育课程，这是高职院校公民教育的主要途径之一。为公民教育设置专门的课程，可以使社会、家长和学生更加重视公民教育，使学习内容更加系统和集中。具体来说就是教育主管部门要组织制定公民教育的目标体系，根据不同年龄层次、不同文化层次、不同民族公民的不同特征设计公民教育内容，全面地、科学地进行总体安排。对于高职学生这一特殊群体而言，首要的是各级教育行政主管部门、各类高等学校要充分重视学生的公民教育问题，公民教育也要"进教材、进课堂、进头脑"。一些人认为高职学生知识层次比较高，因而不用专门开展公民教育，但当前学生公民意识的实际状况有力地反驳了这一观点。对于目前在校的学生来说，他们在中小学阶段缺乏正规的公民教育，现在补上公民教育这一课是理所应当，即使今后的高职学生在中小学阶段接受过公民教育，大学的公民教育依旧不能放弃，因为不同阶段的公民教育承担不同的教育任务。如果说中小学阶段侧重于知识的介绍，那么大学阶段应侧重于角色的扮演与具体行为的操作。

在我国高职院校中，公民教育在学科和课程目标中处在一个较低的地位和状态。人们都普遍认为对高职学生的公民教育是非常重要的，但是比起其他的社会科学和自然科学，公民教育的地位却还是没有得到重视。在当今高职院校，很少有学生会将与公民教育课程和一次重要的毕业或入学考试联系起来。如果国家能够给予公民教育课程像传统学科那样的支持力度，那样公民教育课程才会处于一个较高的学科地位，受

到学校、学生、家长和全社会的重视。因此将公民教育课程引进学校学科体系之中是一项重要的使命。

我国高职院校的公民教育一般都是通过思想政治教育和德育来完成的，长久以来的政治教育越位造成了公民教育的畸形。为了提高公民教育在高职院校中的地位，必须要开设单独的公民教育课程。学校要为学生提供"世界文明"与"多元文化课程"的入门性课程，以一学期或两学期的时间教导学生认识本国以外以及其他地区的政经大事与历史传统，同时也借由这种文化多元现象的观察，刺激学生去思考普遍与特殊、主观与客观，绝对与相对等重要的哲学命题。

其次，为了让学生深入了解到一定地区或文明的具体状况，学校也应该提供足够的外语课程，要求学生至少需要熟悉一门外国语言。"世界文明"或"多元文化课程"必须坚持其培养"世界公民"视野的初衷，让学生在修课之后，能够对其社会产生兴趣，学会尊重并欣赏其他文明的心态，并愿意积极思考全人类共同面对的各种问题。

第四节　高职院校德育协同育人保障措施

一、建立德育体系工作机制

教、学、做不是三件事，而是一件事，在"做中学"才是真学，在"做中教"才是真教，职业教育最大的特征就是把求知、教学、做事和技能结合起来。高职院校的教师不仅要培养高职学生的技术技能，而且要培养高职学生的思想道德，让他们学会共处，学会做人。高职学生的成长、成才与成人要受到学校内外日常的教育、教学、管理、服务、生产实践与环境的影响。因此，必须充分动员校内外全体德育工作者的积极性，构建出一个学生思想品德成长的支持系统。所有德育相关工作者在工作中要自觉运用德育的原则和规律，掌握德育的基本方法与手段，在工作中融入德育的内容，将德育的意识渗透到教育观念中，真正做到教书育人体系化、管理育人规范化、服务育人个性化、实践育人特色化、环境育人主题化，形成多层次、多角度、全方位立体化的"五育人"德育体系工作新机制，在教书中加强德育渗透，做到德育与智育的统一；在管理、服务、生产实践、环境建设中加强德育工作，做到德育与管理、服务、生产、环境相得益彰。

全员育人是新的时代重视和加强高职学生思想政治教育必须依靠的抓手和载体，要在校内外形成"人人是教师，处处是课堂，时时受教育"的有利于高职学生学习、生活、实践的，合力育人的良好德育氛围。

二、完善合力育人的协同机制

职业教育要以立德树人为根本，以服务发展为宗旨，以促进就业为导向，适应经济新常态和技术技能人才成长成才需要，"完善产教融合、协同育人机制，创新人才培养模式""深化校企协同育人""以提升学生思想道德修养、人文素养和综合职业能力为核心，全面提高人才培养质量"。由此可见，国家和政府把进一步加快发展现代职业教育摆在更加突出的重要位置，合力协同合力机制成为实现专业人才成长成才的重要途径。

（一）协同育人目标

"培养什么人，怎样培养人"，这是高等职业教育必须回答且无法逃避的根本问题。把立德树人作为教育的根本任务，这已经成为高职院校教师和思想政治教育工作者共同的教育目标。思想政治教育工作者在日常的教育教学工作中一直秉承着立德树人的育人目标，教育学生树立正确的世界观、人生观和价值观，同样的，专业教师也不仅只是专业知识的传授，也应该有知识背后情感价值的教育，实训课也不仅仅是技能的操练，也应该有职业操守和社会责任的教育，以立德树人的目标协同两者的教育目标，一切以学生的终身成长为出发点和落脚点。

（二）协同课程育人

"契合是知识的最终目的"，从联系的观点看，知识的各类形态之间是相通的，德育课与专业课之间也可以实现相互融通。

①德育课融合专业知识。一是在德育课教学中融入行业企业文化。高职院校人才培养的重要模式是校企合作，也有定向的订单式培养，将这些企业的文化融入德育课教学中，既为学生的实习和就业做好知识铺垫，也能够培养学生具有企业人的基本素质。二是在德育课教学中融入行业道德规范。引导学生遵守职业道德，养成良好的职业态度和职业操守。增强学生对职业理念和职业使命的认识与理解。

②专业课融合德育教育资源。专业课蕴含有丰富的德育教育资源，如道德意蕴、知识的诞生和技能的养成中个人综合素质，包括理想信念、社会良心、人生抱负在科学知识发现过程中起到的举足轻重的作用，将这些资源融入专业学习之中，强调人文素养与职业能力的结合，达到专业知识学习与思想境界升华并举的效果。

（三）协同实践育人

①专业教师参与学工队伍组织的相关活动。学工队伍负责组织策划的学生活动可以聘请专业教师担任指导老师，这样既有利于在时间上统筹安排，避免与专业学习冲突，也能增进专业教师对活动意义的了解，从而支持学生活动。更为重要的是，专业

教师能对活动提出具有专业特色的建议，融通专业学习与学生活动，使得活动更具有教育意义。

②专业课实习实训与德育课实践教学相融通。高职专业课的实训课占有很大的比重，德育课也都有实践教学，可以寻找两者的契合点进行融通。

（四）协同师资队伍

协同育人各参与主体之间是联动的、合作的。各个主体不断发生碰撞、交流和突破，使系统从无序走向有序，从不协调归于协调和统一。

①实施"生活导师制"的育人模式，聘请专业教师和德育课教师担任学生的成长成才导师是推动协同育人工程的有效途径。目前，学生生活中思想层面上的问题主要是由班主任、辅导员和心理咨询师负责，专业教师和德育课教师的教育都局限于课堂上，课后较少了解和关心学生，聘任他们担任学生的成长成才导师，让他们走进班级，既可以是一对一的帮扶，也可以是团队式的辅导，真正成为学生学习和生活上的人生导师，增进师生感情，提升学生的精神境界，进而提高专业课堂和思政课课堂的实效性。

②实施实训带队老师"双师制"的育人模式。如前文所述，思想政治教育工作者参与专业教学活动，担任学生实训、顶岗实习的带队老师，尤其是要发挥辅导员的专业教育优势，高职院校的辅导员并非都是思想政治教育专业科班出身，而是与所带学生专业相同或是相近的专业毕业，具有一定的理论知识，他们的学习经历能与学生之间产生共鸣。思想政治教育工作者可以排解高职生尤其是理工类学生在实训期间重复性操作等带来的消极情绪，解决思想层面上的问题。

（五）协同育人机制

协同育人机制是促进专业教师与思想政治教育工作者共同实现立德树人目标的重要保障。重点要做好以下三个工作。

①制定立德树人的考核机制。教师考评机制是提高育人动力和保证育人质量的有效手段，为了提高专业教师育人的积极性和考评育人的效果，对教师的评价不仅要体现学生专业知识和能力提高的要求，也要有"教书育人""思想政治渗透"的全面考评机制。

②建立共建共享机制。协同育人是各个育人主体以人才培养和使用为目的，在系统内共享资源，积聚能量的有效互动。为实现协同效应，需要建立教学资源和学生思想动态的共建共享机制，共建共享双方在教学与研究中的融通点，建立教学资源共享的网络平台，实现资源共享和实时交流。此外，建立学生思想动态共建共享机制，结合专业教师、班主任、辅导员、德育课教师对学生的接触与了解，联合心理咨询室建立学生个人心理档案，在不违反保密原则前提下，建立资源共享平台，充分利用新媒体沟通机制，突破时空限制，促进沟通交流，提高育人的有效性。

③建立利益激励机制。对立德树人有突出贡献的专业教师和德育教育工作者给予合理的利益激励，如计算相应的工作量等。与此同时，将立德树人作为教师年度考核、评优奖励、岗位聘任（聘用）的首要标准。总之，对表现突出的教师予以表彰奖励，对表现不良的及时劝诫督促整改，形成有效的利益激励机制。高职人才培养是一项系统工程，立德树人是专业教师和德育教育工作者共同的教育目标和任务，整合各类资源，推进两者协同育人，实现良性互动的协同效应，有利于共同促进学生的成长成才，实现立德树人的工作目标。

三、构建德育教育立体网络，全方位育人

在信息化时代下，网络已全面影响到高职学生的日常学习和生活。因此，实施网络育人工程，必须建设智能化、数字化、信息化的校园，提高高职院校的信息化水平。同时，要加强网络监管，加大网络舆论引导力度，强化网络正面舆论宣传，建立健全校园网信息收集反馈机制，制定和完善校园网络突发事件应急预案，确保校园网成为传播先进文化和有益知识的重要渠道。

①寓德育于课堂教学之中。课堂教学是德育工作的主渠道，要做到立德树人，讲政治是立德的最重要的体现，各学科都要把社会主义核心价值观体系作为德育教育的重要内容，用马克思的指导思想、爱国主义的民主精神、改革开放的创新精神、社会主义荣辱观统领学生的学习，使得学生站在时代的高处感知人生的定位。

②寓德育于行为养成之中。正确的世界观、人生观和价值观是做人的根本准备，让学生通过感悟社会中一些现象，如大公无私、先公后私、公私兼顾、先私后公、损公肥私的多种价值取向中，辨别出圣人、贤人、常人、庸人、坏人，从而定位自己的人生坐标。

③寓德育于社会实践之中，让德育走向生活。德育工作要密切联系社会生活实际，让学生直面人生，全面了解和认识社会现状，让学生直接感受到社会前进的主流，同时也使学生看到社会的复杂性、多面性及阴暗的一面，能够在五彩缤纷、思潮躁动、错综复杂的大千世界辨清方向。学生走向社会的过程也是学生磨炼提高的过程，也是思想走向成熟的过程。

④寓德育于人际交往感染之中，学生通过广泛地与人接触，可以直接从中感受到人的善良与丑恶，辨别哪些是真善美，哪些是假恶丑，让社会的良知在学生的感受中走进学生的内心世界。

四、建立规范化的德育评价指标体系

长期以来，高职院校的德育实效性不高，究其原因我们不难看出，除了德育目标、德育内容、德育方法等方面存在一系列问题外，在德育评价方面也存在许多问题，如评价主体一元、德育评价方法主观、德育评价功利等。我们要改变构建高职德育评价体系中这些不尽人意的地方，从德育评价指标体系着手，积极探索建立健全一套系统化、科学化的德育评价指标体系，真正发挥德育评价对于加强和改善高职德育工作的应有作用。

①建立规范化的德育评价体系，应把握好以下五个原则。一是坚持德育评价的系统性与科学性原则，建立一整套科学、规范的德育评价指标体系。德育评价指标体系应该涵盖德育过程的诸多要素，不能仅局限于其中某一个方面或几个方面。高职院校应一切从实际出发，根据本校德育实际制定切实可行的德育评价指标体系，指标设置不能过于粗略，评价等级也不能太少。评价指标既要有整体评价，也要有要素评价，分出指标层级，且评价的观测点表述客观、清晰，指标尽量避免不必要的争论，以求客观真实地反映实际情况，评价指标体系，要进行一定范围的试验，及时征求教师和学生的反馈意见，不断修改和完善。二是坚持德育评价的发展性原则，多作过程性、形成性评价，高职学生成长不是一蹴而就的，而是一个循序渐进的过程，对其进行德育评价，最终目的是为了完成德育目标，在"德育"中达到"育人"。因此，对高职学生思想品德的评价指标也应该以科学发展观为指导，多些过程性评价，多些形成性评价的元素与指标。三是根据德育评价的实际需求，灵活运用评价指标如对学校（班级）德育进行整体评价是可以整体使用评价体系，对学校（班级）德育的某些方面进行评价时，也可以使用其中的一部分评价体系，根据考察评价的需要，可以修改部分评价指标，用修正后的指标体系对学校（班级）进行德育评价。四是使用德育评价体系要把握好评价与信息反馈的时间安排，德育评价不能流于形式，要作为一项日常工作来抓。对学校（班级）的评价，建议在期中和期末进行，这样有利于德育评价信息的及时反馈，从而督促学校（班级）采取措施并且及时纠偏，在期末时再次检查以保证德育评价的实效性，对学生个体品德素质的评价，包括学生实习实训期间企业的德育评价，可以采取定期与不定期相结合的办法进行，最好在期末时定期评价，其他时间可以根据需要不定期进行评价，但应注意评价时间不宜间隔太久。五是评价方法采用自评与他评相结合，一般采用以自评为主，他评为辅的办法，引导高职学生不断自我剖析、自我改进、自我提高、自我完善，充分发挥德育评价职能。随着现代科学技术的进步，在德育评价上也要与时俱进，可以大胆创新测评机制，既有定性的评价，也有定量的评价，不断优化德育评价指标制定的方式和方法，提高德育评价的实效性。

②德育评价注重最终结果，但是也要看到整个过程，高职院校德育评价体系是一个连续发展的动态过程，不同年级的德育培养目标的阈值点应该有所不同。因此，规范德育评价指标体系需要我们既要考虑到不同年级的德育目标的层次性，还要考虑到连续性与递进性。

③量化高职德育评价指标体系。为了保证德育评价客观公正，应将定量评价与定性评价有机结合起来。一方面运用语言文字对德育对象做出定性评价，另一方面还要运用一些数学模型与科学计算方法对获得的数据进行全面而客观的数值量化处理，最终做出定量评价。在对德育进行量化评价时，一是要设定一级评价指标与二级评价指标，结合当前高职院校德育的实际和高职高职学生的培养目标，将政治素质、思想素质、道德素质、法纪素质、心理素质、职业素质作为德育量化考核的一级指标，每个一级指标的权重，对高职一年级、高职二年级、高职三年级各有权重规定。而且在一级指标的基础上，设定好指标，并且进一步细化二级指标。指标的评价要素描述尽量以量化要素为主，坚固评价性要素，确保规范性、可操作性和实效性。

④确立德育评价指标体系必须要做到与时俱进，不同时期和不同的社会环境下对德育指标的要求是不同的，随着德育目标和内容的变化，要不断补充与吸纳新的评价内容，确保评价的科学性与客观性。德育评价指标体系的完善与创新，必须把握"四个必要"，即一是必须服务于学生的思想道德品质发展，二是必须随时考证德育评价标准的科学性、合理性和有效性，三是必须在坚持以学生为本的基础上实现量化评价与质化评价的互补，四是必须坚持将日常管理与终端评价有机地结合起来。

第七章　高职院校网络文化育人模式

第一节　网络文化育人及相关理论

一、相关概念界定

（一）网络文化

网络文化指的是发生在网络上积极健康的精神活动及创造的精神成果，是在网络环境下，利用网络技术创造出来的物质财富与精神财富。网络文化是以互联网技术作为基础，并对网络精神世界进行创造与发展的一系列活动。它不仅具有网络世界的特点还具备现实社会的属性，网络文化作为一种亚文化，它需要依存于社会文化当中。因此，虽然虚拟性是网络文化的基本特征，但是它反应的是现实世界。网络文化是一种乌托邦文化，它不受时间和空间的限制，但是会受到现实因素的制约，如经济、政治以及一些主流的意识形态等。尽管如此，由于网络具有特殊性，还是让它成为了在意识形态领域当中最活跃的媒体。网络文化自身的价值特性是指其自身价值的两面性，网络的快速发展给人类自由解放带来了力量，体现出现代社会的进步，但另一方面也会给人类带来困惑和危机。马克思在提到有关 19 世纪技术进步的"两面性"时曾说过："在这个时代里，似乎每一个事物都有两面性。"因此，互联网技术的出现和它目前的这种发展程度给社会文化层面带来了一系列变化的同时也将它自身价值的两面性展示了出来。

（二）高职院校网络文化

高职院校网络文化是归属于校园文化的一种亚文化，代表了一种新兴的生活方式，它是文化发展到信息时代的产物。高职院校网络文化主要体现在三个方面：有物质方面、精神方面和制度方面。其中，物质方面所指的是高职院校内全体师生所用的各种网络设备，互联网技术等在校园内部构建起来的网络环境；精神方面指的是高职院校内部师生在上网时所接触到的某些因素，这些因素能对自身的思维模式，行为习惯，价值形成等精神层面上产生影响；制度方面是指高职院校为了营造良好的校园网络环境而构建起的网络法律规范等。与一般的网络文化不同，高职院校网络文化存在着特殊性，主要原因是这种文化是在高职院校校园这个特殊的空间中形成的，它的特殊性主要表现在：第一、校园的运作模式是比较封闭且独立于社会大环境的，学生在校园内学习和生活需要遵守学校制定的一切规章制度，受到物理环境的控制。因此高职院校网络文化有着高职院校校园特殊的运作模式。第二、社会文化会影响高职院校网络文化。社会文化的整体状况会影响高职院校对高职学生的教育理念、教育机制以及对高职学生在校园内的生活管理等方面，高职院校网络文化处在一种繁杂且开放的运作模式中。

二、高职院校网络文化的构成与特点

（一）高职院校网络文化的构成

高职院校网络文化主要由三个方面构成，物质文化，制度文化和精神文化。

高职院校网络文化的物质方面指的是，将网络作为载体，它包括日常学习生活中能接触到的与网络相关的所有基础设施，比如电脑、智能手机、宽带以及路由器等，这些物质基础都是在建设高职院校网络文化时必不可少的，没有这些基础的设备，建设高职院校网络文化的工作就无法展开。传统的文化传播方式多是通过书本向学生们传播，以及教育工作者的口头阐述，而网络的出现改变了这一传统的方式，它把网络设备作为传播载体，将文化和知识传播给大众。高职院校领导、教师、管理服务人员以及高职学生等都是高职院校网络文化的主体，每个人既是高职院校网络文化的创造者也是使用者。完善的高职院校网络设备不仅可以体现出高职院校网络的物质文化发展之迅速，同时也为高职院校网络文化持续繁荣发展奠定了基础。

高职院校网络文化的制度方面所指的是，高职院校为校园内所有高职学生的网络行为活动而建立起的规范准则，比如网络协定等一系列有关的网络言行规范、网络道德准则、网络管理体制等。这些制度文化的形成与高职学生日常的学习以及生活息息相关。

高职院校网络文化的精神方面是核心，它是结合传统的高职院校精神文化和与主流意识形态相一致的社会精神文化，并实现两者的发展与创新。高职院校网络文化的精神方面是有稳固性和进步性的，它能够给高职院校校园营造一个健康的文化氛围，让所有高职学生受到感染。健康向上的高职院校精神文化能够调动高职学生学习和参与校园活动的能动性和创造性，有利于高职院校提高育人成效，达到培养人的目标。高职院校的精神文化有助于高职学生养成良好的道德品格，在高职学生今后的人生道路上有着深远意义。

在高职院校网络文化中物质方面是基础，制度方面是保证，精神方面是核心，这三个方面紧密相连、相互牵制，缺一不可，它们共同形成了高职院校网络文化独具的特色和魅力，使高职院校网络文化在不断更新的过程中得以繁荣发展。

（二）高职院校网络文化的特点

高职院校网络文化是一种新型的文化，它是由网络文化与高职院校传统文化结合而成，高职院校网络文化与网络文化之间最明显的区别就是所展示内容的不同，一般网络文化的内容是复杂多样、良莠不齐的，而高职院校网络文化是在高职院校这一特定场所内所存在的新型文化，在网络文化中文化层次相对较高，它是对传统高职院校校园文化的发展和创新，因此具备校园文化的特点，主要体现的是高职学生的学习、生活和娱乐等，本质上也反应了一所高职院校的教育理念、教学特色和追求目标等。高职院校网络文化也具有一般网络文化的共性，但在内容上与一般的网络文化又不太相同，高职院校网络文化不仅具有强烈的时代气息，还会反映出一所高职院校所具有的独特的精神风貌。

高职院校网络文化具有开放性。高职院校要以相对包容的态度，让各类积极优秀的网络文化在校园网络平台上聚集，让高职院校网络文化健康繁盛发展，让各种积极正向的思想观念、价值取向，以及一切健康的思想在校园里活跃起来。由于高职院校网络文化与一般网络文化之间存在共同点，因此高职院校应该有相对开放和包容的文化态度，应该尊重并吸纳优秀的社会文化，将高职院校网络文化与其他文化碰撞融合。只要是先进的优秀文化均可以在校园网络平台中展现出来，网络不受时间和空间的限制，凡是具有可以上网的设施并使用网络，就能进入到网络世界中，能在网络上自由发表言论，表达情感，可以对某个社会热点参与讨论，阐述自己的想法，没有因为文化层次不同和能力大小而区别对待。高职院校网络文化的开放性这一特点，能够不断激发高职学生的积极性和创造力，进而促使高职院校网络文化持续健康且蓬勃发展。

高职院校网络文化具有多样性。首先，在经济全球化的推动下，伴随着东西方的各种思想和文化的不断交流融合，每一个在社会中发展的人在一定程度上都需要改变其传统的思维模式，人们有了越来越多样化的思想观念和价值追求。其次，现阶段我国正在进行高等教育的深化改革，对于高职院校来说，不仅其规模越来越大，而且其类型也越来越多，同时高职院校的教育理念、教育形式以及就业市场和就业途径也越来越多样化。再次，与一般网络文化类似，高职院校网络文化的一大鲜明特点就是其开放性，这一特点将会致使校园网络的内容会体现出不同的思想意识和价值取向，影响了高职学生的思想。最后，高职院校网络文化丰富的内容让学生们可以在网络中找到他们感兴趣的内容和学习方法，高职院校网络文化不仅有传统媒介模式，还可以进行实时互动，能够在第一时间对发生的热点事件进行沟通交流，并保持正确的教育理念。高职院校网络文化的建设要考虑到多样性，激发高职学生的创造性思维，不断丰富其文化内容与形式，构建出具有时代性、能展示自身优点的高职院校网络文化。

高职院校网络文化具有规范性。即使高职院校网络文化具有开放性的特点，但并不意味着它不会受到任何的限制和约束。互联网空间并非法外之地，不仅要提倡自由，还要维护秩序。因此，为了促进高职院校网络文化健康繁荣发展，使高职院校达到育人目标，高职院校既要制定系统的规章制度来打造高职院校网络文化、净化网络环境，同时也要用校园的办学理念、道德准则等推进高职院校网络文化繁荣发展。高职院校是为社会和国家培养人才的主要阵地，是先进文化的集结地，要想营造风清气正的高职院校网络环境，使高职学生遵守网络文明规范，最根本上来说最重要的是要提升高职学生使用网络的道德感，与此同时还要增强高职学生的责任意识和担当意识，增强文化自觉和文化自信，自觉主动地通过网络传播优秀传统文化和社会主义先进文化，抵制住不良内容的腐蚀。高职学生在进行网络活动中要时刻保持头脑清醒，不仅要不断提高自身文化素质，又要提高个人的道德素质，自觉地与网络上的不良信息和腐朽思想划清界限。

高职院校网络文化具有一元性。一方面，网络文化本质上是虚拟的，它反映了现实世界，所有的信息都能在现实生活中找到依据，一般的网络文化与校园文化的结合产生出高职院校网络文化这一新型文化，它反映的更多是校园内容。高职院校网络文化反映出了校园教师和学生的日常工作、学习、生活和娱乐，它身上有校园的印记，纵使网络内容纷繁复杂、良莠不齐，并且具有如此快的传播速度，如此高的更新频率，但仍然要用冷静的思维清醒的头脑看清它的实质。另一方面，对于网络文化来说，尽管其内容十分丰富，展现形式多种多样，但是高职院校网络文化是一般网络文化与校园文化相结合产生的新型文化，对于高职院校来说，它的产生是为了可以更好地教学和管理，更好地服务学生。高职院校发展的核心目标和最终目的是培养人才，全面发展人，以社会主义核心价值观为价值导向，不管高职院校网络文化的展现形式如何变化，社会主义核心价值观一直是高职院校网络文化的发展规律，无论在任何情况下其坚固地位都不能受到动摇。故而，网络文化的建设者和参与者必须认清其性质和发展的规律，在变化万千的网络环境下，网络主体要树立责任意识，做好高职院校网络文化的建设和引领工作，不断丰富内容创新形式，打造出既能为教学管理服务又彰显时代特色的高职院校网络文化，用主流的意识形态引领高职学生确立积极正向的价值追求和观念，弘扬社会主旋律。

三、高职院校网络文化的育人功能

高职院校网络文化的育人功能主要是通过教师与学生在网络中的日常工作和学习体现出来的，教育者通过高职院校网络文化潜移默化的帮助高职学生形成高尚的道德品质，形成符合社会发展需要的价值取向和追求目标，促进学生身心健康自由全面的发展。高职院校网络文化教育与传统的教育模式有很大不同，因为它有更强的渗透性和隐蔽性，对学生起到潜移默化的作用，积极健康的高职院校网络文化能将学校的教育理念、追求目标以及优良传统等内容都融入其中，对高职学生的精神境界以及陶冶情操等方面发挥出巨大作用。

高职院校网络文化育人的模式与以往单向的教育模式有着本质不同，这种双向交流的教育模式可以让教育者与学生之间的交流关系变得平等，更好地进行育人工作，让高职学生形成正确的价值观念。高职院校要想提高网络文化育人的效果，就要让学生自觉主动地接受教育，高职院校网络文化为高职学生提供了更加自由、广阔的平台，和更多的渠道来帮助他们获取信息，学习知识，学生们可以在各个校园网络平台上发言，对各类事件和现象平等自由的讨论，表达自己的真实想法。教育者也能够及时地了解高职学生的需求和问题，以此来提高育人成效，达到育人目标。

（一）行为规范功能

高职院校开展各项工作和活动的主要目的是为了培养高职学生的科学文化素质、思想道德素质，建设和发展高职院校网络文化是为了高职院校更好地进行日常教学，服务和管理学生，以此实现育人目标。如今高职学生学习生活的方方面面都已被互联网普及，学生不仅能够利用网络开拓视野、减少压力、丰富生活，大学时期是人在社会化这一过程中的关键时期，这时期的价值观念和理想信念有很强的塑造性，但也是高职学生最容易被不良思想误导的时期。由此看来，打造健康优秀的高职院校网络文化能够给高职学生创造一个良好的学习和生活环境，对提高高职学生的文化素养和思想道德素质起着积极作用，规范学生的言行。

高职院校网络文化的行为规范功能所指的是高职院校网络文化的规章制度和精神导向方面，对言行的规范引导，它具有两个方面的属性，第一是强制性，第二是非强制性。通过看一个高职学生是否能够自觉遵守并主动维护学校各项规章制度、校规校纪等，是评判其是否具有良好的行为习惯的重要因素。建设高职院校网络文化的根本目标是培养人才，因此一所高职院校呈现出的校园网络文化内容要充分体现出本校所追求目标、办学理念、校风学风等精神力量以及主流意识形态，高职学生在使用校园网络时会在不知不觉中受到这些精神力量的教育和引导，心灵得到净化，思想得到升华，能够自觉遵守并主动维护学校规章制度，形成一种好的行为习惯。

一方面，行为规范功能的强制性体现在校规校纪和校园管理方面。高职院校制定的一系列明确的网络使用规定具有一定的示范意义，高职院校的一切规定都要求高职学生要严格遵守。在这种强制性的要求下，高职学生能够逐步养成符合学校要求的行为习惯，高职院校也打造了一个更有利于高职学生文明上网的空间。对于高职院校网络文化来说，若是可以充分发挥其育人功能，那么高职学生的网络行为和现实行为则是能够被合理地引导和规范，进而取得高职院校所盼望的育人成果。因此，高职院校要重视并大力建设校园网络文化，将高职院校网络文化建设和人的发展、社会发展、国家发展所需结合起来，提高高职院校育人实效性。另一方面，高职院校网络文化的行为规范功能还有非强制性，教育者通过用社会主义先进文化加强对高职学生的熏陶，倡导积极正向的价值观念、行为习惯，要及时发现高职学生在网络上的不当言论和消极情绪并进行教育和疏导，帮助高职学生在潜移默化中形成正确健康的三观，提高人文素养，实现培育人、发展人的目标。

（二）陶冶情操功能

陶冶情操通常指的是靠外界因素影响，使人的心灵受到感染和熏陶，提高精神境界，丰富内心情感增加乐趣，陶冶情操。对于高职学生来说，高职院校网络文化丰富的内容和多种多样的形式，能给其日常学习、校园生活和休闲娱乐等方面带来更多样的选择，高职学生在各种优秀网络文化的熏陶下，可以逐渐消除他们在日常生活中累积的负面情绪，通过不断地提升思想境界、净化心灵，最终整个人会得到自由全面的发展。

高职院校网络文化的陶冶情操功能是由其自身的开放性这一特点决定的，在网络世界里没有地位和能力的差别之分，全体学生都可以作为网络主体参与到网络生活中，在相对自由的网络世界中可以起到有效缓解自己在生活中的压力和释放自己心中的负面情绪的作用。与此同时，将积极情绪在网络上进一步强化，在一定程度上对高职学生的身心健康发展起到帮助作用。高职院校网络文化具有多样性的特点，能让各类思想源泉在校园网络中竞相迸发，使高职院校网络文化内容包罗万象并充满生机，还可以帮助高职学生开阔眼界、增长见识、与时俱进、解放思想。

对于高职院校网络文化来说，随着互联网技术的飞速发展，它也会随之持续不断地创新和发展，无论是多种多样的形式，还是丰富多彩的内容，从始至终都要坚持在意识形态上紧跟社会主义核心价值观，传播社会主义先进文化，永远都会让人眼前一新，这种新型开放的教育模式让高职学生在校的学习和生活不再枯燥，充满活力。在良好的高职院校网络环境下进行教育工作，不断发展和强化高职学生的校园网络主体性，在多样的网络文化内容的影响下，弱化和消除高职学生的负面情绪，强化积极向上的情绪，净化心灵，洗涤灵魂，升华思想境界，人人都能实现自由全面的发展。

（三）激励创新功能

高职学生作为高职院校网络文化活动的主要参与者，在高职院校网络文化中，便捷的网络条件和丰富多彩的文化内容不仅能够影响高职学生的生活习惯还会给他们的思想观念带来巨大的影响。利用开阔的网络平台和丰富的网络资源，为高职学生打造了一个全新的世界，高职院校网络文化内容和形式充满新鲜感，能够在极大程度上激发高职学生的创新思维和创造能力，为校园添加活力，也帮助学生开发其潜在的能力。

高职院校网络文化具有平等性和自由性，它不仅冲破了信息被垄断的情况，还提高了高职学生的平等意识。完善并发展高职院校网络文化，不仅使高职学生的学习内容变得更加丰富多样，也增加了高职学生的学习方式，并且还为高职学生发挥自身创新创造能力开阔了空间。

如今，互联网的高速发展，高职学生能够在极短的时间内获取大量的信息，同时网络内容的快速更新也为给高职学生能够直接接触先进思想和丰富理论提供了契机，他们能较快的接受并适应新事物，并培养创新意识，提高创造能力，养成独立思考的习惯。

随着时代的进步，互联网技术的飞速发展，高职院校网络文化也为高职学生带来了更多可选择性和创新性，高职学生逐渐地能用辩证的思维看待问题，更加深入且全面的分析问题，也更愿意参与讨论某个话题，发表自己的观点。在独立思考的过程中逐步培养出创新思维，提高创新能力，高职学生不再是被动接受教育，而是可以自觉主动学习并根据自身需要和兴趣做出更适合自己的选择，在学习中不断将自身的创造创新潜能激发出来。

（四）价值引领功能

当前高职院校网络已经覆盖高职学生校园日常学习与生活等各个方面，高职学生利用网络进行学习、交往以及娱乐等活动已经是校园生活中必不可少的一部分，网络文化让高职学生的思想更加开放、培养了高职学生的灵活思维。高职学生的精神面貌和价值取向都会受到网络文化这一重要因素的影响。因此建设高职院校网络文化这项工作变得及其重要，高职院校要积极主动的消除不良网络信息给高职学生价值取向带来的负面影响，利用高职院校网络文化的优势，让各个校园网络平台成为传播社会主义先进文化、弘扬社会主旋律的有效载体。

价值取向是每个人在面对和处理价值关系时的态度和立场，这是一种价值倾向，是在价值观的基础上形成的。不同类型文化的比较可能会给高职学生的价值取向带来更多的选择，使学生感到选择困难。大学时期正处在一个人价值观养成的重要时刻，在错综复杂的社会现象面前以及良莠不齐的网络信息出现时很容易出现无从选择的情况，价值取向变得模糊混乱，不具备理智准确判断事物现象的能力。这就要求高职院校制定一套符合社会主义核心价值观、具备普遍指导意义的价值标准对高职学生进行价值引领，制定一套较为科学的校园网络使用规则，完善网络行为指导规范，做好高职院校网络文化建设和管理工作，提升思想道德与文化素养。

对于高职院校网络文化来说，作为一种新兴的文化形式，它所传输的内容一定要具有健康积极正向的特点，高职院校要把社会主义核心价值观、办学理念和价值目标等精神力量融入其中，帮助高职学生坚定理想信念，让高职学生能够时刻保持清晰的头脑和理智的思维去面对各种良莠不齐的网络信息，逐步形成正确的思想观念，坚决抵制各种不良信息的侵蚀，帮助高职学生更多地关注真正有价值的网络资源，增强辨识网络信息的判断力和独立思考信息的能力，养成良好的网络言行习惯，培养积极正向的价值观，促进高职学生自由全面的发展。

第二节　网络文化育人取得的主要成就

一、帮助高职学生树立正确的价值观念

价值观念是指高职学生对周围的客观事物（包括人、事、物）的意义、重要性的总体评价和看法。高职院校网络文化当中的优秀文化作品能在极大程度上帮助高职学生形成正确的价值观念，高职学生价值观念的形成直接受到校园文化的影响，在互联网迅速发展的时代，校园文化的发展必定会受到网络文化的影响，高职院校要充分利用校园网络文化帮助高职学生树立正确的价值观念和社会主流思想，增强责任意识，成为建设社会主义和谐社会的重要力量。与此同时，高职院校建设校园网络文化的过程也是弘扬优秀文化的过程，特别是中华传统文化，优秀的民族文化，有利于弘扬社会主旋律，能够更好地帮助当代高职学生树立正确价值观念。

"嘉兴学院有个辅导员微讲堂，把道理讲到学生心坎上"。2019年，嘉兴学院微讲堂就以"家国情怀"为主题推出了两期，在师生群体中有很大反响，十几天线上点击量近万人，并且后台互动评论十分踊跃。嘉兴学院辅导员通过讲述贴近生活的身边事例让学生对家国情怀有了更深入的理解，增强了学生对家与国的归属感和认同感，帮助学生树立科学、正确的价值观念，增强担当中华民族伟大复兴的责任感和使命感。

二、优化高职院校思政教育文化环境

每个人思想道德品质的形成、完善和发展过程，是需要在特定环境中进行的，高职院校对高职学生的思想政治教育工作也是在某一特定的环境中进行的，环境影响着高职院校对高职学生思想道德观念的形成、完善、发展以及思政教育工作的成效。随着互联网时代的到来，高职院校校园文化的发展正在被网络文化所影响，在这一背景下形成了高职院校网络文化，在二者逐步融合的过程中，不断优化了高职院校的思政教育文化环境，让教育者可以充分运用优秀的校园网络文化开展思想政治教育工作，

师生在网络平台上交流互动，不仅极大地降低了交流成本，还能提高师生之间沟通交流的频率。除此之外，传统的交流方式可能会给学生带来心理压力，部分学生在面对老师时会有紧张、焦虑的情绪，在网络之中交流还可以在一定程度上缓解学生的情绪，拉近了教师与学生之间的心理距离。此外，还能增强高职学生的自信心，将一切消极因素转变成积极因素，能够促进学生乐观地应对生活和学习中的困难和挫折，进而营造出利于培养优秀人才，并能为思政教育工作创造优质条件的校园文化环境，同时优质的校园文化环境也能在一定程度上加强思政教育对高职学生的影响，进而为高职学生实现自由且全面的发展提供帮助。

三、创新思政教育教学模式

高职院校以往的思政教学模式大多是以课堂教学以及书本理论学习等为主要传授方式，教学方法以讲授基本的理论知识为主，结合理论教学，让学生了解并学习什么是正确的思想道德观念和价值取向，这是传统的思政教学模式。传统的思政教学模式存在的弊端就是它不仅忽视了每个高职学生在学习能力上存在的差异，而且在一定程度上也没有重视学生对思想政治教育课程的教学评价，同时对于课堂的反馈也不够及时，这就在一定程度上导致教育者并不清楚学生真实的学习情况，也无法根据学生的实际情况对教学方法和内容做出调整。在高职院校网络文化不断更新和发展的形势下，相当一部分教育者已经逐渐意识到通过网络这一载体开展思政教学的重要性，于是一种全新的教学模式在无形中逐渐成型并得以普及，即线上思政教学模式。其实质是教师和学生双向交流，及时反馈的一种教学模式，在这种模式下学生可以在线上直接与教师交流互动，针对教学内容和学习情况说出自己的想法，教育者也能针对及时掌握到的学生思想动态进行有效地教育和引导。与此同时，根据收到的学生对教学情况的反馈，教育者还可以及时进行相应调整，不断丰富授课内容，完善授课效果，更好地进行育人工作。对于学生来说，网络空间在一定程度上是一个相对自由的空间，他们能够在网络平台上畅所欲言，并尽情地表达自己的真实想法和观点，同时教育者也可以利用网络的便利条件更加深入地、全面地了解每名学生，并帮助他们克服很多现实生活中遇到的困难，解决思想上的问题。这种模式对于提高思政育人的成效性有着很大的助益，并引领思政工作朝着正确方向不断地改革与创新。

第三节　高职院校网络文化育人的策略

目前，在高职院校通过网络文化进行育人的这一过程中还存在许多问题，这些问题严重阻碍了高职院校人才培养的需要。为此，无论是从理论层面还是从实践层面，高职院校都要积极探索如何充分发挥出高职院校网络文化育人功能。结合调查反映出的问题以及高职院校网络育人实践，今后高职院校网络文化建设工作要把促进高职学生全方位发展作为主要目标，始终坚持解放思想、与时俱进，同时结合当代高职学生的日常生活，为充分发挥高职院校网络文化育人功能制定切实可行的优化措施。

一、建立科学高效的高职院校网络文化育人机制

高职院校网络文化育人机制的科学性和高效性是开展育人工作的重要前提和根本保障，高职院校要切实发挥好在育人工作中的主导作用，要做到立足实际，创新思维，不断探索创新高职院校网络文化育人机制。

（一）充分发挥校党委的领导核心作用，多部门协同合作

高职院校作为培养人才的重要力量之一，肩负着为学生传授知识的使命，根本任务和目标是立德树人。通过高职院校网络文化培养高职学生健康全面地发展是人才培育的重要渠道之一，高职院校要通过建立并完善领导机制和各部门协同机制，深入开展网络思想政治教育工作，达到培养人，教育人的目的。

高职院校应该把校党委的领导核心作用充分发挥出来，以社会主义核心价值观和社会主义先进文化为指导，做好高职院校网络文化建设，建设一个校园网络文化建设管理领导小组，其中由学校主要领导作为组长，思想政治教育职能部门和教学部门的相关领导作为副组长，在领导小组的指导下，不断完善高职院校网络文化建设。高职院校相关部门与各个学院始终发挥着核心指导作用，学院辅导员以及网络管理工作人员起着十分关键的作用，他们是高职院校与学生之间的纽带。因此必须积极利用校园网络平台进行管理、教育与服务等各项工作，在发生重大舆论事件时可以及时有效地处理，努力打造校园网络文化建设的大格局。

为对于高职院校来说，想要打造网络文化育人平台，建立校园网络文化育人协同机制十分必要，这是因为仅仅靠单一部门无法完成，故而需要各个部门的协同合作。高职院校内设的宣传部、学生处等各个职能部门以及相关学院，比如新闻传播学院、信息学院等共同建设和管理，同时还要具备一批思想政治理论水平较高、文化底蕴深厚、使用网络和开发网络水平较高、与高职院校网络文化建设和管理所需要求相符合的管理人员、技术人员和舆论监督人员。重视建设并完善各个校园网络平台，积极建设校园官方微信公众号和二级学院微信公众平台，发布并传播积极向上的校园文化以及优秀传统文化，高职学生也可以通过校园网络平台对平台的相关建设提出自己的建议，加强学生和平台之间的相互沟通，提升效率。

（二）加强高职院校网络思想政治教育队伍建设

在高职院校通过网络文化育人过程中，师资队伍的素质和实力是关键性因素，因此高职院校要打造一支掌握思想政治教育理论知识、政治素质高、有通过网络文化育人意识的师资队伍。由于高职院校网络文化具有开放性的特点，这就需要提高高职院校网络文化理论研究人员、技术保障人员、舆情分析人员的能力和素质，持续提升高职院校网络思想政治教育队伍的专业水平。针对高职院校网络文化育人队伍素养有待提高的现状，提出以下四种措施。

首先，每个学院选拔一批人才队伍，用于建设和管理校园网络文化。队伍人才的构成主要包含各个学院的党政负责人、辅导员以及相关专业教师。其中党政负责人主要负责统筹和规划网络文化建设的方向，而辅导员则是承担网络文化建设中更为主要的工作，例如时刻掌握学生的思想动态，将线上和线下的思政教育工作结合起来。而相关的专业教师主要负责在各个网络平台宣传其积极向上的价值取向等。

其次，组成一批具有较高网络技能的专业技术人员，做好高职院校网络平台的开发和管理工作，负责网络文化平台建设、使用以及日常监督工作；高职院校网络技术管理人员必须具备较高的业务素质，对各种网络信息技术十分熟练，同时具有对社会现象和热点的敏锐感和判断力。除此之外，作为高职院校网络技术管理人员不仅要了解网络技术的特点，还有对高职学生的思想状况有所了解。

再次，培养一些有较高政治觉悟和思想道德素质的高职学生，让他们组成校园网络舆情小组，及时在网络上了解高职学生的思想动态和价值倾向，一旦发现有不良思想的苗头要做到尽早报告，并及时进行教育，保证高职学生的思想健康向上；同时高职院校也要不断提高这些学生的法制意识、政治意识、责任意识和相关工作技能，充分发挥出这些学生在网上引导、掌握信息、丰富内容等各个方面的积极影响。

最后，培育网络意见领袖。高职学生在看待网络热点问题和事件的时候，常常会受到一些网络中知名度较高的人和受关注度较高的平台所发布信息的影响，及时关注并引导网络领袖等一些重要人物的网络言行，引导他们对各种社会现象、热点话题、文化思潮等进行客观的分析、理性的讨论和表达，借助意见领袖的力量开展各项工作。因此在学生当中培养并选拔一批积极向上的网络意见代表人物，这也可以成为一种示范引领的有效载体。

（三）健全高职院校网络文化建设的保障机制

高职院校网络文化建设要坚持以社会主义核心价值观为导向，把校园网络平台作为传播社会主流意识形态的主要途径，加大高职院校网络文化建设力度，让校园网络空间成为学生学习并践行社会主义核心价值观的主阵地。高职院校要通过健全完善校园网络文化建设保障机制，全面深入的开展高职院校网络文化育人工作。

　　一是高职院校根据本校工作的实际情况，结合校园网络平台的发展特性，制定出一套相应的网络管理制度与使用制度，有效地、有针对性地管理校园网络，让教育者与受教育者共同努力，营造出一个和谐的校园网络环境。高职院校要完善一系列的规章制度，比如：建立新网站开发备案制度、审查网络信息制度、网络舆情监管制度、网络突发状况应急制度、扶持优秀网络文化作品制度等。加大力度推广实名制，扩大实名制应用范围，依照法律法规及校园规章制度治理好校园网络空间。严格审查并管理校园微博、微信公众号等平台发布的内容并完善审核网络信息的制度，以"谁发布、谁管理、谁负责"为原则，对各单位、教职工及学生发布的网络信息要实行责任制。对于高职院校来说，应该大力抵制网络环境里的那些错误思想观念和消极内容，创建一套较为合理的网络管理和保障机制，以避免高职学生的思想观念和意识形态受到网络中腐朽内容的侵蚀，因此要更好地开展思想政治教育工作，提供健康文明的网络环境。不仅如此，对于学校来说，还要对官方网站和各网络平台出现的言论进行严格监管，让高职院校网络平台成为网络舆论的重要阵地，同时还要对学生对于网上信息的辨别能力进行培养，逐步让学生形成并加深网络安全意识、责任意识，进而保证高职院校网络文化育人工作顺利进行。

　　二是要建立网络管理体系，学校主要负责统筹规划，各个学院负责具体事务，并按职责和权限划分管理，做到科学管理、制度管理、高效管理，充分利用网络技术、思想教育、规章制度等手段，把管理和教育、学生自我管理和校规校纪约束有机结合起来，加快形成学校监管、单位监督、学生自律的校园网络秩序；加大力度监控校园网络上发布和传播的信息，逐步减少负面网络信息为高职学生思想带来的不良影响；日常管理并运营好校园网络平台，充分发挥校园网络平台对思想政治教育的积极作用；加强建设、传播和推广校园网络文化；为了更好地管理校园网络工作，还要建立考评和奖惩制度，通过不断积累经验和总结教训，来提高网络管理工作效率。

二、坚持社会主义意识形态导向

　　高职院校的职责不仅是要给学生讲授专业课知识，科技知识和理论知识，更重要的是让学生们受到先进文化，优秀文化，社会主义意识形态的熏陶，现在教育者与受教育者之间的交流沟通方式已经逐渐地从线下转移到线上，新媒体平台成为他们情感交流、探讨学术的主要平台。因此高职院校必须在建设新媒体平台过程中倡导、践行社会主义核心价值观，打造出高品质的线上课堂，不仅向学生传授知识，更要反映时代风貌，校园特色。这样才能真正将高职院校网络文化的育人功能发挥出来。为充分发挥高职院校校园网络平台意识形态功能，提升高职院校主动引导网络文化发展的能力提出以下措施。

（一）用社会主义核心价值观引领高职院校网络文化

为了实现中华民族的伟大复兴，首先要培养出时代新人，因此必须加强教育、培养实践能力、完善保障制度，用社会主义核心价值观引领国民教育、创造精神文明、创作文化作品等工作，把社会主义核心价值观充分与社会发展的方方面面融合起来，帮助人们深刻理解并践行社会主义核心价值观。对于高职院校来说，结合社会主义核心价值观来引领高职院校网络文化建设十分重要，这对于培养高职学生的信念感、使命感具有重要意义，高职院校要在社会主义核心价值观引领之下大力建设网络文化，这对培养高职学生的使命感、责任感具有积极影响。在高职院校网络文化建设的每一个环节、每一方面，都要体现出社会主义核心价值观对培养人，发展人的作用，让高职学生在潜移默化中更加坚信党和国家的领导能力，更加坚定政治信仰，坚定理想信念，增强对国家的归属感、认同感，意识到当代青年肩负的责任和使命，增强责任意识与担当意识，愿意为中华民族伟大复兴贡献一己之力。

对于高职院校来说，要想建设校园网络文化，可以通过很多途径，例如学校的官方网站、校园微博、校园微信公众号等平台，通过这些平台积极培育和践行社会主义核心价值观，引导高职学生形成正确的理想信念；在建设、丰富和不断完善优秀校园网络文化过程中，高职院校要始终坚持把校园网络的意识形态导向功能的核心地位体现出来，将其放在首要位置，对高职学生来说最具有吸引力的无非是高职院校网络文化阵地，如果社会主义主流思想不去占领这一阵地，那么其他非主流意识形态就会去占领。因此，对于高职院校来说，在建设校园网络文化这一过程中，需要不断向广大高职学生倡导并践行社会主义核心价值观，不断增强学生的民族文化自信心，帮助学生树立正确的价值取向，提高他们在开放虚拟的网络环境中辨别良莠不齐的网络资源的能力，充分发挥出他们的主观能动性、积极创造性。高职学生是使用校园网络的主体，因此高职院校要想实现校园网络平台的健康稳定和繁荣发展，必然需要高职学生积极主动参与建设，给校园网络平台的建设和管理提出实质性、可操作性的建议。故而高职院校应该想办法充分调动高职学生的积极性、创造性，引导学生主动参与开发、建设相关主题网站、校园 App、网络文化平台等，让学生在此过程中逐步形成高职院校网络文化的主人翁意识，打造与时俱进的高职院校网络文化。

一是要用社会主义核心价值观占领高职院校网络文化阵地。高职院校可以使用网络向学生推送与社会主义核心价值观相符合的校园网络文化，发挥出社会主义意识形态的引领作用，把高职院校网络空间打造成最能影响学生、引领学生的网络阵地。高职院校要积极动员高职学生主动参加各种倡导、践行社会主义核心价值观的活动，例如相关主题的演讲大赛，线上宣传优秀党员事迹，优秀学生事迹等活动，高职院校要结合新媒体优势和资源，明确学生学习的主要特点，利用网络平台开展"红色在线""青年之声"等网络文化活动，结合各个校园网络平台，加强学生对进行红色文化和社会主义核心价值观等内容的宣传和讲解。对于高职院校来说，在其网络文化建设的每一个环节中，需要充分发挥出社会主义核心价值观、传统文化、先进文化的积极作用。结合新时代的发展方向，充分利用网络的便利条件和技术，结合新时代中国特色社会主义思想培育人、发展人，在建设高职院校网络文化过程中把中国梦、共产主义远大理想、中国特色社会主义共同理想融入进去，将"正能量"传递给高职学生，弘扬主旋律，营造积极向上的校园氛围，充分体现出校园网络文化的民族性、时代性，努力培养出一批又一批思想、技术、综合素质都过硬的高质量人才。

二是在开展高职院校网络文化活动的过程中，强化社会主义核心价值观的影响作用。对于高职院校来说，其网络文化建设是由社会主义核心价值观来引领的，不断丰富其内容形式，以高职学生喜闻乐见的方式展现出来，网络文化内容的设定要满足学生的实际需求，致力于提升高职学生的思想道德素质和科学文化素质，普及高职院校网络文化的思想道德政治教育是教育者们共同的心愿，助推马克思主义中国化是民之所愿，心之所向，如果只考虑学生的兴趣爱好，一味地展示娱乐化、接地气的网络文化内容，这就完全偏离了高职院校的育人原则，也无法体现出马克思主义基本原则，更是偏离了高职院校培育和践行社会主义核心价值观的根本目的，自然也就无法打造出高品质、体现社会主义意识形态的高职院校网络文化，更无法促进高职院校网络文化的繁荣发展，为了强化社会主义核心价值观在高职院校网络文化中的影响作用，就要使其在校园网络平台的宣传中丰富多彩充满活力，始终坚持社会主义核心价值观在高职院校网络文化建设中的核心地位。比如：高职院校思政教育工作者可以将各类网络中的各类课程资源充分利用起来，围绕社会热点事件、时事新闻等，以开设微讲座、播放微电影等方式为载体，用更加丰富多样的形式传播并践行社会主义核心价值观，将线上、线下课堂有机结合，加强高职学生的信念感和道德感，帮助青年高职学生更加坚定"四个自信"。校园网络平台展现给高职学生的网络文化内容，不仅要联系学生的生活实际和个人喜好，满足高职学生的真正需求，更重要的是要充分体现出社会主流意识形态的引导作用，这就需要高职院校将社会主义核心价值观更加生动深刻地诠释，在高职院校网络文化活动中倡导主流价值观，不断推动新内容和新形式，让社会主义核心价值观在建设高职院校网络文化的进程中引领发展方向。

（二）坚持社会主义先进文化的发展方向

社会主义先进文化是以马克思主义为指导，在此基础上进行的文化创新，它植根于中华民族优秀传统文化，立足于中国实际，吸收全世界的有益文化成果，通过不断的改革创新，形成了具有自己民族特色的先进文化。对于高职院校来说，其网络文化的建设工作必须紧跟社会主义先进文化的发展方向和步伐，始终与社会主义先进文的进步保持一致，让校园网络文化体现出民族精神，时代风貌和校园特点，让校园网络文化更好地帮助高职学生洗涤心灵、拓展视野、丰富精神世界。

高职院校网络文化建设的目的是让全校师生具有积极健康的思想，营造风清气正的校园网络环境，最终目标是要培养社会需要的人才，使校园网络文化在弘扬中华民族传统文化和传播社会主义先进文化中发挥出重要作用，把腐朽内容拒之门外，防止其进入校园网络空间对高职学生产生消极影响。因此高职院校要从高职学生关心的社会热点问题、时事政治、校园活动、学校生活、招生就业等角度分别切入，把握创作和宣传文化作品机遇，利用高职院校每年关键的时间点，比如：开学季、招生季、毕业季等，鼓励师生打造优秀的原创网络文化作品。高职院校始终把对高职学生的思想道德素质、科学文化素质和艺术素质等培养融入到相关网络文化作品的创作之中。对于校园网络文化作品来说，其形式必须进行创新，要以更加丰富多样的形式展现给高职学生，例如创作网络文章、漫画、微电影、微视频等，并将这些网络文化作品展示在校园官网、校园微博、校园微信公众平台和易班平台等，用高职学生更乐于接受的方式弘扬主旋律、传播网络"正能量"，宣传社会主义先进文化和中华民族传统文化，让高职学生在受到优秀网络文化作品的熏陶之下坚定理想信念，坚定社会主义共同理想，坚定政治立场，提高思想政治觉悟；高职院校要努力宣传真理、传播优秀文化、发扬科学精神、塑造高尚人格、提高思想境界，弘扬社会正气。

三、提升高职院校网络文化品质，打造网络文化精品

高职院校在建设校园网络文化的过程中，必须要考虑到什么样的网络文化作品能够吸引到当代高职学生，最主要的是把校园网络文化的质量提升上来，不断丰富其内容和形式，提高创新性，充分发挥出网络文化作品宣传科学真理、传播先进文化、弘扬社会主旋律等方面的作用，把高职院校网络文化的思政教育价值提升上去。高职院校要打造高职学生喜闻乐见的优秀网络文化作品，关注学生需求，加强网络文化内容的针对性；各校园网络平台要及时更新网络文化内容，如社会热点，时事政策等，增强网络文化内容的时效性。

（一）增加优秀网络文化成果的数量

目前，优秀的高职院校网络文化从成果数量上来说依旧是比较匮乏，文化内容不够新颖。因此对于高职院校而言，增加优秀网络文化作品数量来丰富学生课余生活十分迫切。优秀的网络文化作品不仅能够净化心灵、陶冶情操、愉悦身心，对高职学生、高职院校以及社会来说更重要的是优秀网络文化可以帮助学生形成正确思想观念，坚定政治立场。通过校园官方网站、校园微信公众平台校园微博等多平台进行发布，充分发挥各个网络平台的优势和特点，各平台之间也要共同协作提高高职院校网络文化

质量，创作和发布各具有本校特色和反映时代特色的优秀网络文化作品，传播科学的优秀的社会主义先进思想、树立正确价值观念、弘扬主旋律。同时，高职院校网络文化发展不仅要注重校园网络平台的建设和管理，还要注重协调与非校园管理控制的自媒体的关系，了解高职学生的上网习惯，满足他们的实际需求，增强高职院校网络文化吸引力，以达到育人效果，帮助高职学生成长成才。

为解决高职院校网络文化内容不够丰富，形式单一的问题，应采取以下措施：首先需要丰富校园网络平台中的教育模式，让网络思政教育内容更加有吸引力和感染力。同时，思政教育工作者还可以在校园网络平台中展示校园内先进的人物事迹，社会中的优秀人物事迹，让学生们受到感染和熏陶，在潜移默化中将这些优秀人物作为自己的标准，弘扬他们的精神，传播他们的优秀感人事迹，在此过程中实现自我进步。高职院校还需要加大对校园网络平台功能的挖掘力度，在网络平台中多发布与学生学习、生活息息相关的讯息，了解当代高职学生的喜好和需求，这样才能有效地完善、丰富校园网络文化内容。例如，当前高职学生对心理咨询、就业创业指导、兼职工作和休闲娱乐等方面需求很大，这给高职院校的网络文化建设工作指明了方向，不仅能提高高职院校网络文化育人成效，还能有效丰富学生的校园生活，并且充分发挥出校园网络文化的育人功能。除此之外，对于高职院校来说，网络文化的建设不应该闭门造车，可以多多借鉴和吸收其他学校的优秀经验和取得的成果，再结合自身实际情况做出调整，必须将所有校园网络平台协同起来，把思政教育平台和其他校园网站的育人功能充分结合在一起，为学生学习提供多条渠道，多种选择。高职院校要对校园监管环节投入更多的人力、物力和财力，采取实时监管措施，定期开展净网活动，为高职学生营造一个相对文明、健康、和谐的校园网络环境。

（二）利用"三微一端"，打造学生喜闻乐见的校园网络文化

随着新媒体的普遍应用并在高职学生的生活和学习中发挥着巨大影响，各种类型的手机 App 以及功能软件层出不穷，以微博、微信为代表的网络平台对高职学生的学习生活、行为习惯、价值观念等方面有着十分重要的影响，每一个高职学生都可以制造并传播网络信息，因此高职院校育人工作必须要实现现代化，把网络技术运用到高职教育教学的工作中已成必然，要充分利用"三微一端"，实现线上线下相结合，激发高职学生的积极性、主动性、创造性，丰富育人资源、创新育人模式、提高育人效果，促进高职学生的全面发展。为提高高职院校网络文化育人平台对高职学生的吸引力，充分发挥高职院校校园网站的育人功能，提出以下措施。

高职院校要运用新媒体更好地服务广大师生、向社会展示学校的悠久历史，介绍学校当前发展情况。现在，微博、微信和微视频等社交平台的普及和发展为高职院校育人模式提供了更多选择，对于高职学生的校园生活来说，校园微博以及校园微信公

众平台的建立也会为其带来十分重要的转变，可以通过它们的各种功能，如订阅、评论以及转发等，实现更频繁和有效果的互动沟通；校园微视频的内容简单生动，会给人带来较强的视觉冲击力，更能对高职学生产生吸引力和感染力。高职院校要积极利用开发手机客户端向高职学生传播正能量，传送知识，发布校园生活信息等，同时要大力动员学校的各个部门、各院学院、各年级以及班级开通建设微信微博等微平台，让微平台覆盖范围辐射全学校，拓宽高职学生思想政治教育新途径。

高职学生由于知识水平和社会经验不足对一些文化内容可能无法充分理解，因此，高职院校要充分利用微博、微信、QQ、易班和短视频 App 等网络平台，用短视频、文章、漫画、歌曲等形式向高职学生传播高职院校网络文化，让高职学生更感兴趣，更乐于接受形式传播的网络文化内容，提升网络文化内容的新颖性，使得网络文化内容更能吸引并感染高职学生，引导高职学生践行社会主义核心价值观，让高职学生更深入地理解，更积极地支持党和国家的路线、方针和政策。高职院校要积极推动微信、微博、微视频、手机客户端的协同作用，用丰富的内容、多样的形式展现高职院校网络文化，师生互动频率更高，教育者有利于向高职学生传输思想政治教育理论知识，解决好学生的实际需求并掌握学生的思想动态，扎实推进高职院校网络文化育人工作取得实效。

四、加强高职学生网络媒介素养教育

对于高职院校来说，加强对高职学生的网络道德教育，加强建设校园网络文明，发挥出网络道德的引导作用，开展网络文明教育和网络法制教育十分有必要，这对于引导高职学生养成科学、文明、遵纪守法的上网习惯有着十分重要的意义。对于高职院校网络文化来说，想要将其育人功能充分地发挥出来不仅仅是体现在网络文化建设的过程中，更重要的前提是营造一个积极健康、充满正能量的校园网络环境，这不是仅仅靠学校就能实现的，更重要的是需要学生充分调动自己的主观能动性，加强校园网络环境建设和校园网络文化建设的主人翁意识，提高自身网络媒介素养，配合高职院校对自身的教育和引导，营造风清气正的校园网络空间。

（一）发挥高职学生主观能动性，加强自我教育

网络本身具有开放性和多样性的特点，教育工作者的教化引导只是外在力量，高职学生作为高职院校网络文化的主体，只有充分发挥主观能动性，加强自我教育，提高自律意识才是最有效的，才能使高职院校网络文化育人功能充分发挥出来，达到育人效果。

首先，高职学生要积极主动参加各类校园网络文化活动，例如有关网络文化和网络知识的讲座、知识竞赛、演讲等活动，通过参加活动亲身体会到高职院校网络文化育人的重要意义。高职学生参加校园网络文化活动的过程不单单是让高职学生用所学

理论知识指导实践的过程，是让高职学生在实践活动中认识到自己身上存在问题的过程，在以后的学习和生活中能够针对这些问题进行有效的改正和进步。高职学生用理论知识指导实践，再用实践提升理论知识水平可以充分提高高职院校网络文化育人效果。其次，考虑到高职学生既是校园网络文化活动参与的主体，也是校园网络文化建设的主要参与者。因此，高职学生在创造网络文化过程中是教育者的身份，在受网络文化影响的过程中就是被教育者的身份，在网络空间里高职学生可以相对自由的根据自己的愿意选择浏览、学习相关信息以及网络知识，从而增强其学习的自觉性，还能在自主学习的过程中，不断提高自身规范合理使用网络的能力，养成健康文明的上网习惯，提高自身网络素质，合理表达自己想法观念；高职学生可以通过多种渠道了解并学习网络相关的法律知识，例如网上查阅、关注网络安全事件等，不断积累网络相关法律知识，逐步培养遵守、守法的意识，真正了解如何维护网络环境、净化网络环境。高职学生要调动起自身的主观能动性，加强自主学习能力，提升自己的网络道德素养，规范网络言行，深化守法意识，强化使用网络的技能，并将所学知识内化于心、外化于行，在网络空间宣传积极思想，弘扬主旋律，不仅自己要养成良好的上网习惯，也要影响身边的人，帮助其他人形成好的网络行为习惯。最后，高职学生要合理安排上网时间，切忌沉迷网络。高职学生使用校园网络的主要目的是查阅学习资料，关注校园生活讯息，有时也会有放松身心的用途。而对学生来说重中之重的任务是学习，网络上的海量资源给高职学生的学习提供了很多便利条件，学生们不再需要翻阅大量的书本教材，只需使用网络便能随时随地查找到自己所需的期刊文献资料，也提高了学习科学文化知识的能力，但是，很多高职学生在现实生活中遇到挫折、困难等消极情况，他们更愿意在网络里缓解压力，释放自己的消极情绪，这是可以理解并支持的。但是绝对不能沉溺在虚拟的网络世界里而影响了正常的现实生活，高职学生在使用网络时始终要保持清醒的头脑，明确自己为什么上网，在良莠不齐的网络信息中获取对个人、社会和国家发展有利的内容，千万不能忘记自己的初心，不能忘记作为青年高职学生的任务和使命，影响了正常的学习和生活。

网络世界和现实世界是有共同点的，和谐的网络环境与现实环境都需要社会中每一个人自觉主动去维护，故而对于高职院校来说，不断引导高职学生进行自我教育，提高网络媒介素养十分必要，帮助高职学生在面对网络当中的腐朽内容和诱惑时，提醒自己保持理智的思维，清醒的头脑，坚决抵制不良诱惑，担负起社会责任。

（二）加强高职学生网络信息辨别和处理能力

在网络信息时代，信息产量巨大，而信息过剩也会给人带来压力和恐慌，降低了高职学生的学习生活质量，因此如何获取有效的信息，分析信息、表达信息也成为了高职学生使用网络必备的能力。高职院校为了提升高职学生的网络媒介素养，也必须提高他们的网络表达能力以及网络内容辨识和处理能力，当前高职学生学习的重要渠道从线下课堂转变为线上，高职学生甚至是过度依赖网络，由于高职学生的知识结构并不完整，自控能力也相对薄弱，对网络信息的辨别能力需要加强，这就需要高职院校加强对校园网络资源的管控，对高职学生使用网络情况要加强教育和引导，提高他们辨别并处理网络信息的水平。

第八章　新时期高职院校文化育人创新

第一节　新时期高职院校文化建设的基本着力点

一、文化价值观建设

文化价值观是指对文学的理解和观念，学校对文化有更加深刻的理解，正确对待文化理念，是将文化摆在正确的定位上。

学校发展的文化背景属于历史发展的文化背景，在当今社会中，学校的文化发展超过其他行业的文化发展。学校作为文化延续发展的核心载体，同时学校的综合实力体现取决于文化观念的传播。观察学校本身的成长过程，学校所形成的文化，对老师和学生能够产生指导和培养功能，文化理念能够加强全校所有师生之间的亲密关系与和谐共处关系，也是学校茁壮成长过程中的强大力量。

学校为社会提供的服务，就是培养一批又一批优秀人才，因此学校所形成的文化理念起到至关重要的作用。但是，现在的高职院校存在很多弊端，主要是因为其成立时间不长，缺少浓厚的文化底蕴，不公平地对待文化事业活动，并且高职院校没有将文化事业的活动列为重点工作内容，举办学校文化活动的目标不够明确，还没有创建属于自己的特色文化，更不可能为社会甚至为国家的发展贡献自己的力量。

因此，学校应该坚持应用社会主义核心思想，用社会主义核心思想指引高职院校所举办的文化活动。从世界角度进行观察，经济危机激起人们自我反思以及分析各国文化交流所遇到的问题，每个民族之间综合实力的比较，已经转化为每个民族之间文化软实力的比较，促使每个民族繁荣强大的核心力量，是要保有根据自身情况树立远大目标的文化思想和意识。

社会主义核心思想是镇国之宝，指导社会主义文化活动。但事实上，大多数高职院校在成长过程中，还没有完善自身文化管理以及文化理念，通过文化活动增强文化涵养，明确未来要达成的文化理念，创造属于自己独有的文化管理机制，是高职院校创建文化活动的最终目的。

在高职院校的创办中，如果应用社会主义文化思想，需要在高等教育学校创办中，遵从马克思主义思想，用马克思主义思想认识世界和引导文化交流与传播，并且马克思主义思想的最新研究结论被用于指导全校所有学生和老师关于文化活动的工作内容；通过社会主义思想的应用与传播，将学生和老师团结在一起，激发出更多的内在力量和师生的爱国主义精神，并将这些思想和积极的意识落实到实际行动中。将学校服务理念和未来发展方向与社会主义思想相结合，通过应用社会主义思想，指导学校氛围与气息，营造老师和学生都认可的文化理念，是学校的核心文化理念；学校所倡导的文化氛围，是师生共同期待的教学环境。

二、文化管理体制建设

文化机制改革是高职院校根据文化理念以及文化管理所做出的体制改变，也就是说，将管理方法加以实践，通过行动表达出来。高职院校的文化机制改革包含相关组织部门之间的沟通与合作，文化活动的举办以及学校氛围的营造，每个部门权利和义务的明确及界限划分，人身安全与财产保护，各个环节结果的测评，文化机制改革的完善与所体现的价值和意义等。文化管理体系是一个长期改进和不断修整的阶段，每个学校都有自己独特的文化管理体系，高职院校正处于过渡时期，一些文化管理制度还未成熟和完善，没有达到符合新阶段文化发展标准。因此，高职院校的文化理念与学校成长需求不相一致，基本体现在两个层面。

（一）对文化管理体制机制建设的认识不足

很多领导者认为文化活动是针对学生所举办的娱乐活动，和管理制度的创建没有任何关系，相当于片面对文化管理制度做出否定评价。

（二）管理理念跟不上形势需求

大多数大专院校上升为本科院校，其管理制度还没有达到成熟。例如，部分院校只是简单地参照其他高等学校，没有通过系统科学的实践，创造出自己独特的管理制度，还有部分学校遵循自己的管理制度，最后没有达到教育改革对管理制度要求的标准，甚至一些学校将管理理念设置成思想教育课程，造成这种现象的原因是一些院校成立的时间较短，很多管理制度还没有完善，还未达到成熟阶段。

在进行管理制度的改进过程中，首先要明确管理制度所体现出来的价值和作用，将管理制度的改革和提升列为重点工作内容。一般情况下，大专院校的学生是由中专院校毕业的学生以及没有参加过国家统招的学生等组成，早期的管理制度已经无法达到现在教育需求。所以，应该创建一个系统完善的管理制度，从学校角度来观察，要创建相对应的管理部门，明确部门职责和义务，继续设计文化活动的举办方案，以及举办学校文化活动的目的和详细的活动内容等，将所设计方案的具体工作分配到相对应的工作部门；还要促进文化活动的推广工作以及如何推广分析工作，尤其是管理者对于文化精髓和形成理念有着更加深刻的理解，为举办文化活动及完善管理体制打下坚实后盾。

网络信息技术全面发展，文化管理制度的发展应该结合网络媒介加以运用。因为高科技具有的优点包括效率高、关联性非常强等，降低了时间成本在文化管理方面所涉及的范围。近些年，由于教育改革，其发展方向也发生了本质改变，由以前的学校数量的达标到目前以其内在核心成长为主。文化活动在高职院校中被学生和老师高度重视，将高科技与文化管理制度相结合，促进文化管理制度的多元化建设。因此，文化活动的创办数量会越来越多，文化活动所体现的价值和意义会更加显著，结合网络技术的文化管理工作，将大幅度提升工作效率。

三、特色文化培育

（一）适应文化传承

每个行业都要进行创新和改革，尤其是大学，大学有权利和义务培育一批又一批优秀的学生，将我国最新的文化理念继承和发扬出去，通过创新和改进最新文化理念，促进学生和老师规范自己的行为以及坚定心中的目标和信仰。因为它能够促进学生和老师之间的关系更为和谐与亲密，也是培育全能型人才至关重要的知识内容。在社会快速发展、个性化特点成为主要需求点的今天，掌握最新的文化理念是评估学校综合实力的主要标准。因此，大学院校应将先进的文化理念当作文化建设的坚实基础，逐步满足社会发展需求，加强自身综合实力建设。

（二）学校、社会和文化发展有机结合

高职院校的创建与成长的一个核心目的是满足社会需求、顺应时代发展。无论任何院校，其成长都离不开所属国家和社会的发展，高职院校培养出来的人才应当顺应时代发展和符合社会需求，高职院校为社会贡献的力量，是为社会培育能够满足社会所需的优秀人才。

每个民族区域都有自己独特的文学背景和地方习俗，高职院校综合实力的提升，能够推动当地经济发展，同时影响和管理当地人群，这充分表明高职院校与所在地区的文学水平相辅相成的关系。每个地方的独特文化养成，都是在高职院校的综合实力与当地经济水平相互融合的实践过程中逐渐形成。高职院校与当地经济实力呈现正比，息息相关。

（三）做好定位，统筹规划，系统实施

文化独特性的养成不是一朝一夕就能实现的，第一步要确定文化特色所处的位置，明确目标和定位，通过实践加以落实。高职院校的成长仍处于过渡期，首先要确定努力的方向，体现出具有特色的教学观点，促进教育改革的完成，特别是要借鉴以往成功创建学校的观念和其他办学观念，以及不断总结和归纳自身通过实践得出的结果，将办学的成功经验以及独创的文学理论进行传播，为更多的办学单位提供参考。总之，在创建学校过程中，要形成学校独有的特色文化和办学理念，激发自身潜力和利用各种资源完成文化特色的建设。

第二节　高职院校文化育人的主要效应分析

高职院校文化育人应当具有价值引导、目标激励、精神凝聚、风尚引领、品格塑造、行为规范、素质涵养、身心陶冶的效应。

一、基本概念

（一）校园文化

广义的校园文化是在学校实践过程中一切物质财富和精神财富的总和。狭义的校园文化是指校园精神艺术活动或课外活动等。根据校园文化的产生和发展进程，可以将校园文化看作在校园地理空间内，在师生的实践过程中形成的具有鲜明特征的文化形态，如校训、社团、校园环境等。随着研究的深入，学者们把学校方方面面的内容都纳入到校园文化的范畴内，致使校园文化的提法不足以满足研究的需要，于是学者们提出学校文化的概念作为校园文化的发展。

（二）高职院校文化育人

文化育人一词的来源，可追溯到《周易》的《贲卦·象传》，"刚柔交错，天文也；文明以止，人文也。观乎天文以察时变，观乎人文以化成天下"，按字面意思理解，即用文化来培养、教育人。国内关于高职院校文化育人的研究起始于 20 世纪 90 年代，到目前，历经多年取得了丰硕的研究成果，但学者们并没有明确提出高职院校文化育人的概念，只是在探讨文化育人时，通常将其放置在高等教育内，或与学校连接在一起，隐含了高职院校文化育人这一概念。文化育人作为素质教育的一种模式通过文化价值等各种非智力因素以有机整体的面貌介入，共同构成对人的成长成才发挥推动促进作用的内在动力因素，从而达到"文而化之"的目的。高职院校要把文化作为载体和手段，使培养对象形成正确的、科学的人生观、世界观与价值观，形成健全完善的人格

和品格。大学要将自身生产和保存的核心信仰、艺术、道德、知识等精神文化和制度文化传递给学生，将体现大学精神和人文主义的自由、民主、独立等传播给学生，也就是以先进的文化熏陶人、以高尚的精神塑造人、以崇高的理想引导人。但高职院校文化育人究竟是什么？事实上，高职院校文化育人是指作为文化育人的主体，高职院校致力于运用文化的力量，培养具有坚定的理想信念，正确的世界观、价值观、人生观，良好的道德品质和全面的综合素质的学生的过程。它更强调的高职院校用文化能动的培养学生的过程，并不仅仅将文化限定在学校范围内，也不仅仅关注文化自身，而是将高职院校、文化与育人联系起来，实现三者的有机统一。要明确其概念，揭示其内涵，可从以下四个方面说明。

1. 高职院校是文化育人的主体

高职院校文化首先要具有文化育人的理念和自觉。改革开放是高职院校出现功利化倾向的转折点，在一定程度上，人文精神陷入低迷，文化具有一定程度的缺失和衰退，不但严重影响了教学质量，也对社会持续有利发展有着不良影响。所以，文化对于人是唯一能够转变这种不良现象的选择。

高职院校需要有计划和目的地进行文化育人，例如激发活力、增强魅力、挖掘资源、探索机制模式和文化育人格局，是高职院校需要承担的使命。高职院校需要具有把握方向的能力，文化有好有坏、有先进有落后，而高职院校责任是把握教育方向，再利用优秀的文化培养人。总的来说，高职院校需要具有中国特色社会主义最先进的文化，还要有国内外文化成果和传统优秀的文化相结合，对人才进行培养，要注意去其文化的糟粕。

2. 文化是高职院校育人的载体

高职院校的本质属性是文化，是拥有浓厚文化底蕴和文化积淀的社会组织，也是文化保留、传承、生产、创造根基的场所。文化如同高职院校命脉，具有这种文化优势，高职院校才能吸收更多文化，促进文化的产生影响。文化是育人的载体和根基，所有高职院校都离不开文化，学术研究和教学活动更是以文化为基础。文化并没有一个特定统一的概念，但能够表达最广泛的文化，是人类一切精神和物质财富的总和。按其性质，可以分为落后文化和先进文化；按其地位，可分为亚文化和主流文化；按其人群，可分为大众文化和经营文化；按其时间，可分为现代文化和传统文化；按其地域，可分为外来文化和本土文化；按其构成，可分为行为文化、制度文化、精神文化、物质文化等。

3. 学生是高职院校文化育人的主要对象

文化育人是高职院校职责，是围绕"促进学生全面发展"的目标进行；高职院校是一个成才的场所，更是一个以人为本的思想体现。近年来，学生们的整体思想出现了信念缺失，学生的人生观、世界观、道德、综合素质等普遍下降，这是社会问题，这时的文化育人应该更加注重学生本身，培养学生坚定信念、提升道德品质、引导学生拥有正确的价值观、人生观和世界观，从而提升整体素质。

4. 育人是高职院校文化的目的

高职院校文化和属性决定文化育人才是其最终目的。一系列高职院校行为都是为了育人而服务，不仅要培养学生三观，还要传授知识，提升综合道德品德素质，使文化和教育联系紧密。在西方中，文化这一词也有动词培养、耕作之意，由此可见，教育是文化的一个功能。高职院校作为教育的重点场所，更是需要把文化的功能发挥到极致，从而实现文化人的目的，争取做到高职院校作为主体、文化作为载体、主要对象是学生、主要目的是育人。

二、高职院校文化育人的四个特性

研究高职院校文化育人，是因为其在育人方面具有特殊性。高职院校文化育人的特性有以下四方面。

（一）隐性育人和显性育人的结合

高职院校的文化育人，不但要从理论文化因子和物化文化因子两方面进行入手，包括看不见的风气、心理、舆论、传统、学校气氛等。看得见的建筑、画像、雕塑等直接影响学生。在教育形式上，高职院校可以采用直接、间接的形式，比如用渗透、熏陶学生气质、精神和意识，也要有直接讲座、课程知识竞赛等提高水平。在发生机制层面，通过无意识地心理反应、主观吸收达到育人目的。在结果上，学生也许并不能短时间作出改变，但通过长期影响，会获得显著效果。

（二）感性育人和理性育人的结合

感性和理性相结合的育人方式，主要表现在两方面：一方面学校通过直接的感官刺激，让学生感性认识，又要通过系统的深层文化，培养学生的理性认识；另一方面感性是面对学生，让学生深处文化之中，通过感知形成潜移默化的影响和渗透。理性是针对高职院校，是培养人才的终极目标，把握方向，探索教学规律，通过内外共同推进文化为人服务。

（三）核心育人和整体育人的结合

高职院校文化于人的本质表现为精神文化的价值观。高职院校在其中具有作用力和感召力，能够引领三观。所以育人的核心是文化，文化的核心是价值观。高职院校的文化育人是将制度文化、精神文化、行为文化和物质文化作为一个整体。这样，高职院校不但要引领学生三观，更要提升学生的综合能力全面发展。整体育人指用整体的文化进行育人，也指育人整体的素质。

（四）差异育人和综合育人的结合

不同文化具有不同形态，能够培育出不同个性的学生，即所谓差异育人。不同高职院校也许能够培养出不同文化烙印的学生，比如军事院校和女子院校，培养出各具特色的人才，但即使是同样的文化，因为自身素质的不同，对文化的接受和感知也不尽相同。高职院校能够融合多种技法和板块，把文化进行融合，培养出通识性人才。

三、高职院校文化育人效应

"效应"的定义是：化学和物理反应的后果，还可以解释为事物变化造成与之关联的状态变化。在人文社科领域中，效应是某一心理和社会现象的改变而造成与之相关事务的改变。育人效应是在教育中，用恰当的手法和契机，合理把握教育方向，使之产生有价值、良好的实践效果。

文化育人效应在高职院校中，指通过文化作用，让学生实现素质改变，进而达到教育目标。从文化和高职院校两个角度同时出发，充分挖掘高职院校育人的方式方法；其他效应是从学生品格、身心、行为、精神风貌等方面产生。

（一）价值引导与目标激励

文化存在多样性，正是因为不同，文化有好有坏，价值观有错有对。高职院校作为文化会议区的中心，学生能够接受多样文化和价值取向。有的学生也许会受到不良文化影响，出现价值偏差。高职院校的作用就是通过把握核心价值观，打击和消除不良文化影响，正确引导学生做出判断。

文化是精神和物质财富的总和，不但能够为人们提供智力支持，也能够提供物质保障。高职院校可以通过轻声和物质激励，激发学生的积极性和进取心，为中国的伟大复兴事业做出贡献。

（二）精神凝聚与风尚引领

文化由价值观念、思维方式和生活理想共同组成。这些文化具有凝聚力、向心力、推动力。高职院校通过精神有意识地把个体聚集起来，运用自己的优势所在，树立新的社会风尚，通过赞扬和肯定，宣传真善美，通过批判和否定，引导学生取其糟粕。

（三）品格塑造与行为约束

文化是艺术、习惯、道德、习性和能力的复合体。在传承过程中，文化不断塑造人的道德品质，也把这种来自固化的知识，塑造出动态的文化人。通过这些知识人们可以塑造品格，人与人之间的品格也会相互影响。所以，高职院校最重要的社会组织之一，是在传授和交流之中，秉持价值观念、遵纪守法、遵守道德规范等，对人们进行约束；明确社会上坚决不可为的事，引导人们正确的价值导向，约束学生行为。

（四）素质涵养与身心陶冶

"文化"一词在西方有动词之意，也被认为是人类精神和身体的训练。其中包含经验和知识两种素质。任何社会能力的提升都必定伴随文化的发展和进步，同时又能解放人的能力，慰藉心灵。高职院校应该在传递经验、开展文化活动、传授知识和发展文化之中，让学生潜移默化地陶冶身心，提高素质。

四、高职院校文化育人效应理论依据

挖掘文化育人理论依据，为高职院校文化育人提供理论支撑，是高职院校文化育人效应及其实现研究中的重要问题。文化育人作为古今中外延续不断的实践活动，可从中国传统文化、马克思主义先进文化以及思想政治教育学科中寻找理论依据。

（一）中国传统文化

我国传统文化中文以载道的教育思想最早可追溯到《诗经》中的德音，如《小雅·鹿鸣》中的"我有嘉宾，德音孔昭"，含义是神圣庄严的话语，特别是指先王的命令，具有约束教化臣民的作用。随着进一步的流传，德音更多地与文学联系起来，具有道德伦理的意义。古代文论《文心雕龙》中的《原道篇》多次出现"德音"，并指出"文之为德也大矣"，即文章的本源是道德，是圣人进行教化的工具。

其后，唐代文学家、思想家韩愈提出了"读文著书，歌颂尧舜之道"。韩愈门人李汉指出"文者，贯通之器也"。柳宗元也提出："文者以明道"。周敦颐继承了前人"文以明道""文以贯道"的思想，在《通书·文辞》中明确指出："文所以载道也。"在古代，文以载道的文是指文章、文论、文学等，道是指儒家之道，文以载道的目的是为了教化臣民。文章、文论、文学作为文化的具体表现形式，承载着伦理道德观念，文能够载道，故文化能够育人。

（二）马克思主义

马克思主义是科学的世界观和方法论，其内容涵盖了自然界和人类社会，涉及到政治、经济、文化、军事、历史等诸多领域。其中，马克思主义的文化观，剖析了文化的社会形态、结构和功能的机理，揭示了文化起源、文化生产和文化发展的规律，论述了文化的内部构成、实践品格、民族特质等规定性，并指出：文化起源于物质生产实践，并通过文化积累，逐渐形成获得性遗传因素，优化人的心智。马克思、恩格斯指出，文化具有记忆和存储社会历史实践经验的功能，文化的复制、传播和交流，能够使社会信息的传递，突破空间和时间的限制，超出个人直接经验的范围，把过去、现在和将来，把直接经验和间接经验都连结起来，整合为"传统""遗产"，成为新一代人乃至人类的实践活动的土壤，并以获得性遗传的形式推进人心智和能力的提高。

文化之所以能育人，是因为它具有固化、储存、加工、传递社会信息的功能，个体能够在社会实践中，不断地获得这一遗传密码，并最终影响个体的发展和人类社会的前进。

（三）思想政治教育学

思想政治教育学认为：环境和情境对人的思想品德的形成和发展具有重要影响作用，并制约着思想政治教育实践活动的效果。教育者要将思想政治教育寓于环境和情境之中，尤其是情感之中，催化、推动思想认识的形成，引发受教育者的情感共鸣，使受教育者在自由、民主的氛围中被感化、感染。教育者可以充分利用环境或情境隐蔽性、无意识性、非强制性的特点，选择环境中积极的因素，以渗透思想政治教育为目的，促使受教育者产生积极、健康的情感，逐步形成良好的思想政治品德。同时，教育者要注意规避环境中不良的影响，并注重环境和情境的创造、设计和建设，有效地对教育者进行渗透、熏陶和感染服务。高职院校文化育人实质上是高职院校利用文化环境、创设文化氛围，在潜移默化中熏陶感染学生的理想信念、世界观、价值观、人生观、道德品质、综合素质等，是思想政治教育学熏陶感染思想的直接体现和运用。

第三节　高职院校文化育人载体建设及其价值探讨

一、载体形态

关于文化的"育人载体"特点，包括文化知识、信息两个方面。这样的性质是育人要素的物质组成，也可以说是理念来源。高职教育本身包含两个属性，而且二者并行存在。关于高职教育的理解主要在："培养生产、建设、服务、管理一线高端技能型专门人才"方面。从上面这些因素可以看出，高职院校要实现文化育人，需要达到院校、企业、社会三者高度融合，归纳。这些结合所体现出来的特点是：院校文化形态、校企融合文化形态、社会文化形态。下面将对于这些特点进行具体描述。

（一）院校文化形态

院校文化形态是育人载体。这个方面特别强调高职院校独特文化内涵对于教育的作用，包括两个部分；①传统的物质形态育人载体。内容展现在彰显办学特色的校园主体建筑风格、表示校园文化的园林建设、彰显学校办学理念的名人名言和校训、校旗、校徽、校歌等；②现代非物质形态育人载体。特别强调网络作用，借助网络的良好性能进行传播，达到高效的非实物形态理念展示。其中，对于"网络"类别的使用，主要在于网络收视终端的数字化声、光、电、图像、语言文字信息。院校文化载体作为教育价值取向的关键所在，其中包含办学理念、办学目标、办学特色、办学风貌等内容，并且不同程度地渗透进学校的学习工作之中，这恰好是学校教育追求的核心所在。

通过这些无形的形式，让老师和学生在悄然生息之中提高自身综合能力和优良素质，尤其是对于学生来说，这样的文化渗入方式，对他们的影响来说是巨大的、积极的、不可或缺的，增强了精神力量，树立正确三观，培养理想的树立，塑造人文精神、创新职业能力。当学生步入社会时，可以更快更好地适应工作和生活。对于院校文化形态育人载体的开展工作，要特别强调"网络"的主体性，在此之上进一步加强现代非物质载体的作用。

现在，人们在这方面还有所欠缺，主要表现在网络载体始终缺乏专业性，对于信息流传播与反馈活动，一般采取"双向互动"乃至"多向互动"，使得整个过程难以控制，极易造成学生的虚拟世界与现实世界不平衡问题。为了避免这类问题的出现，人们应该扬长避短、因势利导，转消极因素为积极因素，从而更高效地达到文化育人目标。

（二）校企融合文化形态

建立一种校企融合方式，以院校与企业合作办学、合作育人、合作就业、合作发展作为高职教育改革发展根本目标。为了实现"文化育人"这个根本目标，必须要加强行业、校企的结合力度，而且这种形式已经取得了良好的效果。根据成功应用的证明，可以知道校企融合文化育人载体包括：

①"订单共育"。企业针对岗位的需要，向院校传达所需人才规格和德能标准。院校根据要求，形成"订单式"的教学工作，提高学校的教学目标，方便学生的就业准备工作，甚至对于学生可以直接进入该订单企业工作，减轻了学生的就业压力。

②"厂校互渗"。讲究学校教学工作的具体实践性，将专业技能实训中心、教学生活设施移到工厂，也就是所谓的"厂中校"，方便了企业生产线、检测线、文化理念与院校教育相互渗透，相互融合，达到所谓的"校中厂"。这两种形式的产生，真正实现校企融合，充分加强学生的实践应用能力。

③"基地互认"。院校把合作企业当作科研、实习、就业场所，企业把院校当作高技能人才训练的场所，这样的合作方式方便了学校和企业的育人交流工作，有利于两者之间的取长补短。

④"工学交替"。学生在进入合作企业训练的过程中，进行现场教学、轮班（交流、边学边做的学习）方式，让学生的学习和工作高度结合。

⑤"国际合作"。院校加强汲取国际教学经验方法，对于国际上优良技术的积极采用，有利于学生训练培养，使得整个学习结果朝着更高效的方面发展。

（三）社会层面形态

社会层面形态主要突出学生以实习、就业、社会实践活动为主的活动中，所涉及的社会化文化载体。关于这个方面，主要包括：①富有教育影响力的社会公共文化载体，例如博物馆、纪念馆、文物旧址、革命圣地；②富有雅俗共赏性，集娱乐、趣味于一体的文化载体，例如小品、相声、小说、车贴；③随处可见的生活空间文化载体，例如饮食文化、饮酒文化……虽然上述方面都是不同的，但是它们都在强调"文化自觉"，其中建立工作者和宣传人员对文化有深刻了解，他们正视、理解、整理、传承文化和历史，在尊重历史之上，加强文化理念的创建工作，加强氛围的强化工作，注重学生的心态潜移默化性。

二、建设要略

高职院校文化育人载体建设，要体现以服务为宗旨，以就业为导向，产学研相结合的职教理念，形成"以校为主、校企渗透、校社交融"的文化育人载体共建机制。

（一）校园景观与校史校情

随着我国高职院校逐渐发展，"以校为主"的文化育人载体建设，可以分成三个部分：①校史文化传递。加强学校的校史展览室、荣誉陈列室等场所的使用度，加强对于校园网等现代教育手段的宣传效果，其中特别强调学校的"创业史""发展史"，还可以参与学校老领导亲身创业的经验讲授课，让学生充分了解学校，加强学生的荣誉感。②校情文化感知。加强学生对于学校景观的关注度，发现其中校园风貌、文化景观、教学设施变化，在变化中体会发展不易，创业困难，进而培养学生的上进心。③校园文化体验。注重院校文化的熏陶工作，进行潜移默化的具体措施，例如碑牌石刻、簇锦花坛、光电屏幕……这些举措都是学生在学校生活中随处可见的物件，如果将院校文化安置在这些地方，那么学生可以在不知不觉的学习过程中得到熏陶。除此之外，这种熏陶效果的取得，还可以进行"文化艺术节、体育节、德育节"等主题活动，还可以提高学生的积极性，自觉感受文化能力。

（二）校企合作与文化互认

依托行业企业办学，是高职教育与其他教育工作的最大不同。所以，必须充分利用这个特点，加强学校和行业企业的连接关系，投入更多的精力到"校企渗透"式文化育人载体中，通过这样设身处地的形式，让学生直接参与企业的生产工作，提高学生的认知度；加强这方面的工作，必然成为高职教育的工作重点。在这个过程中需要注意：①企业文化培养。高职院校要注意企业文化的渗透教学，特别是对于一些优秀企业文化的教学开展，注重加入其中优秀管理理念、优秀工程案例，可以使得学生在学习过程中感受到未来就业的需求。②企业师徒帮教。在校企合作过程中，关注下厂实训、顶岗实习，加强学生和车间师傅的关系连接，达到"师徒"效果。通过建立这种层面的关系，学生可以在师傅帮助下，得到教技能、传技艺、解困惑、育人品的能量。③企业技能认定工作。注重学生的职业技能大赛或专项技能训练，其中提高自身的技术水平，实践能力，以"获得国家或行业认可的技能鉴定等级证书"为方向，不断要求自己，使自己朝着"高端技能型"人才迈进。④企业精神培养。在校企合作平台之上加强学生企业意识，在活动过程中感受企业文化，为了共同目标与身边的人进行合作，进而增强团队意识、增强社会责任意识，对于学生面对以后就业中所需要的企业精神具有重要意义。

（三）教育基地与行业典范

对于"社会形态文化育人载体"方法的运用，需要特别强调标杆的作用。强调导向育人、德育教人、行业汲取三方面效果，使得"学校教育"和"社会教育"高度结合。这样的结合方式对于教育成果是极其有利的，其中要特别强调"针对性"工作的开展。下面将对涉及"针对性"工作进行具体描述。

1. 以改革创新为核心的时代精神教育

强调行业典范单位的创新性。例如山西潞宝集团经过不断创新发展工作，使得循环经济产业卓有成效，达到"企业建在森林里，森林里边找企业"的生态园林型企业建设要求，其成果提高了企业的环境要求，使得企业经济发展与社会生态发展同步，甚至两者相互促进。因此，将行业作为改革创新教育目标场所。

2. 以促进高职学生就业为导向的艰苦创业教育

强调名人名址的教育意义。例如全国著名劳模申纪兰，她身居高位抛弃荣华，选择居住山区艰苦创业。这样的精神受到人民群众的尊敬。如果把她的人生经历讲述给学生，将她的艰难创业历程道于学生，学生也会从中体味到艰苦创业与成功的必然联系，以此增强学生的创业信心和决心。

三、建设价值

高职院校探索建设多样化的文化育人载体，旨在为培养高端技能型人才提供物质架构和理念支撑，实现文化育人的价值目标。

（一）提升文化涵育，陶冶学生品行

"高端技能型人才"指具有高超技艺、精湛技能的人，但是在此内容之上需要加以补充，例如经创造性劳动为社会做贡献。基于这样的目标要求，需要高职院校文化载体育人注意：①培养学生个性化。对于学校学生的教育工作开展，要以学生为中心，不要过度将所思所想强加到学生身上，要让课堂气氛活跃起来，充满学生的欢声笑语。

在这样的学习氛围中，学生更容易明白自己的学习取向，更容易激发学习兴趣；有利于培养学生的职业道德、职业精神涵养、综合能力。②增强技能。对于学生的工学结合实践过程，既要强调文化的双向性，也要注意学校理论知识和具体应用的适应性，强调"生产性实训与顶岗实习一体化"技能培养手段，大力倡导学生的技能培养工作。③提高学生的学习自主性，积极性。通过一系列文化活动，增强学生的学习兴趣，让学生对职业产生强烈的探知欲望，投入"天将降大任于斯人也"的想法，努力拼搏，坚持不懈，朝着目标一点点进步。

（二）凸显德技要素，增进师资品位

培养高端技能型人才，教师的"德"与"技"在一定程度上影响学生的培养。①增加教师的敬业度。树立教师的职业认同感，增加教师自我认同度，让教师在工作中感受育人的快乐和幸福。②重视教师基本工作。利用校企文化交融交流平台，大力促进教师的培训工作，增强教师的专业知识应用能力和工程实践能力。③增强教师育人能力。加大培训力度，培训场地的开展，例如企业成立专业教师实践基地、学校成立教学名师工作室、加强师德师风培养工作、加强教学科研建设……在这些举措中从而提高教师的实践能力，提高专业性，以更高的能力投入培养工作。

（三）传承经典文化，打造院校品牌

建设文化育人载体：①注重"自挖潜力""社会资源"相结合，调整相适应的文化育人环境，朝着教学设施、实习实训基地工做出发，注重收入分配工作，加强其与教育教学的联系；②注重"动态控制""内涵提升"相结合，注重学校的办学信誉，完成"校企渗透""校社交融"，在这些工作进程之上加以校企合作，创新办学模式，在这两项举措之上扩大学校的积极影响力，扩高职学生的生源地；③注重"制度建设""过程监督"相结合，注重学校管理工作，建立与之相关的规章制度，强化质量监督，辅之形式各异的方法技巧，努力增强学生的综合应用能力。

第四节 基于高技能人才培养的高职院校文化建设研究

大学文化是彰显高职院校本质特征和内在精神的标志。作为区别于普通高等院校的高职院校，长期以来在大学文化的主流话语体系中似乎没有一席之地。谈及大学文化，北大、清华等名校的文化风貌飘然而至，仿佛就是大学文化的代言，而高职院校的文化却从未能进入公众的视野，整个群体几乎都处于失语状态。这一局面的形成，自然可归结于高职院校发展历史相对较短、是新生事物等原因，然而更核心的原因在于高职院校长期以来忽略了自身的文化建设。

一、高职院校文化建设的根基与归宿

（一）高职院校文化建设的根基

文化的发展是人类的全面发展，将人类作为文化发展的起点，并立足文化建设宏观定位，对于高职院校来说，核心任务是培养人才。学校文化具体体现为人才的目标定位，一定程度上反映了学校的人才观，是学校通过什么渠道及方式，培养人才的基本价值观，是对人才培养的基本标准及规范。

广泛的适应能力、优秀的创新能力、高超的生产技艺及工匠技术等，是高职院校培养高技能人才的基本特点。该培养范围涵盖具有高级技工、技师及卓越技能的技术技能劳动者。因此，高职院校对高技能人才的培养，其中的职能具有一定统领作用，这说明文化建设围绕高技能人才的培养开展相关工作。

高职院校通过展开校企合作及产学融合的方式，对高技能人才进行培养，使得文化建设兼具企业文化及产业性。换句话说，学生不再是在理论的海洋中游荡，而是将文化放在教育和产业中间，使得文化建设具有产业及教育双重属性，从而使得学生脱离原来的象牙塔式文化，转向校企融合氛围中，以此使得学生在掌握理论文化的同时，拥有高级技能，创造出一种富有学校及企业文化的双重特质，培养出区别于白领甚至金领的高级人才。

（二）高职院校文化建设的价值归宿

文化的差异化体现于各种层次及场域是其魅力所在。文化最为避讳同质性，没有任何特色等于没有任何价值。如一些本科类院校，奉行学术至上，弱化行政干预，这种浓厚的文化气息离不开对历史文化的传承及对学术价值的追求，与之相反，高职院校则更加强调大学文化的共性特征，放大高职教育独特属性，打造出不同于一般性大学文化建设的差异化。

从目前来看，培养高技能人才是高职院校文化建设的出发点，其中通过服务发展、促进就业、提高质量作为其文化建设的方向引导，融合学校、社会及其他行业及区域力量，打造出别有一番风格的校园文化。这种文化特色的打造，可从精神、物质、制度及行为四种文化层面展开建设。①精神文化。兼具高等教育及职业教育中，追求科学民主、重实践技能的职业追求；②物质文化。突显高职院校教学特色，使得职业特性及高等性得到具体体现，从而在专业技能、生产一线及职业领域三个层面物化学校的教学特色；③制度文化。不仅注重产学研合作，还坚持严禁治学及治校原则，从而提供更多的跨界保障；④行为文化。坚持高等教育特性。大力提倡职业性及实践性，使得学生体现出大学的文化内涵及企业品质。

总之，高职院校这种多元特色文化，使得校园文化建设优势凸显，具有极强的生命力。

二、高职院校文化建设存在的问题

文化建设是一个渐变过程，历经探索、发现、完善、升级及净化，可谓过程反复上升。校园文化是在传统基础上，经过现代化发展而呈现出兼容并包的文化魅力。多数高职院校均源自中专或技校，发展时间短，文化底蕴相对薄弱，教学者迫于教学压力，将大量精力放在教育规模扩展方面，而无暇顾及文化建设。其实，高职院校发展飞速的过程中，创造了巨大的价值，但是却将文化束之高阁，缺乏一定成就的文化建设。

近些年，文化建设被高职院校提上日程，也积累了一些经验。但是，整体上仍处于发展萌芽阶段，其中体现最明显的是高职教育的特色不突出，尚难以达到培养高技能人才这一关键目标。

（一）脱离"人才培养"之纲

如今的高职院校，在经营方面的经验较为欠缺，规划并没有在一定合理范围内，一些系统架构及文化建设的核心目标不够明确，导致迷失了文化建设方向，高职院校文化也难以为继。

高职院校在开展文化建设过程中，并没有合理的布局及规划，仅依靠一些学生团体、二级分院及相关专业等收效甚微的活动，不足以形成更好的文化建设，学校所体现出的特色并不是很明显，可以从如下方面可知：①缺乏创新的文化活动，这种活动具有一定政治性，也是需根据国家及党的动态组织相关活动，造成活动形式少，不能引起学生参与兴趣；②关于学生社团活动。这种活动旨在体育娱乐，多以自娱自乐的形式出现，一定程度上可以吸引学生参与，但是，还远远不符高职院校对高技能人才培养目标；③学校出现一定的文化组织管理、未将其放在宏观层面进行深思，没有进行战略思考，甚至没有明确学校办学方针及培养高技能人才目标等，是个别院校将思想政治教育混淆为学校文化，局限在教室与学生在娱乐方面的文化氛围。此外，一些院校购置设备、大兴校舍、扩展校区，看似一番兴盛景象，恰恰反映出精神极度匮乏，文化发展落后，缺乏现代化高职院校的气度。

总而言之，高职院校因缺乏相关政策性引导，导致其文化建设的重点工作、基本建设原则等方面相对匮乏，造成高职教育在区域及行业中的经济发展受阻，只要充分激发高职院校的文化创新活力，积极发挥政府、行业及学校的主导作用，协同企业共同建设，才能实现高职院校对高技能人才培养的核心目标。

（二）失却"技能立身"之目

文化建设在高职院校中起了十分重要的作用，其内容的核心是对高技能人才的培养，并将技能作为培养人才的基本目标。然而，反观如今高职院校，在文化建设层面并没有形成一种规范的实施办法，仅是过于强调高等性，而弱化职业性，导致校园文化建设相对落后，缺乏自身风格的体现，趋同于一般同类院校，跟风严重。具体表现在有关高技能人才培养相关文化内涵出现大量误解，没有形成一定认知，造成历史传统、文化特色及专业优势等方面缺失，从而违背学校在企业、产业及区域等文化方面的发展规律。

根据高职院校发展规律而言，其办学基础、专业设置、服务对象及区域等应当区别于本科院校，并表现出别具特色的风格，但是由于认知出现了错误，造成文化建设过于注重一些普适性和表层结构，对一些独特性及深层理念置若罔闻，最终"泯然众校矣"。

此外，存在将高等性文化建设放在不重要的位置，而过于注重职业性，生硬地将企业文化引入校园文化建设中，导致在缺少对企业文化吸纳、融合并改造意识及能力，高职院校的文化建设偏离了培训文化方向，使得校园文化建设流于形式，从而使得高职院校不仅缺少企业文化灵魂，还失去大学文化的特色。

（三）缺失"文化育人"之基

为了避免高职院校文化建设进入工具化的误区，将高职学生的人文情怀及基本素养作为学校职业技能培养的基础，且两者在高技能人才培养中发挥着十分重要的作用。

高职院校培养高技能人才的过程中，过于看重培养人才的实践性，强调就业，使得高技能人才的文化培养相对缺乏，尽管学生得到了坚实技能基础，但是由于缺乏人文意识及素质教育，重在对实践能力的培养，从而失掉大学德育为本的实质。

在一些高职院校中，甚至出现将文化建设作为宣传工具，为校园文化竞争服务，缺乏立德树人之根本，将有利于创建特色文化的载体、拓展维度及搭建平台等方面束之高阁，严重偏离了高职院校培养人才的目标；有的院校则一味追求赛事安排，将大量人力、物力及财力放在为少数师生服务上，无视全面培养高技能人才培养的根本目标，甚至在竞赛活动一度出现售卖产品的现象，彻底违背高职院校文化建设的初衷，成为企业争名逐利的工具。

三、高职院校文化建设之路

高职院校的文化建设，并非一蹴而就，而是一项系统工程，它以高技能人才培养作为文化建设核心，以学校特色及本质属性为出发点，融合企业、行业、区域及学校等不同文化，通过战略布局，创建有效机制，对主题活动加以强调，从而对文化建设工作不断进行实践探究、沉淀优化，最终完成高职院校的文化建设过程。

（一）以顶层设计思维，构建服务于高技能人才培养

所谓顶层设计，是从整个战略布局出发，对全局进行谋划布局，充分调动各要素，发挥出最大化优势。对于高职院校而言，坚持"高技能人才培养"为核心目标，携手政府部门相关领导、企事业代表、文化界名人及教育界专家等，共谋文化建设，创建文化体系，实现高职院校培养高技能人才的目标。

1.文化引领的办学理念

学校健康发展的基础是办学理念，这种理念统领学校文化建设，发挥着一定指导作用。师生群体的特殊性因高职院校中办学时期、服务面向、隶属关系及办学区域的不同而不同。所以，基于师生实际所需，通过途径办学、办学原因、培养人才类型及学校办学定位等问题探讨，树立正确学校文化建设发展观、人才观及价值观，从而创建学校文化。事实上，文化建设不仅能够促使学校对特色发展、育人发展及文化内涵等不同方面的专注，还能够文化育人，传承特色创新文化。所以树立文化引领、特色发展、务实创新及育人为本的办学方针，有效增强师生的凝聚力，创建出特色的校园文化。

2.自主创新的精神文化建设

创建自主创新的精神文化，需要高职院校融合区域、企业及学校三种文化，具体从以下三个方面开展：①师生代表在以最新价值导向的学校活动中，创造的现实成果得到弘扬；②宣传师生代表先进事迹、学校教育思想及价值观念等优秀成果；③体现学校的校歌、校徽、学风、教风、校风、校训等系统标识。通过以上手段，加强培养自尊、自强、自立自信及创业创新、求真务实、志向高远的高职文化。

3.成事成人的文化育人机制建设

企业与学校不同，前者以市场为导向，追求批量产品的合格率，一旦合格便被认为企业已经成事；后者则是以培养人才为根本，培养学生毕业仅是一个阶段，后期仍有很大的可塑空间。所以，高职院校的人才培养应当摒弃一味重视高技能的培养，将以人为本作为其基本的育人理念，从社会公民、企业职员、高职学生等不同层面办学，创建"素质＋技能"的综合性培养方案，进而使得区域、企业及学校三种文化体系构成高职院校技能文化培养课程，使得学生的专业技能、文化素养得以高职院校提升，从而培养出高素质、高技能人才。

4.敬业创新的环境文化建设

加强区域、学校及企业之间的紧密联系，在高职院校中创建景观、图书馆、建筑等不同方面的建设布局，使得传承性、先进性及现代性得以凸显；加强人才实训场景

建设，通过"校中厂"的建设格局，引进一些龙头企业的技术标准、责任意识及经营理念等，凸显其先进性及代表性。

增强校企合作，搭建育人平台，优先考虑创建一流的实训设备，引入行业及企业的工作氛围到高职院校中，进行生活场景模拟，从而使学生的职业观及价值得到熏陶，更好地适应企业工作环境。

5. 崇能尚技的文化建设制度

在高职院校文化建设中，其所在的规章制度不仅反映了学校教育、人才及价值三观，还是师生在民主管理、行为规范及共同远景的要求，将高技能人才培养作为制度文化建设的核心，充分借鉴企业的制度文化建设，是高职院校当下的重要任务。通过与先进企业及区域经济社会文化相互融合，实行"6S"管理文化及日常"三班制"，开展产学研深度合作；以学技能、创业绩、做贡献、获进步作为激励导向，创建内部分配制度；为了体现民主机制，创新师生守则，使其倾向于企业的精益求精及爱岗敬业的职业操守，从而有效提升师生"职业公民"的素质修养。

（二）建立凸显职业性、技能性的文化建设机制

高职院校相较于本科院校有着不同的文化建设理念。前者以高技能人才培养为主要核心，对于文化建设不容忽视，后者则重在立德树人。但是，高职院校兼具技能、职业两种文化，这种文化的多元特质，需要通过创建一种长效机制，完成预期目标。

①以学校精神为传承基因，打造核心技能文化，打造特色名牌。办学竞争从表面上看是品牌、人才的竞争，其实是文化竞争，尤其在高职院校的特色文化建设中，应当以职业教育的本源价值为出发点，兼具人文及科学精神，凸显实践性及职业性。对高职院校文化建设质量的要求，需重点打造特色，从当前出发，传承历史，通过师生实践力量进行深化，比如通过举办社团文化节、读书文化节及技能文化节等不同形式的活动，激发出学生的参与兴趣，有效提升其文化素质及专业技能，使得学生的人格和品质得到完善，打造出文化品质名校。

②基于多元化文化特质，遵循高职教育规律。将立德树人、产教融合作为基本办校理念，使得师生建立起整体推进、全员共建的文化建设思想，联合相关文化机构，打造规划、管理及协作的联动机制，将师生队伍培养成一支具有素质高、创新意识强的管理队伍，充分发挥师生社团作用。同时，携手企业、行业及政府力量，创建文化共享平台，融合区域、学校、行业及企业各种文化，从而创建新的方法和渠道，培养实践能力及创新精神，培养出全面发展的高技能人才。

（三）彰显"技能立身、文化育人"高职文化特色

高职院校文化建设必须强化"活动育人"，将教育目标寓于活动组织当中，让技能特色成为高职院校的独特文化属性。在这一过程中，高职院校除了重视组织政治性和

纪念性主题活动之外，还应进一步搭建技能文化的平台和载体，将技能文化氛围散布在各种主题性活动当中，使学生耳濡目染，时刻受到技能文化的浸染、熏陶。

1. 高职文化大讲堂

大讲堂是学生的文化盛宴。高职院校应从自身实际出发，重视发挥特色文化引领作用，邀请教育专家、行业权威、企业领导、文化名人、技术能手、杰出校友等作专题报告。阐述社会形势，畅谈创业历程、宣传成才事迹等，通过互动深化，培育学生的归属感、荣誉感、责任感、方向感，引导学生准确定位，增强自信。

2. 职业素质教育基地

高职学生专业指向性强，就业区域化明显。区域历史文化故迹、名人纪念馆、企业文化示范单位等，是学校"文化育人"的重要资源，是素质培养的重要基地。学校应当引导学生了解、感悟区域行业、企业的优势特色等，把握审美和道德意义，增强认同感和荣誉感，激发其自豪感和责任感。

3. 培育技能创新型社团

"实践锤炼"对成长成才至关重要。学校应引导学生组建"自主管理、学研结合、强化技能、创新发展"的创新型社团，以项目为导向，鼓励学生专业学习、社会实践和科学研究相结合，深入行业企业、周边院校、街道社区等，参与或协助解决基础性难题，培养学生注重观察、勤于思考、乐于动手、善于合作的习惯和能力，实现在"成事"中"成人"。

4. 举办技能文化节

"技能文化节"是学生展现技能的舞台，是社会了解学校的窗口，是企业深化合作的桥梁，更是学校检验成果的载体。学校应定期举办此类活动，实现政府、行业、学校、企业的协同办学。比赛项目应体现学校专业重点和特色，以企业真实或仿真场所，在职业环境中实施。企业通过项目冠名、拟订方案、提供资金、专题讲座、现场服务等形式参与其中。可以将比赛项目与职业资格考试结合在一起，由政府职业资格鉴定考评员担任评审，部分获奖学生可以获得相应的职业资格证书等，以激发学生兴趣和热情，形成"竞技、精技、乐技"的技能文化氛围。

参考文献

[1] 宋婕.中华优秀传统文化课程标准模块设计与实施 [M].北京：中国人民大学出版社，2022.

[2] 蒋庆荣.中国高等职业教育治理模式研究 [M].长春：吉林大学出版社，2021.

[3] 钟艳红，袁希.高职院校文化育人认知与行动 [M].北京：光明日报出版社，2021.

[4] 方桐清.高职院校文化育人价值取向及其彰显 [M].南京：南京大学出版社，2021.

[5] 吴清，卢文凤，丁翠娟.高职院校思政育人新略 [M].北京：光明日报出版社，2021.

[6] 向罗生，向洪.课堂育人教程 [M].武汉：华中科学技术大学出版社，2021.

[7] 李云华.高职教育文化建设与发展路径探索 [M].汕头：汕头大学出版社，2020.

[8] 张慧.高职院校文化育人的多层透视 [M].西安：西北工业大学出版社，2020.

[9] 禹云，伍锦群，朱燕.高职院校文化育人的理念与实践研究 [M].沈阳市：辽海出版社，2020.

[10] 张岩松.文化育人的研究与探索 [M].沈阳：东北财经大学出版社，2020.

[11] 陈强.高职教育立德树人理论创新研究 [M].昆明：云南大学出版社，2020.

[12] 王祝华.高职订单人才培养的理论与实践 [M].杭州：浙江工商大学出版社，2020.

[13] 蔡虹，王贵忠.美育融入高职教育研究 [M].北京：中国原子能出版社，2020.

[14] 冯玉梓.高职德育研究 [M].北京：中国书籍出版社，2020.

[15] 平若媛，李明.高职高职学生人文素养教育实践和探索 [M].北京：清华大学出版社，2020.

[16] 陈强.高职教育立德树人理论创新研究 [M].昆明：云南大学出版社，2020.

[17] 郝春明.高职院校立德树人软实力研究 [M].长春：吉林文史出版社，2020.

[18] 王险峰.立德树人以文化人 [M].镇江：江苏大学出版社，2020.

[19] 王丽丽.新时代高职院校育人工作的探索与实践研究 [M].北京：中国财富出

版社，2020.

[20] 黄立．产教融合背景下高职院校"双师型"教师团队建设研究 [M].长春：吉林人民出版社，2020.

[21] 陈梅，刘娟．人文素养项目实训 [M].上海：上海交通大学出版社，2020.

[22] 夏建国．论应用型高等教育 [M].上海：上海交通大学出版社，2019.

[23] 谢志远．产学研创协同育人新技术应用人才培养的"温州经验" [M].北京：科学出版社，2019.

[24] 王丽霞．高职院校文化育人研究 [M].西安：西北工业大学出版社，2019.

[25] 夏明凤．高职院校文化课教学的功能与实践 [M].北京：现代出版社，2019.

[26] 金疆，王伟．传统茶文化在高职学生人文素质培养中的实效研究 [M].沈阳：辽宁大学出版社，2019.

[27] 俞步松．立德致用和谐育人 [M].北京：高等教育出版社，2019.

[28] 唐小艳．利益相关者视角下高职院校"创客教育"整体推进机制研究 [M].成都：西南财经大学出版社，2019.

[29] 王升．高职教育的创新发展探索 [M].石家庄：河北人民出版社，2018.

[30] 梁裕．职业教育集团多元协同育人的理论研究与实践探索 [M].桂林：广西师范大学出版社，2018.

[31] 李青．高职院校人才培养质量监控体系实践研究 [M].广州：广东高等教育出版社，2018.

[32] 王官成，苟建明．高职院校文化育人的创新与实践 [M].北京：光明日报出版社，2018.

[33] 赵军，甘华银．"一核三维五元"校园文化育人模式初探 [M].北京：光明日报出版社，2018.

[34] 代祖良．创新校园文化的途径与方法 [M].北京：光明日报出版社，2018.

[35] 张建．高职院校思想政治教育工作中实践育人机制构建研究 [M].沈阳：沈阳出版社，2018.

[36] 邵坚钢．高职院校学生思想政治工作品牌建设的创新实践 [M].徐州：中国矿业大学出版社，2018.

[37] 谢列卫．德业兼修知行合传承陶行知教育思想的高职人才培养典型案例 [M].北京：光明日报出版社，2018.